19,80

Manchmal hasse ich meine Mutter
Gespräche mit Frauen

Erika Schilling

Manchmal hasse ich meine Mutter

tende

Erika Schilling, 1921 in Wuppertal geboren.
„Einen Beruf habe ich nicht, ich bin Tochter und Mutter. Dies beides hat mich meine Zeit und meine Kraft gekostet."
Während der Sommeruniversität 1980 hielt Erika Schilling ein Seminar „ ...über die Schwierigkeiten zwischen Müttern und Töchtern in unserer Gesellschaft."
Das starke Interesse, die weit über den Rahmen der Frauenuniversität hinausgehenden Reaktionen hat sie bestärkt, an diesem Thema weiterzuarbeiten, Gespräche mit Müttern und Töchtern zu suchen, sie zu protokollieren.

1981 tende Verlag GmbH
Hammer Straße 152
4400 Münster

ISBN 3-88633-015-X
Druck Fuldaer Verlagsanstalt
Gestaltung und Umschlag A. Uhlending

Vorwort

Damit ich nicht mißverstanden werde, dieses Buch ist keine Entschuldigung für männliches Fehlverhalten. Kein Mann, weder der „Linke" noch der „Rechte" sollte sich jetzt auf die Schulter schlagen und selbstgerecht sagen: „Ich habe ja immer gewußt, die Frau ist selbst schuld an ihrer Unterdrückung."

Ich möchte erreichen, daß Frauen sich endlich ihrer Stärke bewußt werden. Für mich gilt im politischen Bereich nach wie vor: Die Frauenfrage ist der Hauptwiderspruch und die Klassenfrage der Nebenwiderspruch.

Ich gehe davon aus, daß es die verunsicherte Frau ist, die ständig neue verunsicherte Frauen reproduziert. Sie ist es, die als Mutter eines Sohnes auf der Bank am Spielplatz sitzt und ihrem kleinen Liebling gerührt zusieht, wie er im Sandkasten seine albernen Spiele spielt. Spiele, die uns inzwischen tödlich bedrohen.

Stolz zeigt sie der anderen Mutter, was ihr Kleiner schon alles kann, er kann Bomben basteln, er kann Fliegen die Beine ausreißen, seinem Hund befehlen und seinen Spielkameraden treten und schlagen, er ist schon ein „richtiger kleiner Mann."

Es ist mein Anliegen, ein wenig mitzuhelfen, daß Frauen selbstbewußter werden, denn die selbstbewußte Frau wird ihrer Tochter ihr Selbstbewußtsein vorleben und somit vermitteln; sie wird ihrem Sohn nicht mehr erlauben, Leben zu vernichten und zu mißachten.

Irgendwann haben wir unseren Söhnen gestattet, mit der Erde und allem, was darauf lebt, zu spielen. Das Resultat haben wir vor Augen: vergiftete Flüsse, verpestete Luft, Kernkraftwerke, Napalmbomben, Kriege, das Ausrotten von vielen tausend Tierarten, die tägliche Bedrohung der totalen Auslöschung. Durch seine stümperhafte Einmischung ist menschliches Leben eine kranke, neurotische, gewalttätige Menschheit. Es bleibt die Frage zu klären, was war der Grund für unser unverständliches Verhalten? Was hat die biologisch starke Frau veranlaßt, dem schwachen Geschlecht (dem Mann) die Erde, das Leben anzuvertrauen?

Ich denke, es wird höchste Zeit, daß wir unserer Verantwortung wieder bewußt werden, einer Verantwortung uns selbst und den nachfolgenden Generationen gegenüber.

Ich fordere alle Frauen auf, mich eingeschlossen, unseren Söhnen das Spielzeug wegzunehmen. Holt sie aus dem Sandkasten, nehmt sie mit nach Hause, steckt sie in die Badewanne und dann ab ins Bett. Unsere Söhne werden uns dankbar sein, denn wir haben sie allzusehr überfordert.

Erika Schilling

1.
Über die Schwierigkeiten zwischen Müttern und Töchtern in unserer Gesellschaft

Meine Mutter hat mir noch nie etwas zugetraut. Ich habe kein Vertrauen zu ihr, denn immer, wenn ich sie brauchte, hat sie mich im Stich gelassen.

Ich glaube, sie hat mich nicht gewollt, sie hat mich abgelehnt.

Manchmal hasse ich meine Mutter. Als ich noch ein Kind war, hatte ich mitunter den Wunsch, sie umzubringen.

Ich habe Angst vor meiner Mutter. Früher strafte sie mich oft mit Liebesentzug, sie sah mich dann tagelang nicht an.

Ich hätte so dringend Anerkennung von ihr gebraucht, doch da ist nie etwas gekommen.

Ich habe mir eine Mutter gewünscht, bei der ich mich geborgen gefühlt hätte, doch wenn ich als Kind mit meinen Problemen zu ihr ging, dann hörte sie mir gar nicht zu, ich hatte den Eindruck, es interessiert sie nicht.

Meinen Bruder hat sie immer vorgezogen, er durfte alles, ihn hat sie auch in Schutz genommen. Sie hat ihn getröstet und gestreichelt, wenn er Kummer hatte, das hat sie mit mir nie getan.

Heute habe ich ihr gegenüber Schuldgefühle. Sie ruft mich oft an, um mich zu fragen, wie es mir geht, jetzt auf einmal interessiert sie sich für mich, doch ich kann damit nichts mehr anfangen. Wenn sie anruft, dann denke ich: Du lieber Gott, da ist sie schon wieder am Telefon, hoffentlich sagt sie nicht, daß sie mich besuchen will. Aber dann bekomme ich diese Schuldgefühle;

sie tut mir leid, denn ich sage mir, sie kann vielleicht auch nicht dafür, und sie hat es sicher auch schwer gehabt.

Manchmal denke ich, ich wäre ihre Mutter, ich fühle mich dann für sie verantwortlich.

Komisch, mit der Mutter meiner Mutter, also meine Großmutter, komme ich viel besser zurecht. Meine Mutter kann ihre Mutter nicht leiden, ich glaube, sie hat Angst vor ihr.

Meine Mutter klagt mir oft ihr Leid, sie erzählt mir von ihren Krankheiten; und was „ihr Hausarzt" gesagt hat. Sie spricht von ihren Schwierigkeiten mit den Nachbarn oder dem Hauswirt. Ich kann das nicht hören, es macht mich wütend, ich fühle mich in solchen Situationen von ihr erpreßt.

Wenn ich sie besuche, dann habe ich den Eindruck, daß sie schon auf mich gewartet hat. Sie drängt mir ihren selbstgebackenen Kuchen auf und will mich zwingen zu essen. Sie sagt: Ich habe mir solche Mühe gegeben, ich wollte Dir etwas Besonderes anbieten, und nun ißt Du nicht. Wenn ich mich verabschiede, fragt sie: Wann kommst Du wieder? Bevor ich gehe, packt sie mir alles mögliche ein, aber ich will das nicht, ich denke dann, sie will mich kaufen; und darum widert mich das an. Ich bin immer froh, wenn ich meinen Pflichtbesuch hinter mir habe. Aber weil sie mir leid tut, gehe ich doch wieder hin.

Das Schlimme ist, sie interessiert sich noch immer nicht für mich. Wenn ich von meiner Arbeit in der Frauenbewegung erzähle, dann merke ich, daß sie das langweilt. Dabei will ich doch nur, daß sie mich und das was ich tue, versteht. Ich habe ihr das Buch von der Beauvoir, „Das andere Geschlecht", mitgebracht, und habe ihr gesagt, sie soll das lesen, damit sie auch einmal etwas anderes kennenlernt als ihre „Bildzeitung" und „Die Frau im Spiegel". Aber sie hat das Buch nie angerührt, da bin ich sicher.

Meine Tochter erinnert mich oft an meine Mutter. Sie versucht mich zu bevormunden; und wenn sie mit mir spricht, dann hat sie den gleichen Tonfall in der Stimme, ich denke dann, ich höre meine Mutter. Das macht mich wahnsinnig aggressiv meiner Tochter gegenüber.

Wenn mein Mann und ich Streit haben, hält meine Mutter immer mit meinem Mann, er ist das arme Opfer und ich bin schuld.

Wenn ich negative Eigenschaften von mir an meiner Tochter entdecke, dann regt mich das auf, ich will nicht, daß sie so wird wie ich.

Meine Mutter versucht immer, meine Tochter gegen mich zu beeinflussen.

Meine Mutter mäkelt ständig an mir herum, ich kann ihr nichts recht machen. Sie sagt: Mußt Du so herumlaufen? ... Warum gehst Du nicht zum Friseur? ... Weißt Du, daß Du ungepflegt aussiehst?

Meine Mutter fragt mich immer, warum mein Freund und ich nicht endlich heiraten. Das wäre doch kein Zustand, so zusammen zu leben. Was sie ihrer Nachbarin sagen soll, wenn diese sie fragt: Wie geht es Ihrer Tochter, ist sie gut verheiratet? Sie sagt, es wäre ihr peinlich, weil sie nicht wüßte, was sie der Nachbarin antworten soll. Sie meint, die Töchter der Frauen, die sie kennen würde, wären alle verheiratet und hätten einen ordentlichen Mann, der gut verdienen würde. Und sie hätten ein Kind; und machten es nicht so wie ich und ließen ihr Kind abtreiben.

Ich bin lesbisch, aber das würde ich meiner Mutter nie sagen, das würde sie auch nicht verstehen.

Ich muß sagen, mit den Müttern meiner Freundinnen komme ich viel besser zurecht.

Meine Mutter hat nie mit mir über Sexualität gesprochen, das war für sie kein Thema. Als ich mein Kind bekam, habe ich mich sehr alleine gefühlt. Ich hatte Angst, denn ich wußte nicht, was mit mir passiert; ich habe mich den Ärzten so richtig ausgeliefert gefühlt.

Meine Mutter wollte mich immer beherrschen, das will sie auch heute noch.

Manche Leute meinen, ich sähe meiner Mutter ähnlich, aber das stimmt nicht, wir gleichen uns überhaupt nicht, ich gleiche meinem Vater.

Mein Vater war viel verständnisvoller als meine Mutter, zu ihm hatte ich eine wesentlich bessere Beziehung.

Wenn wir, meine Mutter und ich, uns treffen, dann können wir uns nicht umarmen, es ist uns beiden peinlich.

Eines weiß ich genau, ich will nicht so werden wie meine Mutter.

Ich kann mich mit meiner Mutter nicht vernünftig unterhalten, ihre Gespräche bestehen nur aus Klatsch gegenüber ihren Nachbarn: Weißt Du schon, daß Frau Klein von gegenüber geschieden ist? Angeblich soll der Mann getrunken haben. Aber ich glaube das nicht, ich weiß, daß sie ein Biest ist, mir hat der Mann schon immer leid getan.

Ich stelle fest, daß ich mich meiner Tochter gegenüber oft so verhalte, wie sich meine Mutter mir gegenüber verhielt. Ich glaube, ich habe ihr das gleiche zugefügt, wie meine Mutter mir. Aber das wollte ich doch nicht, dagegen wehre ich mich auch, aber es passiert mir trotzdem.

Was ich an meiner Mutter so hasse, das ist ihre Schwäche, dieses Sich Unterordnen. Wenn sie zu einer Behörde muß, oder zum Arzt, dann hat sie schon vorher Angst. Sie kann sich einfach nicht wehren. Dabei hätte ich so gern eine starke Mutter gehabt, eine Mutter, auf die ich stolz sein könnte. Aber ich bin nicht stolz auf sie, im Gegenteil, ich schäme mich meiner Mutter.

Meine Mutter ist so pedantisch, sie sagt: Bei mir kannst Du vom Fußboden essen. Wenn sie mich besucht in meiner Wohnung, dann will sie auch bei mir sauber machen; das ist etwas, was mich aggressiv macht, dann möchte ich sie am liebsten rausschmeißen, aber ich trau mich nicht.

Als ich das erstemal meine Periode hatte, da meinte sie: Das ist nicht schlimm, das hast Du jetzt jeden Monat drei Tage lang.

2.

Ich kann mich an meine Kindheit kaum erinnern; ich habe auch schon darüber nachgedacht, wie das kommt, aber ich weiß es nicht. Ob ich da was verdränge?

Maria Gehring ist verheiratet und hat eine 12jährige Tochter. Sie wohnt mit ihrer Familie in Düsseldorf. Maria ist heute 30 Jahre alt, sie studiert Rechtswissenschaft.

Deine Mutter lebt nicht mehr. Wenn Du Dich zurückerinnerst, glaubst Du, daß Deine Mutter Dich geliebt hat?

Ja, das glaube ich, und zwar, wie sie meine Schwester und mich behandelt hat, sie hatte ein liebevolles, mütterliches, zärtliches Verhalten. Sie hat auch vieles falsch gemacht; und sie hat mich nicht immer richtig behandelt, aber sie hat mich geliebt. Meine Schwester hat oft gesagt, ich würde vorgezogen, ich war ja auch jünger.

Hattest Du Vertrauen zu Deiner Mutter?

Ich war mir ziemlich sicher, doch ich muß das ein wenig mit Vorbehalt sagen, weil ich mich kaum an meine Kindheit erinnern kann. Ich habe auch schon darüber nachgedacht, wie das kommt, ich weiß es nicht; ob ich da was verdränge? Ich kann mich nur noch daran erinnern, als ich ganz winzig war, wenn ich Angst hatte, bin ich immer unter unseren Gasherd gekrochen, der hatte so hohe Beine. Aber ich kann mich nicht erinnern, ob es Angst war vor Gewittern oder Angst vor etwas anderem?... Eigentlich war es ein ganz normales Mutter/Kind Verhältnis, ohne Schläge und Gewalt. ... Ich weiß noch, ich durfte auch immer Freundinnen haben, auch meine Geburtstage wurden immer sehr schön gefeiert. Meine Freundinnen durfte ich zu uns einladen, obwohl es bei uns ziemlich eng war, wir waren ziemlich arm; und ein eigenes Zimmer hatte ich nicht, wir hielten uns meist in der Wohnküche auf.

Du hast alles recht positiv in Erinnerung, aber ich möchte Dich trotzdem fragen, ob Du Deiner Mutter auch schon einmal Haßgefühle entgegengebracht hast?

Doch, daran kann ich mich erinnern. Als ich eine Brust kriegte, wollte ich unheimlich gerne einen Büstenhalter haben. Es war gerade Sommerzeit, ich wollte baden gehen und alle anderen Mädchen hatten einen Büstenhalter vorzuweisen, nur ich nicht. Da habe ich meine Mutter so richtig tyrannisiert: Ich will jetzt auch einen Büstenhalter haben. Da hatte ich eine ziemliche Wut auf meine Mutter, weil ich glaubte, es läge an ihr, daß ich nicht kriegte, was ich wollte.

Du hattest also Wut auf sie, sagst Du, da muß aber doch noch etwas anderes gewesen sein, was Deine Aggressionen gegen Deine Mutter betraf?

Ja, also, bei uns war eine besondere Situation. Ich kenne meinen Vater nicht, ich bin außerehelich geboren, meine Schwester ist meine Halbschwester. Von dem Vater meiner Schwester war sie geschieden, dann kam ich; ich muß etwa ein Jahr gewesen sein, da hat sie noch einmal geheiratet, der Mann war dann mein Papa. Meine Schwester hatte Kontakt mit ihrem Vater, und bekam auch immer Päckchen von ihm geschickt, was ich immer nicht verstanden habe, warum ich kein Päckchen bekam. Meine Mutter hat mir nie etwas erzählt. Durch Zufall bin ich darauf gestoßen, weil mich eine Freundin gefragt hat, wieso ich einen anderen Namen habe als meine Schwester. Da habe ich meine Mutter gefragt, das war sehr schwierig. Meine Reaktion darauf war wohl das Schlimmste, ich muß sehr böse geworden sein, da hatte ich bestimmt Aggressionen gegen meine Mutter. Aber so richtig verarbeitet worden ist das nie, das ist immer umgangen worden. Zu meinem Papa hatte ich eine gute Beziehung. Natürlich hatte meine Mutter auch Partnerschwierigkeiten. Wenn wir zum Beispiel sonntags beim Essen auf den Papa warteten, der aus der Kneipe kam, dann hat sie geweint, und wir haben sie getröstet. Wenn sie weinte, das war schlimm; weißt Du, Du denkst oft, Du bist schuld, wenn Deine Mutti weint, man denkt, man hätte die Mutter vielleicht geärgert, man wäre böse gewesen und hätte etwas falsch gemacht.

Kannst Du ohne Bitterkeit an Deine Mutter denken?

Ja, jetzt kann ich das.

Du sagst, Du bist nicht ehelich geboren, wie würdest Du heute reagieren, wenn Deine Tochter ein nichteheliches Kind bekäme?

Dann wäre ich zweigeteilt, ich würde denken, Scheiße, jetzt ist alles versaut, was soll jetzt werden? Aber nach außen hin würde ich das akzeptieren.

Hat Deine Mutter Dir Zuneigung signalisiert, wenn Du ein liebes Kind warst?

Ja, ich habe mich als ein sehr liebes Kind in Erinnerung. Vor anderen Leuten bin ich gelobt worden: Die Maria ist ein liebes Kind. Ich merke auch heute noch, daß es mir wichtig war und noch ist, wenn man mich lobt. Meine Oma hatte wohl auch damit zu tun, die Mutter meiner Mutter. Sie hat mir immer Geld zugesteckt und gesagt: Nichts dem Opa sagen. Aber ich kann mich an sehr vieles nicht mehr erinnern.

Weißt Du noch, ob Du früher auf den Topf mußtest?

Ja, ich glaube ja, ich habe nämlich immer ins Bett gemacht. Ich hab dann so einen warmen Wickel um den Bauch gekriegt... Ich denk mir das so, daß die Mutti mich hat kriegen müssen, daß sie damals keine Möglichkeit hatte, da etwas zu unternehmen, daß ich so ein ungewolltes Kind war. Da ist sicher noch etwas...?

Du willst sagen, daß es da einen Zusammenhang gibt, daß Du ins Bett gemacht hast, weil Du Dich nicht angenommen fühltest und Zuwendung von der Mutter haben wolltest, die Du dann auch bekamst in Form eines warmen Wickels?

Ja, ich glaube? Ich lutschte auch immer am Daumen, was ich heute noch tue.

Hattest Du Deiner Mutter gegenüber Schuldgefühle?

Ja, ich hatte Schuldgefühle, als sie tot war, da hab ich gedacht, wenn Du die Mutti nicht so geärgert hättest, dann wäre sie vielleicht nicht gestorben, dann hätte sie auch diese böse Krankheit nicht bekommen. Das habe ich lange gedacht. Ich bin von meiner Mutter so erzogen worden wie viele, die heute dreißig sind, so typisch für ein Mädchen, dieses Wohlverhalten, dieses freundliche auf Menschen Eingehen, solche Sachen; im Haushalt helfen, schön sauber sein, hübsch sein. ... Als meine Mutter starb, war ich fünfzehn, ich habe mich damals sehr bedauert, ich habe das als einen großen Schmerz empfunden.

Konnte Deine Mutter sich durchsetzen, war sie selbstbewußt?

Nein, meine Mutter hat sich vieles gefallen lassen, besonders von ihrer Mutter, die immer alles besser wußte. Meine Mutti hat oft geweint, sie fühlte sich wie ein Kind behandelt. Sie war das einzige Kind.

Glaubst Du, daß sie ein sexuell erfülltes Leben hatte?

Nein, das glaube ich nicht, vielleicht war sie zeitweise glücklich, aber nicht sexuell, das glaub ich nicht.

Wenn sie auf Dich böse war, wie hat sie Dich bestraft?

Ich weiß nicht, da liefen manchmal so komische Sachen wie: Wenn Du nicht lieb bist, dann kommst Du in den Keller. Ich hatte dann als Erwachsene noch sehr lange Angst, in den Keller zu gehen. Anfangs als ich verheiratet war, bin ich nur pfeifend in den Keller gegangen. Das ist seit einigen Jahren weg.

Wie fandest Du Deinen Papa? War er verständnisvoller als Deine Mutter?

Ja, der war lustiger, er machte immer Witzchen. Er war bei der Eisenbahn; und so kam es, daß wir immer viel weggefahren sind. Wir sind auch oft gewandert, haben alle vier gesungen, das war sehr schön, daran habe ich gute Erinnerungen.

Du hattest ihn als lustiger und aufgeschlossener in Erinnerung, was meinst Du, würdest Du Männer auch als ehrlicher bezeichnen?

Ja, das ist so eine Frage, da hadert mein Bewußtsein mit mir. Eigentlich schon, ich möchte es nicht wahrhaben, aber ich finde schon. Ich habe bei Freundinnen empfunden, daß sie falsch waren, besonders, wenn Dritte dazukamen; auch so ein Buhlen um den Mann.

Wenn Du mit einem Mann schläfst, würdest Du denken, das würde meine Mutter nie billigen?

Jetzt nicht mehr ... nur, wenn Mutti alles so sehen könnte, was so alles passiert in der Welt; und mit mir, das wäre mir unangenehm. Ich denke das manchmal so. Ich finde es übrigens sehr schade, daß ich über meine Mutter nichts mehr erfahren kann. Es gibt da niemanden mehr, höchstens so ein alter Großonkel, der lebt noch.

Kannst Du Dich an ein Konkurrenzverhalten Deiner Mutter Dir gegenüber erinnern?

Ja, ich denke, falls es damit zusammenhängt. Als ich etwa 13 oder 14 war, also ein bis zwei Jahre vor ihrem Tod, da erinnere ich mich, daß sie da mehr Wert auf ihre Kleidung gelegt hat. Wir hatten da eine Schneiderin, da hat sie sich etwas nähen lassen. Ich habe das so empfunden: Jetzt wird die Mutti ein bißchen schicker. Ich kann mich erinnern, daß ich mich meiner Mutter geschämt habe und meinem Zuhause. Besonders als ich auf die Realschule ging, da waren die Kinder ganz anders angezogen. Ich habe auch so Forderungen an sie gestellt, mal das und das zu machen. Ich wollte auch nicht mit ihr in die Stadt gehen, weil man ja vielleicht unterwegs jemanden treffen konnte. Ich habe sie bevormundet, da hab ich dann später Schuldgefühle gehabt. ... Was man einer Mutter alles antut als Kind?

Glaubst Du, Dich zu kennen?

Ich weiß nicht? Ich meine immer, daß so viele Teile von einem so verschüttet sind, daß man sich selbst oft gar nicht kennt. Daß man manchmal andere Menschen braucht, um an sich heranzukommen. Insofern habe ich etwas gezögert mit der Antwort. Sich selbst will man ja gerne positiv sehen, so negative Seiten will amn ja nicht sehen. Ich kann zum Beispiel sehr stur sein, das finde ich sehr negativ. So einen Panzer haben, so ein Mäuerchen; und denken, die anderen sind ja blöd, die sollen mich in Ruhe lassen. Ich fände positiv, wenn ich da raus käme.

Bist Du Deiner Mutter ähnlich?

Im Äußeren gleiche ich meiner Mutter, glaube ich, nicht. Im Wesen habe ich mit ihr gemeinsam das Ausgleichende, – aber ich weiß wenig über meine Mutter. – So heile Welt darstellen, wenn mal Krach ist in der Familie, daß ich wieder alles herstelle, dagegen wehre ich mich.

Wenn Deine Mutter mit Dir geschimpft hat, hast Du dann gedacht, sie ist im Recht und Du selbst bist schuld?

Ja, wenn sie mit mir geschimpft hat, dann habe ich geglaubt, ich bin schuld, ich bin ein böses Kind. Das denke ich heute noch bei meinem Partner. Immer wenn ich Streit mit Werner habe, dann denke ich: Was habe ich denn nun schon wieder verkehrt gemacht? Das versuche ich aufzuarbeiten, da ist mir schon einiges gelungen.

Wie war das mit Deiner Menstruation? Wie empfandest Du das beim ersten Mal?

Ja, weißt Du, die hatte ich auf einmal, das war furchtbar. Da habe ich meine Hose versteckt, ich fand das ja so fies, dann war ich auch noch blutig. Es erschien mir schmutzig und irgendwie unanständig. Ob ich das meiner Mutter gesagt habe, weiß ich nicht mehr; ich weiß darüber gar nichts mehr. Ich glaube, ich habe das nur meinen Freundinnen gesagt. Meine Mutter hat mir dann Binden mitgebracht; ich wurde also versorgt, „medizinisch" versorgt.

Hat Deine Mutter Dir erzählt, wie es bei Deiner Geburt war?

Nein, mit meiner Mutter habe ich über so etwas nicht gesprochen; auch nicht darüber, wie es bei meiner Geburt war.

Waren Deine Eltern daran interessiert, daß Du etwas lerntest?

Ja, das waren sie; meine Schwester hatte nur Volksschule, ich kam zur Realschule, das muß ihnen wichtig gewesen sein.

Mußtest Du bei der Hausarbeit helfen?

Ja, ich habe gerne so Sachen gemacht wie Kuchen backen. Meine Mutter hatte übrigens immer viel Kopfschmerzen, und wenn sie sich über die viele Arbeit im Haus beklagte, dann war mir das lästig, es interessierte mich nicht.

Hat sie Dir von ihrer Kindheit erzählt?

Ja, aus der Schulzeit, sie war auf dem St. Anna Lyzeum. Später hat sie Weißnäherin gelernt. Ihr erster Mann hatte ein Friseurgeschäft, da hat sie mitgearbeitet. Nach ihrer Scheidung hat sie ziemlich schnell wieder geheiratet.

Hast Du Deine Mutter geliebt?

Ja, ich liebte sie; aber ich kann da gar nichts mehr zu sagen, das ist alles weg.

Kannst Du Dich erinnern, ob sie Dich spontan in den Arm genommen hat?

Weißt Du, wenn Du so fragst, dann kommen immer so Bilder, aber bei der Frage kommt kein Bild.

Wurdest Du aufgeklärt, hat sie Dich damit vertraut gemacht, wie es mit den Beziehungen zwischen Mann und Frau ist?

Das war tabu, da wurde nicht drüber gesprochen.

Wie hast Du Deine Mutter in Erinnerung, war sie auch schon mal aggressiv?

Sie war nie aggressiv, bei ihr richtete sich alles nach innen.

Denkst Du, daß sie Dir etwas schuldig geblieben ist?

Ja, so Gespräche über Sexualität, über den Körper, ich weiß, daß sie das nicht konnte, aber ich habe das immer als Mangel empfunden.

Denkst Du, sie hätte Dir mehr Selbstbewußtsein vermitteln sollen?

Weiß ich nicht, aber ich glaube, daß einem alleine eine Mutter das nicht geben kann, das würde ich für vermessen halten. Sie hat sich so um mich gekümmert, wie sie es für gut hielt, und wie sie es gelernt hat. ... Doch ich hätte mir immer mehr Selbstbewußtsein für mich gewünscht. Ich weiß also, daß so Minderwertigkeitskomplexe, die ich sehr stark hatte, nicht durch meine Mutter produziert worden sind. Da sind so Sachen gelebt worden, die so tabuisiert waren, ich hatte auf der Realschule eine Lehrerin, die mich ständig gefragt hat: Wie heißt denn nun Dein Vater? Die mich ständig hat fühlen lassen, daß ich aus einer Arbeiterfamilie kam. Daß ich zum Beispiel nicht ein Buch für die Bücherei stiften konnte wie meine Nachbarin. Dann hatte ich rote Haare, solche Sachen sind mir immer von anderen gesagt worden. Ein Fehler war allerdings, daß ich Lob nötig hatte. Wenn ich das Lob nicht kriegte, wurde das immer mickriger für mich. Das ist oft noch heute so.

Du sagst, Dir gefielen Deine roten Haare nicht, wie ist das heute, wie findest Du Dich, findest Du Dich schön?

Jetzt mittlerweile finde ich mich schön, früher nicht, da waren meine roten Haare, dann wollte ich immer größer sein, ich fand mich so klein, Männer wollen ja lieber eine größere Brust. Wenn der Werner mal so gesagt hat, er findet eine große Brust schön, dann habe ich mir ganz intensiv meine Brust betrachtet und fand die dann ziemlich klein – dann fand ich sie auch nicht mehr schön.

Hast Du Dich schon mal gespiegelt, ich meine Deine Vagina?

Hm. Hm? Aber über meinen Körper weiß ich eine ganze Menge, ich messe jeden Morgen meine Temperatur. Ob ich alles weiß, das weiß ich nicht. So einigermaßen weiß ich Bescheid. Meine Vagina, da druckse ich so rum, ich überleg die ganze Zeit, es ist im Moment so viel, was ich im Kopf hab. Also, ich bin eine Frau, ich habe das mittlerweile akzeptiert, da gehört die Vagina halt dazu, das habe ich vorher nicht so akzeptiert, nicht in dem Ausmaß, also, nicht so bejahend. Es gibt ja auch viele Nachteile, eine Frau zu sein. Sich so rausputzen zu müssen, dieses ständige Beschäftigen mit sich selbst. Nicht um sich selbst zu gefallen, sondern um anderen zu gefallen. Das ist irgendwie ganz komisch, da ist ja auch so ein Widerspruch drin. Ich hab nie über mich als Frau nachgedacht, jetzt denke ich über mich nach. Ich habe ziemlich lange so Spielchen mitgemacht, daß mir ein Mann in den Mantel hilft, mir Feuer gibt für die Zigarette. Das war ganz schlimm für mich, wenn das nicht passierte.

Etwas anderes, wie war Deine Schwangerschaft?

Meine Schwangerschaft war stark von Erbrechen begleitet, die Entbindung aber war ziemlich schmerzfrei, ich war nicht verkrampft. Die Entbindung selbst fand ich schön, aber die Vorbereitung auf die Geburt fand ich schlimm. Niemand hatte mir gesagt, daß ich rasiert werde, und das mit dem Einlauf. Da habe ich sehr viel geweint, als sie da war, das war furchtbar, dieses Weinen, das war bestimmt der Verlust, daß man mir das Kind abgenommen hatte? Geplant war das Kind nicht, aber ich wollte, wenn ich ein Kind habe, es früh haben, weil meine Mutter schon älter war. Als es begann, sich im Bauch zu bewegen, das fand ich schön. Das war so ein Lustempfinden, wenn sich die Beinchen und Ärmchen bewegten. Alle haben gesagt: Du bekommst einen Jungen. Gleich nach der Geburt habe ich meine Schwiegermutter angerufen und habe gesagt: So, das ist ein Mädchen.

Was hältst Du von lesbischen Beziehungen?

Ich finde das unheimlich gut, wenn Frauen dazu fähig sind, zärtlich miteinander umzugehen. Ich könnte mir denken, daß ich das schön finden könnte.

Legst Du Wert darauf, daß Deine Tochter immer hübsch aussieht?

Ja weißt Du, sie hat sich die Haare abschneiden lassen und jetzt trägt sie so lange Ohrringe, das sieht furchtbar aus, so primitiv. Ich weiß auch, je mehr ich sage, desto mehr macht sie das; ich weiß, daß das nicht richtig ist von mir.

Willst Du, daß sie etwas lernt?

Ja, sie sollte etwas lernen, damit sie einmal nicht so abhängig ist von einem Mann.

Was suchst Du bei einem Partner? Möchtest Du Dich anlehnen, suchst Du Schutz und Zärtlichkeit?

Ja, Schutz und Zärtlichkeit, ich möchte mich anlehnen können, so ein Kind möchte ich sein. Ich möchte vom Mann die Bestätigung, daß ich geliebt werde. Früher war für mich der Koitus der Beweis dafür, wie sehr ich geliebt werde, so eine Art Hochform. Heute weiß ich, daß Liebe ganz andere Ausdrucksformen haben kann, dazu ist der Koitus gar nicht nötig, das ist nicht mehr so gravierend.

Als Du das Kind hattest, fandest Du das manchmal etwas ungerecht, daß Du Deine Wünsche jetzt zurückstellen mußtest?

Ja, daß ich so meine Bedürfnisse zurückgestellt habe. Aber dann habe ich mir oft eingeredet: Naja, ich habe mich ja jetzt entschlossen, das Kind zu kriegen; und jetzt mußt Du das auch so machen. Das ist dann so eine Konsequenz für mich, eine Pflicht, keine Lust. In solchen Momenten denke ich: Mensch, jetzt hast Du A gesagt, jetzt mußt Du auch B sagen. Das ist aber nicht mehr so häufig.

Wenn Du in die Situation kämst, alleine leben zu müssen,

glaubst Du, das zu können?

Ich glaube, ich könnte alleine leben, ich stelle mir das schon schwierig vor, aber ich könnte es. Einsam wäre ich nicht, weil ich sehr viele Frauen habe, mit denen ich gerne zusammen bin und die gerne mit mir zusammen sind. Ich bin nicht ausschließlich auf meinen Partner angewiesen. Das war ich einmal, heute nicht mehr.

Kannst Du Dir vorstellen, wie es sein wird, wenn Deine Tochter aus dem Haus ist?

Ja, das habe ich mir schon vorgestellt, es würde mich sehr schmerzen, ich würde sie sehr vermissen. Aber ich merke ja, daß sie immer selbständiger wird. Wir haben immer unheimlich viel zusammen gemacht, das ist jetzt nicht mehr so. Ich bereite mich eigentlich schon darauf vor, es wird mich dann nicht so treffen.

Gleicht Dir Deine Tochter?

Ja, ich glaub schon. Das, was ich an ihr bekämpfe, das sind so Sachen, die ich an mir selbst nicht leiden kann. So stur sein, so recht behalten wollen. Auf der einen Seite will ich die Sturheit bekämpfen, ich weiß aber, daß ich damit auch die Willenskraft breche, das finde ich nicht gut. Was mir in der letzten Zeit so auf den Geist geht, das ist dieses stundenlange Musik hören. Nichts tun, aus dem Fenster sehen, Musik hören und mich dann zu fragen: Weißt Du nicht, was ich mal machen kann? Ich finde es ganz toll, wenn sie etwas aus Ton formt, so Köpfe, das kann sie unwahrscheinlich gut. ... Ich weiß ja, daß ich viel schlimmer war. ... Probleme habe ich dann noch, wenn ich mir sage, das sind jetzt so die paar Jahre, die Pubertät. Mit Werner habe ich da Schwierigkeiten, der lehnt solche Argumente ab, er sagt, er wäre nicht so gewesen, er könnte sich nicht erinnern, sich so verändert zu haben. Wegen Angela gibt es zwischen uns schon Meinungsverschiedenheiten. Ich versuche ja, dafür Verständnis zu haben. Dieses Jahr hat sie sich vorgenommen, in der Schule mehr zu tun, weil sie mit dem letzten Zeugnis nicht zufrieden war. Was die Jungen betrifft, da kommen schon mal so Briefchen, das ist ganz lustig. Sie findet es auch gut, daß ich eine junge Mutter bin, manchmal erzählt sie von anderen „alten" Müttern.

Hast Du mit Angela schon über ihre Menstruation gesprochen?

Ja, das habe ich. Im letzten Urlaub bekam sie ihre Tage, ich habe ihr erklärt, wie sie den Tampon einsetzen muß. Weil es nicht ging, haben wir gemeinsam versucht, das reinzupressen, das hat uns richtig Spaß gemacht, wir haben viel gelacht.

Hörst Du ihr zu, wenn sie Dir von ihren Problemen erzählt?

Nicht immer, glaube ich, besonders nicht, wenn ich selbst so viel unerledigten Kram habe. Wenn sie mir etwas erzählt, bin ich mit meinen Gedanken nicht immer dabei, was sie sagt.

Kritisierst Du sie oft?

Ja, ich sage schon mal: Kannst Du nicht voran machen, oder: Wie siehst Du denn schon wieder aus? Ich habe ihr auch schon gesagt, wenn ich eine Freundin unsympathisch finde. Ich habe ihr gegenüber oft ein schlechtes Gewissen, ich kann mich manchmal in was reinsteigern, daß sie dann abkriegt, was der Werner abkriegen soll. Wenn mir das bewußt wird, dann spreche ich mit ihr darüber und entschuldige mich. Dann sagt sie: Das ist doch nicht so schlimm.

Du hast mir erzählt, daß Du ein Studium beginnen willst. Was meint Angela dazu?

Das macht sie etwas traurig, weil sie dann alleine ist, aber auf der anderen Seite findet sie das schon gut, was ich mache. Von sich sagt sie: Ich möchte etwas lernen, einen Beruf haben. Ich möchte keinen Mann haben, dazu bin ich viel zu egoistisch, ich könnte nicht für jemanden sorgen. Ich glaube, sie empfindet das als Rolle, die sie nicht spielen will.

Denkst Du, daß Angela Dich liebt?

Doch, da bin ich mir sicher.

Protokoll der Tochter Angela

Bist Du stolz darauf, eine so junge Mutter zu haben?

Stolz will ich nicht sagen, aber ich finde es gut, es gefällt mir. Wir verstehen uns gut, aber ich habe auch einiges an ihr auszusetzen. Mich regt es auf, wenn sie will, daß ich mein Zimmer aufräume, tue ich das nicht, dann ist sie sauer, dann ist sie den ganzen Tag beleidigt, weil ich so doof und so frech gewesen bin. Aber sie schimpft mich nicht aus.

Wenn sie doch mal sehr böse auf Dich ist, wie bestraft sie Dich?

Ja, ich weiß nur, einmal, da hat mich meine Mutter in den Keller gesteckt, vor dem Keller habe ich noch immer eine unbeschreibliche Angst, ich weiß nicht, wo das herkommt.

Kannst Du mit ihr über alles reden, zum Beispiel, wenn Du Probleme hast?

Ich glaube, ich könnte das, aber irgendwie liegt mir nicht so daran. Wenn sie mich darauf ansprechen würde, dann würde ich ihr schon erzählen, aber nicht so von mir aus. Ich habe einfach keine Lust dazu, wenn sie auch noch so unheimlich jung ist, habe ich doch das Gefühl, daß sie manche Sachen überhaupt nicht verstehen könnte.

Kritisiert sie Dich, wenn Du Dich zurechtmachst?

Nein, es ist eher umgekehrt, wenn ich mich kritisiere, dann sagt sie: Laß doch, Du siehst doch hübsch aus. Ich darf auch weggehen, sie läßt mich gehen. Wenn ich Geburtstag habe, gibt sie sich immer unheimlich Mühe, ich darf auch alle meine Freundinnen einladen.

Hast Du schon mal so richtig Wut auf sie gehabt?

Ja, das habe ich. Einmal war sie so sauer auf mich, ich hatte in der ganzen Wohnung meine Sachen verstreut, da hat sie alles genommen und in mein Zimmer geworfen. Nach einer Stunde kam sie und hat sich dafür entschuldigt. Ich war ganz lieb und dann gab es das große Trösten.

Du sagst, zu Deinem Geburtstag kannst Du alle Deine Freundinnen einladen, hast Du denn so viele Freundinnen?

Ach eigentlich verstehe ich mich mit allen Mädchen in der Klasse gut, so richtige Freundinnen habe ich zwei.

Denkst Du manchmal, Deine Mutter könnte etwas selbstbewußter sein?

Ja, sie könnte schon mehr Selbstbewußtsein haben, mein Vater ist da anders, der weiß, wie er sich verhalten muß.

Womit beschäftigst Du Dich am liebsten? Spielst Du mit Puppen, oder hast Du damit gespielt?

Oh, da gab es Zeiten, wo ich damit gespielt habe, ich hab noch ein paar in meinem Zimmer rumfliegen, aber da muß ich schon unheimliche Langeweile haben. Meistens höre ich Musik und mach was dabei, so aus Ton. Oder ich spiele Spiele, die ich allein spielen kann.

Magst Du beide gleich gern, Deinen Vater und Deine Mutter?

Das ist so, in letzter Zeit hänge ich mehr an meiner Mutter als an meinem Vater, aber im allgemeinen ist er verständnisvoller und erlaubt viel mehr.

Weißt Du etwas über Deine Mutter, wie sie früher war, als sie in Deinem Alter war?

Ich weiß eigentlich ziemlich viel, aber im Moment? Meine Mutter hat, glaube ich, noch nie in ihrem Leben Streiche gemacht.

Seht Ihr Euch ähnlich?

Im Aussehen schon, ich glaub, da ist manchmal was, dann schimpft mich meine Mutter aus, obwohl sie selber den gleichen Fehler hat; und deshalb ist sie sauer auf sich, und dann schimpft sie mich aus.

Was ist denn das, was sie an sich nicht so gut findet und dann an Dir kritisiert?

Ich komm jetzt nicht drauf, ich weiß da ganz viel, aber ich komm nicht drauf.

Hat sie Dir erzählt, wie es war, als Du zur Welt kamst?

Ja, sie hat mir erzählt, daß sie sich unheimlich darauf gefreut hätte.

Ist es Dir wichtig, daß Du einen Beruf lernst?

Das ist für meine Mutter ganz wichtig. Ich habe so verrückte Ideen, ich möchte Tauchlehrerin werden oder Pilotin, auf jeden Fall etwas Sportliches. Dann sagt sie: Dann mach mal.

Kannst Du Dir vorstellen, Du bist eine Hausfrau, hättest einen Mann und Kinder?

Ich möchte gern Kinder haben, aber nicht verheiratet sein, da hab ich einen Horror vor. Wohl mit einem Freund zusammenleben, aber auf keinen Fall verheiratet sein, weil man da so abhängig ist. Eine Tochter zu haben, fände ich schön. Ich weiß noch, als meine Mutter in Ferien war, da war ich mit meinem Vater alleine zu Hause. Da kam er einmal nach Hause, stellte seine Sachen auf den Tisch und legte sich ins Bett, um fernzusehen. Er glaubte, ich räume seine Sachen weg. Da war ich aber sauer: Oh Mann, hab ich gesagt, jetzt kannst Du mich aber kreuzweise, wenn Du das jetzt nicht wegräumst. Das hat er dann auch getan.

Hast Du manchmal Angst?

Nein, überhaupt nicht, nur wenn ich von einem Vampir geträumt habe; und ich muß nachts aufstehen, um zum Klo zu gehen.

Als ich mich verabschiede, bringt Maria mich zur Tür und sagt: Was ich da vorhin von der Vagina gesagt habe, daß ich das jetzt so akzeptiere, das stimmt nicht, ich finde die Vagina nicht schön, ganz im Gegenteil.

An den Äußerungen von Maria fällt auf, daß sie wiederholt sagt: Ich kann mich nicht erinnern. Ihre Tochter Angela auf meine Frage, ob sie sich als Kind schuldig fühlte, wenn die Mutter mit ihr böse war, meint: Da kann ich mich nicht erinnern. Bei Fragen, die Maria weder verneinen noch bejahen kann, sagt sie: Ich glaube, daß es so ist. Maria glaubt, daß ihre Mutter sie geliebt hat, andererseits habe die Mutter auch vieles falsch gemacht. Nach Haßgefühlen gefragt, weicht Maria aus, zunächst auf die Sache mit dem verweigerten Büstenhalter, doch dann sagt sie, daß sie auf ihre Mutter Wut hatte, weil die sie darüber im Unklaren gelassen hatte, daß sie nichtehelich geboren war.

Wer war Marias Mutter? Als Mädchen besucht sie das Lyzeum, sie möchte etwas lernen, möchte einen Beruf haben, der ihr Freude macht. Doch dann heiratet sie und bekommt eine Tochter. Nun muß sie außer ihrer Hausarbeit auch noch ihrem Mann im Friseurgeschäft helfen. Die Ehe geht auseinander, es folgt die Scheidung, die Tochter wird ihr zugesprochen. Bald bekommt sie noch ein Mädchen, diesmal unehelich. Sicher macht ihr die Mutter Vorwürfe, wahrscheinlich ist sie unglücklich darüber, daß ihr einziges Kind jetzt so ausgeliefert ist. Sie findet einen Mann, der sie „trotzdem" nimmt. Maria erzählt, sie habe ins Bett gemacht und am Daumen gelutscht. Wenn sie ins Bett gemacht hatte, bekam sie von ihrer Mutter einen warmen Wickel um den Bauch. Die Mutter gab sich Mühe, ihrer Tochter die Rolle zu vermitteln. Maria: Ich bin so erzogen worden wie viele, die heute 30 sind. Sie erinnert sich, daß die Mutter oft weinte, sie weinte, weil sie sich von der eigenen Mutter wie ein Kind behandelt fühlte. Die Mutter lobte Maria vor anderen, sie sagte: Die Maria ist ein liebes Kind. Noch immer ist Maria vom Lob abhängig: Ein Fehler war allerdings, daß ich Lob nötig hatte. Maria hat in Erinnerung, daß die Mutter ihr drohte: Du kommst in den Keller, wenn Du nicht lieb bist. Noch als erwachsene Frau hat Maria Angst vor dem Keller. Ihre Tochter Angela: ... hat mich meine Mutter in den Keller gesteckt, vor dem Keller habe ich noch immer eine unbeschreibliche Angst, ich weiß auch nicht, woher das kommt.

Maria hat ihre Menstruation als junges Mädchen als schmutzig und unangenehm empfunden. Als die Mutter ihr Binden mitbringt, fühlt sie sich „medizinisch" versorgt. Am Schluß unseres Gesprächs sagt mir Maria, daß sie ihre Vagina nicht schön findet, auch ihre Brust gefällt ihr nicht, sie ist zu klein. Sie sagt: Ich bin eine Frau, das habe ich mittlerweile akzeptiert, da gehört die Vagina halt dazu. Auf die Frage, ob sie masturbiert hat, sagt Maria: Ja, aber mit Schuldgefühlen. Marias negative Einstellung zu ihrem Geschlecht ist einleuchtend. An ihrer Mutter hat sie gesehen, daß eine Frau ein Wesen ohne Eigenleben ist und sich unterordnen muß. Maria sagt auch: Ich habe mich meiner Mutter geschämt. Als ich Maria frage, ob sie ihre Mutter geliebt hat, meint sie: Ja, ich liebte meine Mutter, aber ich kann da gar nichts mehr zu sagen, das ist alles weg. Angela, ihre Tochter, sagt: Ich liebe meine Mutter, aber ich habe auch einiges an ihr auszusetzen. Maria denkt manchmal darüber nach, warum ihr die Mutter keine Informationen gab über Sexualität, über die Funktionen ihres Körpers. Ihre Unkenntnis darüber macht ihr bei der Entbindung Schwierigkeiten: Schlimm war die Vorbereitung, niemand hat mir gesagt, daß ich rasiert werde; und das mit dem Einlauf. Maria hat ihre Mutterrolle als Pflicht empfunden: Da habe ich meine Bedürfnisse zurückgestellt. ... Das ist so eine Konsequenz für mich, eine Pflicht, keine Lust. Ihr Mutter-Sein hat Maria als Lust empfunden: Als es begann sich zu bewegen, das fand ich schön. Das war so ein Lustempfinden, wenn sich die Ärmchen und die Beinchen bewegten. Auch Maria bekam zu wenig Vertrauen von der Mutter vermittelt. Nun hat sie kein Vertrauen zu sich selbst. Sie fragt ihren Partner, bei dem sie Schutz und Geborgenheit sucht: Liebst Du mich auch wirklich? Gut ist, daß Maria sagt: Ich könnte allein leben, einsam wäre ich nicht. Ich habe sehr viele Freunde, mit denen ich gern zusammen bin und die gerne mit mir zusammen sind. Ich bin nicht ausschließlich auf meinen Partner angewiesen, das war einmal, heute nicht mehr. Angela sagt: Ich möchte einen Beruf haben, der mir Spaß macht. Heiraten möchte ich nicht, weil ich nicht abhängig sein will.

3.
Wenn ich jemals geliebt worden wäre, dann könnte ich mich ja selbst lieben.

Gerda ist 50 Jahre alt, sie lebt von ihrem Mann getrennt. Sie hat drei Töchter, die älteste heißt Katja, dann kommt Elisabeth, die jüngste ist Helge. Gerda hat das Abitur gemacht, später lernte sie Töpferin. Katja lebt in einer anderen Stadt mit ihrem Freund zusammen, Elisabeth studiert und wohnt in Bochum. Helge lebt noch zu Hause, will Fotografin werden und macht in der Stadt ihr Praktikum. Mit Gerda zusammen lebt ein junges Mädchen namens Mony. Mony ist für Gerda eine „Tochter", mit ihr kann sie umgehen, mit ihr hat sie nicht die Spannungen, wie sie zwischen Müttern und Töchtern unserer Kultur üblich sind. Gerda wohnt in einer katholischen Kleinstadt, links und rechts von ihr Menschen, die Wert auf Tradition legen. Ihre Häuser sind „alarmgeschützt", denn ihr Eigentum ist ihnen heilig. Gerda fällt ein wenig aus dem Rahmen, sie sagt: Ich habe 1968 mein Leben bewußt geändert, mit Personal, mit Gärtner und all dem Unsinn. Das hat mir meine älteste Tochter damals übelgenommen, sie meinte: „Wenn Du Dich nicht von Papa getrennt hättest, dann hätten wir weiterleben können wie bisher."

Es ist kühl draußen, wir sitzen in Gerdas Kaminzimmer, sie hat Holzscheite aufgelegt. Es ist ein gastliches Haus. Gerda geht offen mit sich um, über ihre Probleme hat sie schon oft nachgedacht.

Weißt Du, mit Katja habe ich diese Schwierigkeiten. Ich erinnere mich, als sie Abitur machte, da kam sie nach Hause und sagte: Morgen ist Abiturfeier, es wäre schön, wenn ihr beide kommen würdet, aber wenn Du nicht willst, ist das auch nicht schlimm, Papi kommt auf jeden Fall, er hat gesagt, er schenkt mir eine Ente. Da war ich unheimlich sauer, ich sagte: Abitur, der Papi, die Ente, das ist alles, aber was ich für Schulschwierigkeiten mit Dir hatte, das interessiert Dich nicht. Später hat ihr der Papi geraten, Lehrerin zu werden, Katja ging dann nach Münster an die PH. Aber nach zwei Semestern hatte sie keine Lust mehr, sie wollte lieber eine Kosmetikausbildung machen und eine Boutique aufmachen. Ich habe ihr zugeraten: Mach das mal, habe ich gesagt. Weißt Du, Töchter erfüllen manchmal die Träume der Mütter, denn es war auch mein Wunsch, einmal selbständig und unabhängig zu sein. Sie bat mich dann, ich soll doch einmal kommen: Jetzt kommst Du nicht, willst Du nicht mal Deine Falten und alles wegmachen lassen? Ja, ich komme mal, habe ich ihr geantwortet, aber nicht unter Druck und Zwang. Es hat ihr viel Freude gemacht, sie erzählte mir: Weißt Du, es kommen so viele Frauen, die haben Probleme, die hör ich mir an, ich kann ihnen das Gesicht wieder schön machen für einen neuen Start in ihr Eheleben. Nun will sie die Boutique wieder aufgeben und sich mit dem Mann, mit dem sie lebt, ein Haus kaufen; und vielleicht in diesem Haus weitermachen. Einmal war sie hier und hat mir von ihren Sexualschwierigkeiten erzählt; und auch von einem Kinderwunsch gesprochen. Was soll ich sagen, wenn mich eine junge Frau fragt, ob sie ein Kind in die Welt setzen soll? Ich habe sie gefragt: Was sind Deine Hoffnungen, Deine Hintergründe? Sie sagt dann: Das weiß ich nicht, aber ich will so leben wie bisher. Da kann ich nichts sagen, ich finde diese Einstellung nicht gut. Bei mir war das so: Mein Mann hatte mich erpreßt, er hatte gesagt: Wenn Du weiter töpfern willst, können wir nicht zusammen bleiben. Ich hatte zu der Zeit bereits meine Gesellenprüfung gemacht und wollte meinen Meister machen. Mein Mann wollte, daß ich mich sofort entscheide, da blieb ich bei ihm, ich hatte ja schon das Kind im Bauch. Ich dachte, schon wieder ein uneheliches Kind, meine Mutter hatte ihr erstes Kind auch unehelich. Ich habe dann mit ihr darüber gesprochen und sie meinte: Das ist ja furchtbar, ein uneheliches Kind, dann heirate besser, ich mußte ja auch heiraten. Nun sitze ich in der Frauengruppe und frage mich, was haben wir damals für Alternativen gehabt?

Aber inzwischen hat sich doch einiges weiterentwickelt. Vielleicht sollten wir anfangen, an uns zu denken und nicht immer: Wie ist das mit meiner Tochter? Ich denke, das könnte Auswirkungen haben auf unsere Beziehung zur Tochter. Wir wissen ja heute, dank der Frauenbewegung, daß unsere Probleme keine individuellen sind, sondern daß sie gesellschaftlich bedingt sind. Das nimmt uns doch vieles von unseren Schuldgefühlen. Ich denke, daß es uns hilft, die Ursachen für unsere Mutter-Tochter Problematik aufzudecken. Wir sind nicht nur Mütter und Töchter; wenn wir genügend Selbstbewußtsein hätten, dann könnten wir unsere Töchter außerhalb der Mutter- und Tochterrolle als Frau akzeptieren. Oder bist Du nicht meiner Meinung? Wenn Du erzählst, was Dich an Deinen Töchtern ärgert, dann erscheint mir das alles etwas vordergründig. Ich denke mir, daß Dich der Ton Deiner Töchter kränkt, weil Du Dich an Deine Mutter erinnert fühlst, an ihre Bevormundung? Das Kind in Dir ist gekränkt, wenn Dir das klar ist, wirst Du die Bemerkungen Deiner Töchter vielleicht nicht mehr übel nehmen? Eine andere Frage: Glaubst Du, daß Deine Mutter Dich geliebt hat?

Nein, sie hat mich abgelehnt, ich wäre schwierig, hat sie gesagt. Ich war das vierte Kind, und meine Schwestern gingen nicht in die Tanzschule und knutschten sich nicht mit Männern ab. Sie hat mich abgelehnt, weil ich ein Problemkind war, ich hatte oft Mandelentzündung. ... Da war noch etwas, bei uns gab es so Spielregeln, daß jede Woche ein Kind bei der Großmutter schlief. Das war ihre Großmutter, die sie haßte wie die Pest. Mein Vater war ihr einziges Kind. Ich schlief also bei ihr, und in meinem Blickwinkel hing Luther. Dann hing da noch ein Bild vom Weltuntergang aus der Biblischen Geschichte. Die Bilder machten mir furchtbare Angst wie die ganze bigotte Atmosphäre bei meiner Großmutter. Ich schlief dann höchstens bis Mitternacht und dann bekam ich hohes Fieber. Ich konnte das steigern, so hysterisch war ich. Dann mußte ich nach Hause gebracht werden und meine Großmutter sagte: Dieses hysterische Kind kannst Du gleich wiederhaben. Meine Mutter meinte dann: Warum kannst Du Oma nicht ein bißchen trösten? Das waren so Momente, in denen ich mich von meiner Mutter abgelehnt fühlte.

Mony: Fühltest Du Dich erst abgelehnt, als Du aufmüpfig warst oder hat Deine Mutter Dich schon vorher abgelehnt?

Meine Mutter hatte mir gesagt, als sie mich im Bauch fühlte, wäre sie sehr deprimiert gewesen, denn mein Vater hätte gerade ein Verhältnis mit seiner Sekretärin gehabt. Um mich abzutreiben, wäre sie barfuß durch den Schnee gelaufen. Sie sagte: Dann bist Du geboren und warst das dritte Mädchen, das war zuviel, da habe ich mir geschworen, jetzt krieg ich nur noch Söhne. Nach mir bekam sie drei Söhne.

Könnte das der Grund sein, warum auch Du nur Söhne haben

wolltest?

Wahrscheinlich war das so. Dazu fällt mir ein, wie unterschiedlich Jungen und Mädchen bei uns behandelt wurden. Mein Bruder wurde ein Jahr nach mir geboren. Als wir noch klein waren und meine Eltern noch oft außer Haus waren, holten sie meine Großmutter, die Mutter meines Vaters. Mein Bruder näßte damals oft ins Bett. Wenn dann meine Eltern nach Hause kamen, sagte meine Mutter: Phillip hat ja schon wieder eingenäßt. Dann meinte meine Großmutter: Ich habe zu Gerda gesagt, sie soll mit ihm spielen, das hat sie einfach nicht getan, sie ist immer oben auf dem Dach spaziert. Ich habe nämlich immer Dächer und Bäume erklommen, ich wollte ja ein Junge sein und Hosen tragen. Solche Auseinandersetzungen endeten damit, daß ich ins Bett mußte und mein Bruder heruntergeschickt wurde mit der Bemerkung: Gerda hat ihn verleitet und deshalb macht er ins Bett. Beide müssen früh schlafen gehen, denn ein Bettnässer muß viel schlafen. So schläft Gerda gleich mit, dann werden ihr die aufmüpfigen Gedanken schon vergehen.

Man hat also Dir die Verantwortung aufgebürdet?

Ja, so war das. Ich entsinne mich, da war das elterliche Schlafzimmer. Durch eine Tapetentür gelangte meine Mutter in unser Zimmer. Meine Mutter kontrollierte nachts meinen Bruder. Dann rief sie: Papa, der Phillip hat schon wieder ins Bett gemacht. Unser Hausarzt hatte geraten, das kann man verhindern, wenn man das Kind auf die Schultern nimmt, mit dem Kopf nach unten. Wenn mein Vater das machte, dann dachte ich: Komisch, jetzt läuft das sicher nach oben, vielleicht kommt das jetzt zum Mund raus? Das waren so die Methoden von Schreber.

Konntest Du Deiner Mutter vertrauen?

Nein, das konnte ich nicht, sie hat mich verraten. Immer war ich schuld, wenn mein Bruder ins Bett machte, und später, wenn mein Vater was mit der Sekretärin hatte. Wie konnte ich da Vertrauen zu ihr haben? Aber weißt Du, ich habe meine Mutter wahnsinnig geliebt, das tue ich heute noch, warum weiß ich nicht. Ich wollte sie immer so gerne in den Arm nehmen, dann hat sie mich weggedrückt und gesagt: Kind, schlaf jetzt mal schön, Mutti muß noch weg.

Mony: Was hast Du an Deiner Mutter so geliebt?

Sie roch so gut und hatte einen so schönen Busen und so ein feines Gesicht. Einmal ist sie mit mir geschwommen, da war ich höchstens drei, da hat sie mich so an sich gedrückt. Für mich war sie die schönste Frau der Welt. Sie hatte etwas ganz Tolles an sich, sie war so kreativ und urwüchsig. Sie schmiß die Lilien einfach so hin und dann wuchsen die. Im Herbst hatte sie dann einen riesigen Strauß im Arm. Sie war eine Urgewalt als Frau, jedenfalls habe ich sie so empfunden. Wenn ich Ohrenschmerzen hatte, dann sagte sie: Du brauchst doch keine Angst zu haben, ich mach Dir das schon weg. Dann war das auch weg.

Könnte es nicht sein, daß es geholfen hat, weil Du so fest daran geglaubt hast?

Das kann natürlich auch sein. Einmal hatte ich eine Mandelentzündung, ich mußte operiert werden. Meine Mutter ging mit ins Krankenhaus. Weil es so weh tat, habe ich gesagt: Bitte, geh nicht weg. Sie hat gesagt: Nein, ich geh doch nicht weg. Als ich dann wach wurde, saß an meinem Bett eine Nonne, Mutti war weg.

Ist das eine grundlegende Erfahrung, daß Deine Mutter immer dann weg war, wenn Du sie brauchtest?

Ja, dann war sie immer weg. In der Realität war sie natürlich da, wenn es erforderlich war, aber in dem für mich entscheidenden Moment war sie weg.

Konntest Du mit ihr Deine Probleme besprechen?

Nein, sie hörte mir gar nicht zu. Ich war ja schon das vierte Kind und sie hat dann immer gesagt: Rede nicht so viel. Wir Kinder waren immer aufgeschlossen für die Probleme unserer Eltern, sie hatten eine schlechte Ehe. Abends im Bett haben wir uns abgesprochen, wer am nächsten Tag der Buhmann ist. Ich bin auf dem Dach herumspaziert, bis mich mein Vater herunterholte. Dann wurde ich bestraft und meine Eltern hatten die Möglichkeit zusammenzufinden. Wir sagten als Kinder: Wer ist jetzt dran, damit sich Mutti und Papa auf der Leiche eines Kindes einigen können?

Kannst Du Dich erinnern, ob Du gestillt worden bist?

Das weiß ich nicht mehr, aber mein Bruder ist zwölf Monate später geboren. Später habe ich auch immer alles ausgespuckt, ich wollte nie essen.

Kannst Du Dir erklären, warum Du das getan hast?

Ja, wahrscheinlich durch die pränatale Situation. Einmal hat mir meine Mutter gesagt, sie hätte wegen mir ein so schlechtes Gewissen gehabt, daß sie mir einen tomatenroten Kinderwagen gekauft hätte, den keines der anderen Kinder hatte.

Wurdest Du später gezwungen zu essen?

Ja, ich weiß noch, da war ich so 12 Jahre alt und litt oft an Herzbeschwerden, die immer dann auftraten, wenn ich zu etwas gezwungen wurde. So war das auch mit dem Essen. Ich mußte also essen und das habe ich verweigert. Dann saß ich von 12 bis um 15 Uhr am Essenstisch und aß nicht. Dann erst wurde der Teller weggeräumt und mir abends wieder hingestellt. Ich mußte das aufessen, kalt oder warm. Später habe ich dann mein Essen heimlich in die Schürzentasche gesteckt.

Wie sind heute Deine Eßgewohnheiten?

Heute ist das so, daß ich mir manchmal zwei Schnitzel kaufe und sie heimlich esse und meinen Spaß habe, daß ich nicht erst für die Kinder sorgen muß, sondern erst für mich. Dann denke ich bei mir: Was bist Du nur für ein Egoist.

Hast Du Deine Mutter als eine Frau in Erinnerung, die sich durchsetzen konnte?

Nein, sie konnte sich nicht durchsetzen. Wenn ich etwas gemacht hatte, dann sagte sie zu meinem Vater: Papa, die Gerda hat das und das gemacht, strafst Du sie dafür? Oder sie sagte: Gerda, gehst Du mal zur Bank und löst den Scheck ein? Oder: Gehst Du mal zu Deinem Vater und sagst ihm, er möchte mir hundert Mark geben, weil ich dies oder das holen muß? Wenn die Mutter meines Vaters kam, dann sagte meine Mutter: Gleich kommt die Großmutter und guckt in den Keller, dann muß ich viele Weckgläser haben. Ich will das überhaupt nicht. Ich sagte: Dann laß das doch, was soll sie in Deinem Keller? Ja, aber ich muß doch zeigen, daß ich eine gute Hausfrau bin. Wenn Papa gleich kommt, dann muß ich die Erbsensuppe so kochen, wie er es haben will, wie seine Mutter sie immer zubereitet hat.

Mony: Ihr hattet zu Hause doch sicher viele Gäste, wie war denn da Deine Mutter?

Da hatte sie Selbstbewußtsein, allerdings nicht bei Gästen von meinem Vater, sondern bei ihren. Sie kannte viele Künstler nach dem Krieg, die damals einen Namen hatten, so auch das Stroß Quartett. Das war mehr so eine geistige Elite. Mein Vater hatte ja andere Gäste, er war ein politischer Mensch.

Was weißt Du über die Mutter Deiner Mutter?

Das war die liebste Frau der Welt. Sie war früh Waise, wurde aber noch in England erzogen. Später heiratete sie einen Lehrer, der mit 42 starb. Sie hatte sechs Töchter und einen Jungen, und sie hatte den Ehrgeiz, alle ihre Kinder etwas lernen zu lassen. Als 1920 die furchtbare Armut war, hat sie den Kindern aus Gardinenstoff Kleider genäht, und sie hat Kartoffeln geklaut. Dann machte sie etwas, was meine Mutter nie verstanden hat, sie heiratete einen Wirtschaftsschieber. Dann hatte sie noch eine Position bei einem Gauleiter. Sie ist 1955 gestorben. Wie mir meine Tante erzählte, hat sich meine Mutter mit ihrer toten Mutter zwei Stunden lang eingeschlossen. Als ich sie einmal danach gefragt habe, sagte meine Mutter: Ich hatte mich von meiner Mutter so entfremdet, ich wußte gar nicht, wer meine Mutter eigentlich war. Ich habe versucht, ihr am Sarg nahezukommen; ich habe ihr so wehgetan. Aber ich möchte noch von meiner Tante erzählen. Sie hieß Else, war meine Patentante und die Freundin meiner Mutter, ich glaube, sie sind schon zusammen zur Schule gegangen. Zu der Frau hatte ich eine ganz starke Beziehung, fast erotisch. Viel später habe ich zu ihr gesagt: Ich fahre jetzt zu einem Mann, der ist meine Liebe, aber eigentlich habe ich immer nur Dich geliebt. Da meinte sie: Das kann doch nicht sein, Du hast doch Deine Mutter. Ich weiß auch nicht, was mich zu ihr hingezogen hat, weil sie eine Freundin meiner Mutter war? Oder war sie für mich eine mütterliche Freundin?

Hast Du schon einmal gedacht, Du wärst lieber ein Mann als eine Frau?

Nein, ich bin unheimlich stolz darauf, eine Frau zu sein und Kinder bekommen zu können.

Magst Du etwas über Dich und Deine Töchter erzählen?

Da ist besonders meine älteste Tochter, die Katja. Sie kommt immer nur dann zu mir, wenn sie Schwierigkeiten hat. Ich habe einmal zu ihr gesagt: Ich bin wie ein Kleiderbügel, wenn Du ihn brauchst, dann holst Du ihn aus dem Schrank und wenn Du ihn nicht mehr brauchst, dann hängst Du ihn wieder rein. Hast Du gute Dinge erlebt, dann darf ich nicht daran teilhaben, aber Deinen Kummer muß ich mit Dir teilen. Ich fühle mich da oft überfordert. Die Zweite, Elisabeth, reagiert auch schon ähnlich. Weihnachten kam sie mit schweren Depressionen nach Hause. Katja findet meine Lebensweise nicht gut, Elisabeth toleriert das mehr und die Jüngste, Helge, macht sich nichts daraus, sie sieht ja, was hier täglich läuft. Aber alle drei finden meine Lebensweise nicht nachahmenswert. Jetzt fange ich an, mich zu emanzipieren, mich mit Frauen zusammen zu setzen, das ist etwas, das finden meine Töchter zum Abschießen. Elisabeth geht sehr gerne zu ihrer Schwiegermutter. Sie findet bei ihr etwas, was sie bei mir nicht hat, so eine liebe Mutter mit ihren fünf Kindern, die mit ihnen am Tisch sitzen und Familienleben machen. Manchmal fühle ich mich schuldig, daß ich nicht so eine Glucke war für Elisabeth. Einmal, als sie hier war, bekamen wir Streit, sie haute einfach ab. Das I-Tüpfelchen war, daß sie anschließend zu der Frau Mittagessen ging. Bei mir ist es so, ich bin es gewohnt, ein ausgedehntes Frühstück zu machen und erst am Abend wieder richtig zu essen. Aber Elisabeth möchte wohl lieber um 8 Uhr Frühstück, um 12 Uhr Mittagessen und um 19 Uhr Abendessen. Ich glaube, die beiden anderen leben da auch in einem Zwiespalt. Andererseits kommen sie aber auch gerne hierher. Ich weiß, daß ich schwierig bin, ich habe oft solche Sehnsucht nach Zärtlichkeit, aber sie zu geben fällt mir unheimlich schwer. Ich weiß noch, Elisabeth kam am Weihnachtstag zu mir ins Bett, da bin ich zu Eis erstarrt, ich habe fünf Minuten gebraucht, bis ich sie in den Arm nehmen konnte. In solchen Situationen fühle ich mich aufgefordert, etwas zu geben, was ich nicht geben kann. Das ist ein Leitmotiv in meinem Leben, ich fühle mich überfordert. Darum möchte ich gerne ein paar Monate verreisen. Ich möchte den Kleinkram vergessen, ich möchte Abstand bekommen von meinen Problemen. Weißt Du, ich habe auch so ein starkes Über-Ich. Wenn ich mal ein paar Tage faul war, dann bekomme ich einen Rappel und fange an, den Garten zu ordnen oder das Haus, damit ich zu mir selbst sagen kann: Du bist kein fauler Mensch. Da sind auch so Sprüche aus meinem Elternhaus: Müßiggang ist aller Laster Anfang. Man darf dem lieben Gott nicht den Tag stehlen.

Hattest Du Schwierigkeiten in der Schule?

Ich war immer die Schlechteste, meine Geschwister hatten weniger Schulschwierigkeiten. Wenn mein Vater mittags nach Hause kam und es waren mir Schläge angedroht, dann verkroch ich mich vor Angst unter dem Buffet. Da lag ich manchmal bis 18 Uhr, dann schlich ich in mein Zimmer. Meine Mutter merkte oft gar nicht, daß ein Kind fehlte. Meine Töchter hatten auch Schulschwierigkeiten. Es ist so traurig, daß immer wieder die Neurosen der Familie weitergetragen werden, daß man diesen Kreislauf nicht unterbrechen kann. Ich konnte nicht ausbrechen, ich war prädestiniert dafür, die Schuldgefühle der Familie auf meinem Rücken auszutragen, ich war das berühmte schwarze Schaf. Ich habe immer mit allen mitgelitten und darum wenig für mich tun können. Eines weiß ich, ich wollte immer nur... eigentlich wollte ich immer nur meine Mutter.

Wie war das mit Deinen Schwangerschaften?

Die waren sehr schwierig, ich war zu eng gebaut. Aber meine Mutter hatte gesagt: Keinen Dammschnitt, Du sollst Dein Kind so natürlich bekommen, wie ich meine acht Kinder bekommen habe. Beim ersten, bei Katja, war es sehr schwer, das hat zwei Tage gedauert. Bei Elisabeth hatte ich eine Querlage, nur Helge, die Jüngste, ging einigermaßen gut. Aber ich war bei allen sehr verkrampft.

Kannst Du Dir vorstellen, alleine zu leben?

Ich könnte nicht alleine leben, weil in mir so eine Leere ist. Doch meine Töchter sollten schon auf eigenen Füßen stehen. Sehr wehgetan hat mir damals, als Katja wegging, hier war die Symbiose so stark. Aber allein leben in diesem Haus, das könnte ich nicht, Ich muß wissen, daß da jemand schläft, daß jemand da ist, mit dem ich reden kann.

Denkst Du, daß Deine Kinder Dich lieben?

Wie kann ich glauben, daß mich jemand liebt, wenn ich mich selbst nicht liebe, mich nicht annehmen kann.

Warst Du neugierig bei Deinen Töchtern, hast Du wissen wollen, mit wem sie zusammen sind?

Ja, das habe ich. Ich habe auch in ihren Taschen gesucht, und manchmal habe ich einen Zettel gefunden, auf dem aber eigentlich etwas ganz Unwichtiges stand. Das habe ich überwiegend bei Katja gemacht, ich hatte Angst um sie.

Erkennst Du Dich in Deinen Töchtern wieder?

Ja, so bestimmte Wesenszüge, die ich als meine eigenen erkenne. Das macht mich so wahnsinnig aggressiv. Katja zum Beispiel ist so intolerant, ich habe ihr schon vorgeworfen, sie könnte mir gegenüber ruhig etwas toleranter sein. Aber wie kann sie das, wenn ich selbst so intolerant bin? Wenn meine Töchter lieb sind, so mit anderen Leuten, dann haben sie das von ihrem Vater, von mir haben sie nur das Negative.

Wie verhältst Du Dich Deinen Töchtern gegenüber, wenn sie Deine Hilfe brauchen?

Dann fühle ich mich überfordert. Ich versuche ihnen zu helfen, werde aber von Zweifeln geplagt, ob ich es richtig mache. Neulich war hier eine junge Frau, die Kummer hatte, der konnte ich helfen, aber das war ja auch nicht meine Tochter. Bei meinen Töchtern habe ich Versagungsangst und ein schlechtes Gewissen, dann denke ich: Was bist Du für eine schlechte Mutter?

Deine Tochter Katja wohnt nicht weit entfernt, gehst Du sie

öfter besuchen?

Nein, zu meiner Tochter fahre ich nur unter Biegen und Brechen. Sie hat die Hausfrauenrolle übernommen, die sie perfekt spielt. Allerdings muß ich sagen, daß ich als junge Frau auch meine Rolle perfekt gespielt habe, das hat Katja wohl mitgekriegt, aber meine Rolle war nur aufgesetzt, das hat sie vielleicht nicht gemerkt? Katja findet auch das Verhältnis zwischen meiner Mutter und mir schrecklich, dabei haben wir fast schon ein ähnliches Verhältnis. Unser Problem ist wohl, daß Mütter und Töchter sich gegenseitig eine Rolle abverlangen, und das ist etwas, was beide nicht bringen können, und so entsteht die Unehrlichkeit.

Gab es in Deinem Leben Momente, in denen Du Deine Mutter gehaßt hast?

Ja, ich hasse sie mitunter; und dann bekomme ich Schuldgefühle. Meine Mutter hatte immer Schwierigkeiten mit meinem Vater. Durch ihre ganze Ehe geht diese ständige Untreue meines Vaters. Das habe ich immer mitgekriegt. Ich habe oft mit meiner Mutter geweint, das war so ein Rollentausch; die Mutter-Tochter-Rolle ist ja austauschbar. Ich glaube, ich litt dann für sie. Meine Tochter hat das auch erlebt mit mir. Meine Mutter bestrafte mich oft mit Liebesentzug. Ich habe das mit Katja bestimmt genauso gemacht. Das war eigentlich eine schwere Zeit. Wenn wir unseren Töchtern vermitteln könnten, daß wir darum oft so ungerecht sind, weil wir selbst verletzt sind, vielleicht ließe sich da noch etwas machen? Wenn unsere Töchter verstehen, daß wir nicht schuldhaft gehandelt haben, dann müßten sie sich nicht so von uns gedemütigt fühlen. Es sind ja immer diese Mißverständnisse in tausend Kleinigkeiten. Ich glaube, wir provozieren unsere Töchter auch oft. Wir sagen vielleicht Dinge, die wir gar nicht sagen wollen, und dann kommt von der Tochter prompt etwas, was uns trifft. Mein Mann war immer der gute, liebe Vater, Katja geht heute noch gerne mit ihrem Vater aus. Aber bei Schwierigkeiten kommt sie zu mir. Wenn meine Töchter einmal etwas lesen würden, was ihnen weiterhilft, aber dazu kriege ich sie ja nicht.

Hat Deine Mutter Dich geschlagen?

Geschlagen hat sie mich nicht, aber sie konnte oft nicht an mir vorbeigehen, ohne mir in den Arm zu kneifen. Wenn mein Vater uns bestrafte, dann gab er uns Geld, und dafür mußten wir einen Rohrstock, der hieß Johann, kaufen, den zerschlug er an uns. Einmal hat er mich so geschlagen, daß eine Tante von mir drohte, die Polizei zu holen. Mutter stand oben an der Treppe und schaute zu; und ich wurde an dem Tag 17 Jahre. Meine Eltern hatten unheimliche Schwierigkeiten miteinander. Mein Vater hatte so eine Gewohnheit, er steckte ein Streichholz in die Klingel, das war für Mutti das Zeichen, bei ihm zu erscheinen. Meist drückte sie sich davor mit Kopfschmerzen. Ich war hier wohl Mittel zum Zweck, er konnte seine Wut an mir auslassen und meine Mutter kam am Beischlaf vorbei. Meine Mutter wollte eigentlich keine Kinder, sie mochte auch nicht die Penetration. Die Haßgefühle, die sie dann gegen sich selbst bekam, hat sie an ihre Töchter weitergegeben. Aber meine Töchter verstehen das nicht. Meine Mutter erwartete von meinem Vater ein Kind, so daß sie ihn heiraten mußte, obwohl sie das gar nicht wollte. Mein Vater hatte eine sehr beherrschende Mutter. Hoffte er vielleicht in meiner Mutter eine ebenso beherrschende zu finden? Ich war immer sehr auf meine Mutter fixiert, ich erinnere mich, daß ich zu ihr hinging und sie frug: Habe ich das nicht schön gemacht? Selbst als ich schon verheiratet war, habe ich Briefe an sie geschrieben wie eine 17jährige: Heute habe ich das und das gemacht. Ich weiß noch, als mein ein Jahr jüngerer Bruder anfing, ins Bett zu machen und damit alle Aufmerksamkeit auf sich zog, habe ich, die ich schon sechs war, auch wieder angefangen, ins Bett zu machen. Mit mir wurde dann geschimpft, mit meinem Bruder nicht. Ich habe auch Kleidungsstücke von meiner Mutter geklaut, ich habe überhaupt gerne etwas von ihr getragen. Meine Brüder wurden immer vorgezogen, sie wurden von meiner Mutter in den Arm genommen, wir Mädchen nie. Darum wollte ich lieber ein Junge sein, ich habe mich dann auch so benommen.

Wie findest Du Dich? Gefällst Du Dir?

Früher fand ich mich schön, aber jetzt, wo ich älter werde, habe ich Probleme. Bis zu meinem dreißigsten Lebensjahr fand ich mich zu dick, danach fand ich mich schön. Ich wurde immer Spiegelhexe genannt, weil ich so gerne vor dem Spiegel stand.Als ich verheiratet war, fand ich mich nicht mehr so gut, aber als ich den dicken Bauch hatte, das gefiel mir. Bei uns zu Hause war das so, wenn mein Vater nicht da war, durfte ich meiner Mutter beim Stillen zusehen. Wenn er nach Hause kam, wurde alles wieder zugemacht. Mein Vater war extrem prüde. Meine Mutter ist richtig aufgelebt, seit mein Vater tot ist. Heute ist sie viel unterwegs; und wie sie sich heute anzieht, wenn das mein Vater sehen würde, er wäre entsetzt. Aber ich muß sagen, mein Vater war freigiebiger und auch zuverlässiger als meine Mutter. Er hat mich zwar geschlagen, aber er hat mich nie im Stich gelassen. Später, als er unglücklich war mit meiner Mutter, wurde ich so eine Art Kumpel für ihn. Wir sind zusammen verreist, er hatte seine Erlebnisse und ich die meinen. Was mich an ihm allerdings empört hat, das waren so die Sprüche: Eine Frau muß dumm, hübsch und reich sein.

Was verstehst Du unter Liebe?

Liebe, das ist für mich, wenn ich einen Menschen treffe, der mich in meinen emotionellen Bedürfnissen versteht. Ich will nicht das Gefühl haben, daß ich nur die Lust eines Mannes befriedige. Nicht, wie meine Mutter mir einmal sagte: Was Generationen von Frauen getragen haben, das mußt Du auch tragen. Damit bin ich nicht zufrieden. Ich bin mit Menschen zusammengetroffen, die meine Bedürfnisse in einer Weise befriedigt haben, das habe ich in dem einsamen Zusammenleben mit meinem Mann nicht erfahren. Ich habe dann die Ehe gebrochen, ich habe mich anders verhalten als andere. Am Anfang habe ich ja erzählt, daß mich meine Mutter abtreiben wollte. Nun muß ich aber ein schnuckeliges Ding gewesen sein, denn sie hat mir, zumindest in meinem ersten Lebensjahr, Zuneigung entgegengebracht. Denn woher sonst hätte ich das meiner Tochter Katja weitergeben sollen? Ich habe Katja, als sie so klein war, oft in den Po gebissen, dann hat sie so gejuchzt. Eigentlich hatte ich dabei so ein ungutes Gefühl, weil mein Mann das ablehnte.

Wie war das, als Du Deine erste Periode bekamst?

Bei der ersten habe ich gefragt: Was ist denn jetzt? Da sagte meine älteste Schwester: Hier hast Du fünfzig Pfennig, damit gehst Du in die Apotheke und holst Dir Kamelia, das klemmst Du Dir zwischen die Beine. Nach drei Tagen ist das wieder weg. Das war die ganze Aufklärung, meine Mutter hat das gar nicht erfahren.

Kannst Du Dich erinnern, welche Empfindungen Du hattest, als Dein erstes Kind geboren wurde?

Als Katja geboren wurde, hatte ich so ein Wonnegefühl. Mein Mann, der katholisch ist, hatte mich während der Schwangerschaft nicht angerührt, er meinte: Eine Frau mit einem Kind im Bauch darf man nicht anrühren. Ich hatte also meine ganze Sinnenfreude dem Kind zugewandt. Wenn Katja heute mit mir über ihre Sexualschwierigkeiten redet, dann sage ich ihr: Kann es sein, daß Du bei ihm das Knutschen vermißt, das ich mit dir gemacht habe, als Du so klein warst? Versuch doch mal, mit ihm da etwas aufzuarbeiten. Ich weiß noch, als sie etwa ein Jahr alt war, da meinte mein Mann: Was Du mit dem Kind machst, ist nicht richtig. Er war der Meinung, ich würde sie zuviel streicheln. Da bekam ich ein schlechtes Gewissen und habe damit aufgehört. Vielleicht ist Katja darum heute so irritiert? Dazu kommt ihr aufgesetztes Rollenverhalten. Wie kannst Du jungen Frauen helfen, daß sie sich nicht auf Vaginalkrämpfe und Frigidität zurückziehen? Sondern daß sie auf der Suche bleiben nach dem Menschen, mit dem sie eine Beziehung aufbauen könnten.

Wie kommst Du heute mit Deiner Mutter zurecht?

Weißt Du, meine Mutter schrie immer viel, sie ist heute immer noch laut, sie ist auch sehr egozentrisch. Ihre Mutter, also meine Großmutter, war im Gegensatz zu ihr eine sanfte Frau. Neulich habe ich meine Mutter besucht, da gab es wieder Streit. Sie warf mir vor, ich hätte meinen Mann rausgeschmissen. Ich hätte gerne geantwortet: Du bist ja nur neidisch. Sie kommandiert mich noch heute, ich komme mir bei ihr immer so klein vor, wie ein Kind. Ich hatte und habe immer noch schreckliche Angst vor dem Alleinsein und vor der Dunkelheit. Ich habe Alpträume und manchmal Platzangst. Meine größte Angst ist, daß meine Mutter mich verlassen könnte.

Ein paar Tage später besuche ich Katja, die älteste Tochter von Gerda. Sie holt mich am Bahnhof ab und wir fahren zu ihr nach Hause. Ihr Freund ist nicht da, er arbeitet noch. Katja und ich setzen uns in die Küche und sie erzählt mir von sich.

Meine Mutter hat jetzt Mony da wohnen, ich glaube, sie hat sich geniert, mir das zu sagen. Ich erfuhr das in einer Zeit, als ich sehr schlecht mit meiner Mutter stand. Mir war das nicht recht, nicht daß ich eifersüchtig wäre, sondern ich sehe das mehr als Krückstock.

Könnte es nicht sein, daß sie sich Mony gewissermaßen als „Tochter“ ins Haus geholt hat?

Ja, aber Mony und ich waren schon zusammen in der Schule, in einer Klasse, wir haben zusammen das Abitur gemacht und da gab es schon Auseinandersetzungen zwischen uns. Nun gut,

Mutti ist jetzt nicht allein, aber was ist, wenn Helge nach Berlin geht zur Fachhochschule für Fotografie? Wenn Mony ihre Prüfung macht, was kommt dann? Wenn Mony vor Helge aus dem Haus geht, dann kommt Helge nie daraus. Sie hat dann ein schlechtes Gewissen, wenn wir Mutti allein lassen.

Wenn ihr das alles habt, dann muß Eure Mutter das ja vermittelt haben?

Ja, das hat sie, ich hab schon mal bei ihr angerufen, dann geht sie nicht ans Telefon, das sind so Situationen, da bekomme ich Angst. Manchmal wünsche ich, daß ich ihr einmal im Leben sagen könnte, was ich auf dem Herzen habe.

Denkst Du nicht, daß von den Töchtern oft ein Ton kommt, der eine Mutter an die eigene Mutter erinnert?

Ich glaube nicht, daß es der Ton der Mutter ist, sondern mehr der des Vaters. Ihre Beziehung zu ihrem Vater war, so glaube ich, viel gravierender als zu ihrer Mutter.

Das kann ich mir schlecht denken, denn bei dem stundenlangen Gespräch ist herausgekommen, daß sie eine ausgesprochen unglückliche Beziehung zu ihrer Mutter hat.

Aber mit dem Vater hat sie versucht aufzuarbeiten, daß er sie früher so geschlagen hat, die Mutter hat viel schlimmere Dinge getan, sie tut es noch. Meine Mutter hat ihrer Mutter gegenüber immer ein schlechtes Gewissen, darum fährt sie auch immer hin.

Von Deiner Mutter erfuhr ich, daß ihr beide Schwierigkeiten miteinander habt, ist das richtig?

Sicher haben wir beide Probleme miteinander, aber sie arbeitet nichts auf. Nun hat sie eine Frauengruppe. Für meine Begriffe schart sie immer andere Leute um sich, um ihre eigenen Probleme nicht lösen zu müssen. Ich meine, sie könnte sich doch mit irgend etwas beschäftigen. Ich weiß, Arbeit ist kein Allheilmittel, aber ich habe immer gedacht, daß sie etwas tun könnte. Sie hat zu Hause ihre Töpferei, sie könnte töpfern, aber sie tut es nicht. Wenn ich etwas sage, dann spricht sie wieder eine Woche nicht mit mir.

Vielleicht traut sie sich nichts zu, ist unsicher?

Ja, sicher, es nutzt auch nichts, wenn man ihr sagt, daß sie nicht unsicher zu sein braucht, daß sie etwas kann. Sie ist auch so schnell gekränkt. Einmal war sie hier bei uns, am Abend ist sie plötzlich abgehauen. Wir haben sie später gefragt, warum sie das gemacht hat, da sagte sie, der Peter hätte etwas ganz Schlimmes zu ihr gesagt: Mensch Gerda, was ist mit Dir, früher bist Du öfter weggefahren, Du bist so faul geworden.

Hat Deine Mutter nicht einen Mangel an Zuwendung von ihrer Kindheit her?

Das kann sein, aber wir tun doch alles, um ihr zu zeigen, wie wir sie mögen. Wir treffen uns Weihnachten und zu den Geburtstagen. Aber es ist schwer, an sie heranzukommen.

Was bedeutet Deine Großmutter für Dich?

Das kann ich nicht sagen, das ist zu weit weg für mich. Sie ist jemand, der mit der Zärtlichkeit sehr sparsam umgeht. Sie hat uns Kindern immer nur ihre parfümierte Wange hingehalten. Sie war so eine Käthe-Kruse-Puppe. Heute hat sie Sehnsüchte, aber jetzt kann ihr keiner mehr etwas geben. Sie hat auch viel angerichtet bei ihren Kindern.

Wie ist das, wenn Du Deine Mutter längere Zeit nicht gesehen hast und ihr trefft Euch?

Wenn sie eine gute Phase hat, ist das wunderbar, aber wenn sie eine schlechte hat, ist es für mich schlimm. Ich brauche das Gespräch mit meiner Mutter. Mit den Freundinnen, die ich hier habe, kann ich über gewisse Dinge nicht reden, die würden mich nicht verstehen. Mit einem Freund habe ich andere Gespräche, nicht das, was ich meine. Diese Diskussionen, das ist es, was ich zu Hause immer finde. Wir haben oft stundenlang am Frühstückstisch gesessen und über alles gesprochen. Aber wenn ich heute meine Mutter besuche, dann fragt sie mich immer: Bist Du schwanger? Nur weil ich einmal gesagt habe, daß ich gerne ein Kind hätte.

Sind es ihre eigenen Erfahrungen, die sie Dir ersparen will?

Ich glaube nicht, daß sie damals von meinem Vater überrumpelt worden ist. Ich glaube eher, daß sie Vater festnageln wollte, weil sie Geborgenheit suchte. Er war ja zehn Jahre jünger als sie.

Denkst Du, daß Du von Deiner Mutter genügend Zuwendung erhalten hast?

Ich muß da teilen zwischen Liebe und wenn ich einen Menschen brauche. Zärtlichkeit bekam ich von ihr, aber wenn ich Mutti brauchte, hat sie mich im Stich gelassen.

Könnt Ihr Euch berühren?

Ja, das ist mehr erotisch, die Berührung mit meiner Mutter. Sie hat mich früher sehr viel in den Arm genommen, aber als ich in der Pubertät war nicht mehr. Da nahm ich an, daß wäre etwas Unanständiges. Jetzt bin ich in einem Zwiespalt, daß ich sie gerne in den Arm nehmen möchte, aber sie auf der anderen Seite ablehne.

Konntest Du Deiner Mutter vertrauen?

Nein, denn meine Mutter fällt von einem Extrem ins andere, man kann sich nicht auf sie verlassen. Einmal hatte Mutter einen Freund, da sagte mein Vater: Eure Mutter ist weg, sie kommt nicht zurück. Das war sehr schlimm für mich, ich habe so geheult. Damals habe ich mir überlegt, was jetzt geschieht. Mein Vater mochte unser Kindermädchen nicht, das wußte ich, also, sagte ich mir, kommen wir in ein Internat.

Hast Du Deine Mutter gehaßt?

Ja, das tue ich zwischendurch, immer habe ich den Wunsch, ihr einmal sagen zu können, was ich denke; ich will ihr ja nicht weh tun. Aber ich bin froh, wenn mal eine gute Stunde ist, und darum kann ich das nicht. Einmal hat sie mich so enttäuscht, da könnte ich noch heulen. Ich muß sie auf den Knien anflehen, mal zu mir zu kommen, aber sie kommt nicht. Es ist anderthalb Jahre her, daß sie hier war. Einmal wollte sie zu meinem Geburtstag kommen, aber am Abend vorher mußte Helge anrufen und mir sagen, daß sie nicht kommt. Ich hätte so gerne ein bißchen Anerkennung von ihr, aber sie sieht immer nur alles negativ, auch meine Beziehung. Wir haben in unserer Wohnung vieles selber gemacht, diese Holzsachen, die Fliesen, das Bett. Ich wollte so gerne, daß Mutti kam, aber als sie da war, hat sie kein Wort gesagt, sie hat nur mit der Hand darüber gestrichen. Sie sagt immer, sie will sich nicht mehr anpassen, aber wenn ich eine Basis haben will mit Freunden, dann muß ich mich anpassen.

Eine andere Frage, wie findest Du Dich, Deinen Körper, hast Du Dir schon einmal Deine Vagina angesehen?

Nein, das würde ich nie tun, das fände ich zum Kotzen. Wenn mir mal Kundinnen so Geschichten erzählen von ihren Geburten, dann muß ich mich beherrschen. Einmal habe ich in einem Pornoheft eine Vagina gesehen, das war so häßlich, so häßlich. Auch am FKK-Strand kann ich nicht die Frauen angucken.

Hast Du schon mal überlegt, warum Männer da ein ganz anderes Selbstbewußtsein haben?

Nein, das stimmt nicht. Ich habe es erst bei Peter geschafft, daß er sich schön findet.

Was hältst Du von lesbischen Beziehungen?

Die toleriere ich, aber was die Emanzipation betrifft, da meine ich, wäre ich besser aufgehoben, wenn ich hundert Jahre früher geboren wäre. Um ehrlich zu sein, habe ich es gerne, wenn jemand alles für mich tut, ich habe ein starkes Anlehnungsbedürfnis, ich will nicht mit dem Mann gleich sein. Darum bin ich gegen die Emanzipation, ich meine, wir müssen auch den Mann mit einbeziehen und ihm helfen.

Was meinst Du, wie Deine Mutter reagieren würde, wenn Du ein uneheliches Kind bekommen würdest?

Ich glaube, das würde sie akzeptieren. Sie hätte nur Angst, ich könnte zu früh ein Kind kriegen, weil sie meint, ich hätte meinen Freiheitsdrang noch nicht ausgelebt. Dazu käme die Schwierigkeit, daß sie sich fragen müßte: Heiraten die? Wir würden dann natürlich heiraten. ... Ich hätte ganz gerne ein Kind, aber er nicht. Er ist auch kinderlieb, aber er kommt aus einer kinderreichen Familie. Kinder hat er immer nur negativ erlebt. Seine Mutter mußte damals mit einem Kind im Bauch aus Ostpreußen fliehen. Er mußte als Kind auch auf vieles verzichten.

Hat Deine Mutter Dich früher geschlagen?

Nein, geschlagen hat sie mich nicht, ich mußte in der Ecke stehen, wenn ich wieder einmal gelogen hatte. Ich habe oft gelogen, ich hatte viel Phantasie und habe auch viel gelesen. Ich habe auch schon mal etwas mit der Fliegenpatsche bekommen. Einmal hat sie mich geschlagen, aber das war aus so einer Verzweiflung heraus. Damals war ich etwa 14 oder 15 Jahre alt, ich hatte etwas gemacht, was, das weiß ich nicht mehr. Ich lag schon im Bett, da ist sie zu mir raufgekommen. Sie sagte: Willst Du nicht mit mir reden? Aber ich wußte nicht, was ich mit ihr reden sollte, und da hat sie auf mich eingeschlagen. Da fing eigentlich die Problematik an, da war es nicht mehr nur unser Mutter-Tochter-Verhalten. Ich habe damals begonnen, meine Weiblichkeit einzusetzen. Sie hat mir später erzählt, daß sie da einmal eifersüchtig gewesen wäre.

Du sagtest, Du hättest Probleme mit Deiner Sexualität?

Als ich das erste Mal mit Peter geschlafen habe, war das für mich sehr anstrengend. Ich hatte mir gedacht, jetzt bist Du zwanzig und irgendwie muß das jetzt klappen. Das hat aber eine ganze Zeit gedauert. Der Koitus selbst ist mir unwichtig, ich mache da auch kaum mit, das ist ja das Problem. Da habe ich ihm gegenüber ein schlechtes Gewissen, daß er vielleicht denkt, ich will ihm, wenn ich den Koitus nicht will, den Beweis meiner Liebe nicht geben. Dann kommt so eine Machtfrage auf, daß er meint, er will das jetzt; ich will das ja auch, aber es geht nicht.

Das ist etwas, worüber ich mit meiner Mutter reden kann. Sie hat mich aufgeklärt, da war ich zehn Jahre alt. Peter denkt immer, ich will ihn bestrafen, das ist etwas, was unsere Beziehung belastet. Da kommen so Situationen, wo er sagt: Warum geht das nicht? Aber für mich ist das schmerzhaft, ich bin immer so verkrampft. Ich habe so einen „Lochkomplex", ich kann nicht haben, wenn einer meinen Bauchnabel berührt, ich kann auch nicht zum Ohrenarzt gehen.

Könnte es sein, daß Du die Ablehnung Deiner Weiblichkeit von Deiner Mutter übernommen hast? Du sagtest doch und auch Deine Mutter hat mir das erzählt, daß sie jedesmal enttäuscht war, wenn sie wieder ein Mädchen bekam statt einen Jungen?

Ja, wir haben schon so viel durchgesprochen, wir wissen auch nicht, wie das kommt. Ich sollte ja ein Junge werden, bei Elisabeth war es ihr egal, die ist auch die einzige, die mit Puppen gespielt hat. Bevor Helge zur Welt kam, hat sie wieder mit einem Jungen gerechnet, da hatte sie die ganzen Wände mit Jungenbildern tapeziert. Helge ist auch die einzige, von der wir bis heute nicht wissen, ob sie schon einmal einen Freund hatte. Die bringt kein Wort über die Lippen, ich glaube, daß sie furchtbare Schwierigkeiten hat.

Glaubst Du, Deine Mutter zu kennen?

Ja und nein, manches kann man nicht kennen, ich bin oft fassungslos, wie wenig sie mich kennt, dann denke ich, wie wenig wirst Du sie kennen. Meine Mutter hat mitunter Depressionen, aber ich will keine haben, weil ich nicht so werden will wie meine Mutter. Obwohl ich manchmal auch so Anwandlungen habe, daß ich mir am liebsten die Decke über den Kopf ziehen möchte. Aber das hängt vielleicht auch mit der Arbeit zusammen oder mit dem Wetter?

Was sind Deine Zukunftspläne?

Ich möchte meine Boutique aufgeben. Wir möchten uns ein Haus kaufen, dann könnte ich das zu Hause machen.

Was ist Dein größter Wunsch?

Einmal mit meiner Mutter offen reden zu können.

Gerdas Mutter wohnt in Lübeck. Gerda und ich besuchen sie, doch Gerda ist in Gegenwart ihrer Mutter gehemmt, so kommt schlecht ein Gespräch zustande. Wir vereinbaren ein Treffen für den nächsten Tag. Ich lerne in der alten Dame eine aufgeschlossene Frau kennen; mit ihren 78 Jahren wirkt sie aktiv, ist voller Unternehmenslust. Wie mir Gerda erzählt hatte, macht ihre Mutter noch Übersetzungen aus dem Französischen. Mir zeigt sie eine sorgfältig zusammengestellte Arbeit über ihre Vorfahren. Wie ihre Tochter ist sie sehr gastfreundlich, während unseres Gesprächs lacht sie viel. Sie erzählt mir, daß sie mit 19 Jahren ihren gleichaltrigen Mann kennengelernt hat. Geheiratet haben sie ein paar Jahre später. Der junge Mann hatte seinen Vater verloren und sollte nun die Fabrik übernehmen. Doch die Schwiegermutter hatte bis zu seinem dreißigsten Lebensjahr alle Vollmachten, er und seine Frau mußten sich ihr fügen.

Ich bewundere Ihre Aktivität, war Ihre Mutter wie Sie?

Wissen Sie, meine Mutter war bis zu ihrem Tod völlig aktiv, obwohl sie Zeit ihres Lebens eine schwere, motorische Herzstörung hatte.

Möchten Sie mir etwas über ihre Mutter erzählen?

Meine Mutter und ihre einzige Schwester waren schon sehr früh Waisen, meine Mutter war damals acht Jahre alt. Beide Mädchen wurden bei Pflegeeltern großgezogen, sie erhielten eine gute Schulbildung. Meine Mutter ging als junges Mädchen in den Johanniter-Orden. Sie lernte dann meinen Vater kennen, er war Lehrer. Das von ihren Eltern hinterlassene Vermögen wurde durch die Aussteuer aufgezehrt.

Sie hatten mehrere Geschwister?

Ja, wir waren sechs Mädchen und ein Junge. Meinen Vater habe ich als einen sehr strebsamen Menschen in Erinnerung. Er machte später noch eine zweite Lehrerprüfung und ging dann nach München an die Töchterschule. Er war auch musikalisch, er spielte Geige und Flöte. Leider starb er früh, mit 42 Jahren, an einem Magendurchbruch. Damals konnte man noch keine Magenoperationen durchführen. Meine Mutter war damals 35 Jahre alt und hatte bereits sieben Kinder. Ich war zehn und meine jüngste Schwester war ein Jahr alt. Ich erinnere mich, wir hatten eine Wohnung, in der es ein großes Zimmer gab, da schliefen wir alle, wir Kinder. Wir pflegten abends große Kopfkissenschlachten zu machen. Meine älteste Schwester erzählte uns Märchen, wenn wir sie darum baten. Wir hatten auch einen großen Garten, mein Vater liebte diesen Garten. Als meine Mutter alleine war, konnte sie sich diese Wohnung nicht mehr leisten. Wir zogen um in eine andere. In der neuen Wohnung hat meine Mutter immer ein Zimmer vermietet an junge Offiziere, die nicht so lange da waren. Die Eltern meines Vaters waren sehr fromm. Mein Vater war der Älteste von vierzehn Kindern gewesen, wobei das vierzehnte noch angenommen war. Ich erinnere mich, wenn mein Großvater an meine Mutter schrieb, dann lautete die Anrede immer: Gott zum Gruße und dem Herrn Jesu zur Freude. Der Schluß hieß: Gott schütze Dich. Als mein Vater tot war, da verlangte mein Großvater von meiner Mutter, daß sie ein Kreuz errichten ließ, aber er gab keinen Pfennig dazu. Meine Mutter stürzte sich in Unkosten und kaufte ein schwarzes Granitkreuz. Mein Großvater schrieb an meine Mutter, nun müßten die Kinder aber in die Volksschule, weil sie die höhere Schule nicht mehr bezahlen könne. Aber meine Mutter sagte: Wenn ich die Töchterschule besucht habe, dann sollen meine Kinder in die Volksschule, das kommt nicht in Frage. Dazu muß ich sagen, daß die Pension meines Vaters sehr klein war, sie mußte also mit wenig Geld auskommen. Doch meine Mutter hatte bei den Johanniterinnen viel gelernt. Sie suchte sich Arbeit in einem Schlachthof, wo sie im Labor tätig war. Sie mußte Mäuse impfen und Präparate herstellen. Wir Kinder mußten, was furchtbar war, Ochsenblut trinken, das sollte gut sein gegen Blutarmut. Wir hatten zu Hause eine Frau, die bei uns die Näherei machte. Sie trug immer eine Haube und so einen weiten Rock. Wir Kinder nannten sie Oma. Sie paßte auf uns auf, während meine Mutter arbeiten ging. Sehr viele Jahre später traf ich einmal den Schlachthofdirektor, der zu mir sagte: Hochachtung vor Ihrer Mutter, Hut ab vor solch einer Frau. Ich sehe meine Mutter noch vor mir in ihrem weißen Kittel , wenn wir sie im Labor besuchten. Als wir Mädchen in die Tanzschule gingen, setzte sich meine Mutter die halbe Nacht an die Nähmaschine, sie nähte uns alles.

Ihre Mutter hatte sehr viel Arbeit, wie war das mit Zärtlichkeiten?

Ja, das gab es natürlich nicht. Was mich damals bedrückt hat, ich wäre so gerne Ärztin geworden, aber da wurde nichts draus. Heute ist meine älteste Tochter Ärztin. Für meine Tochter war es damals schwer, an ein Studium zu kommen, meine Tochter machte ja in der Nazizeit ihr Abitur. Eine Bekannte von mir, die ziemlich einflußreich war, sagte: Wenn Ihre Tochter ein halbes Jahr bei den kriegsversehrten Studenten arbeiten will, dann schiebe ich sie rein. Das hat meine Tochter gemacht, sie hat

Treppen geputzt, Wurzeln geschabt.

Sie selbst hatten einen großen Haushalt, haben Ihre Töchter Ihnen geholfen?

Wissen Sie, bei meinen Kindern war das so, da waren die beiden Ältesten, die wurden von mir mit herangezogen. Im Krieg wurde mir meine Köchin weggenommen, und ich nahm noch zwei Familien auf, wir hatten ja ein großes Haus, Sie können sich denken, daß ich da viel Arbeit hatte. Meine beiden ältesten Töchter mußten oft mit anfassen. Dann kamen Gerda und ihr Bruder, sie waren fast gleichaltrig, diese beiden rutschten immer so durch, sie waren nie zu fassen.

Bei Gerda hat man den Eindruck, daß sie einen Mangel an Zuwendung hatte als Kind, ist das richtig?

Ja, das denke ich auch, sie hat bestimmt zu wenig Zuneigung erhalten. Aber als Baby ist sie immer mehr verwöhnt worden als die anderen. Sie war ein Kind mit dunklen Locken, alle anderen hatten blondes Haar. Als sie geboren wurde, da hatte ich bereits drei Kinder und hatte eigentlich keins mehr haben wollen. Den Kinderwagen hatte ich verschenkt, so bekam Gerda alles neu, ich kaufte ihr einen erdbeerfarbenen Kinderwagen, der in der Farbe so gut zu ihr paßte. Die anderen Kinder rissen sich darum, Gerda auszufahren. Sie war sehr zart und sie litt oft an Mandelentzündung, das veranlaßte mich, sie öfter in mein Bett zu nehmen, damit will ich sagen, daß sie als Baby mehr Zuwendung erhielt als meine anderen Kinder.

Wie war es, als Sie klein waren, bekamen Sie Zuneigung?

Ich kann mich nicht erinnern, ich weiß nur, daß meine Mutter sehr spröde war, ich wüßte nicht, daß ich jemals einen Kuß von ihr bekommen hätte. Sie war sehr bestimmt, sie klatschte schnell links und rechts und schimpfte schnell. Ich erinnere mich, in der Familie meines Vaters gab es eine Schwester, die Hella hieß, Hella muß eine Schönheit gewesen sein. Sie hatte etwas Furchtbares gemacht, sie war mit 17 Jahren ausgerückt mit einem Bürgermeister. Sie soll überhaupt viele Verehrer gehabt haben. Für die damaligen Verhältnisse muß sie eine schlimme Person gewesen sein. Ich muß sagen, ich war immer für Hella. Hella war also unser Schreckgespenst, es hieß immer: Werdet nur nicht wie Hella. Ich durfte auch nicht vor dem Spiegel stehen, meine Mutter fand Eitelkeit schlimm. Wenn ich vor dem Spiegel stand, dann nannte sie mich eine Hexe. Wissen Sie, ich war so auf meine Mutter fixiert, das alles, was sie sagte, für mich wie das Amen in der Kirche war. Sie dürfen nicht vergessen, wir hatten ja nur sie. Meine Mutter hat dann, als sie 42 Jahre alt war, noch einmal geheiratet, dieser Mann war zehn Jahre jünger als sie. Ich war damals 17, das war für mich furchtbar. Aber wenn wir etwas gegen den Mann sagten, dann sagte sie: Wenn Euch das nicht paßt, dann könnt Ihr ja gehen.

Wie war Ihre berufliche Ausbildung?

Ich habe, weil ich so gerne Ärztin weden wollte, nach meinem Lyzeumsabschluß eine Schwesternausbildung gemacht. Durch meine Heirat mußte ich meine Berufspläne aufgeben. Ich muß sagen, daß ich später meine Mutter gut verstanden habe, sie hatte ja noch gar nicht gelebt. Wenn nur der Mann etwas wert gewesen wäre, aber er war für meine Mutter eine Enttäuschung. Er wollte nicht arbeiten und lief am liebsten im Smoking herum. Meine Mutter hat sich dann von ihm scheiden lassen.

Wovon hat sie gelebt?

Die Eltern meines verstorbenen Vaters besorgten ihr in München ein sogenanntes Freundinnen-Haus, in das verwahrloste Mädchen aufgenommen wurden. Meine Mutter hat dieses Haus noch zehn Jahre geleitet. Mittags ging sie immer mit der Köchin zum Markt um einzukaufen. Sie ging keinen Abend zu Bett, ehe sie sich überzeugt hatte, daß alle Mädchen schliefen. Sie hat sich da sehr wohl gefühlt, das weiß ich. Ich sagte eben, daß meine Mutter weniger zärtlich war, aber sehr bestimmt. Heute denke ich oft, vielleicht ist es besser, wenn eine Mutter mit ihren Kindern konsequent verfährt, wie es meine Mutter machte. Ich glaube, ich habe meine Kinder zu sehr beschützt. Bei uns zu Hause war das anders, wir wußten, was unsere Mutter für uns tat, aber meine Kinder wissen das nicht. Mein Vater war Lehrer, da waren wir als Kinder schulgeldfrei. Allerdings mit der Auflage, daß unsere Zensuren nicht unter vier kamen. Da sagte meine Mutter immer: Strengt Euch an, sonst muß ich bezahlen. Ich denke heute, es ist für Kinder doch wohl besser, wenn man ihnen sagt: Nun schwimm! Ich glaube, es ist nicht gut, wenn man ihnen immer die Hände aufhält. ... Ich habe sehr viel über meine Mutter nachgedacht, heute bin ich stolz auf sie.

Wie hat sie sich Ihren Kindern gegenüber verhalten?

Sie mochte ihre Enkelkinder sehr, manchmal spielte sie Karten mit ihnen und dann sagten meine Kinder oft: Oma mogelt. Oma war nie zärtlich uns gegenüber, ihren Schwiegersöhnen gab sie immer einen Kuß, uns nie. ... Sie war auch Frauenschaftsleiterin, wir witzelten: Wenn etwas ist, hilft sie uns vielleicht raus? Ich sagte zu meinem Mann: Du, wenn die sechzig Jahre am Ruder sind, dann werden unsere Kinder später nichts werden, dann sind wir verloren. Ich bin dann in die Frauenschaft gegangen, ich bekam auch das Mutterkreuz, das habe ich später verschenkt.

Wenn ich höre, wie Sie Ihre Mutter schildern, dann denke ich, daß die jungen Frauen heute weniger belastbar sind. Was meinen Sie?

Ja, das stimmt, sie sind oft schon früh angekränkelt, sie haben oft Krankheiten, die früher als Alterskrankheiten galten. Wenn ich daran denke, was ich und auch meine Mutter, für einen Raubbau mit unserem Körper betrieben haben. Ich muß Ihnen sagen, ich hatte bis zu meinem dreißigsten Lebensjahr fünf Kinder, das große Haus und einen Mann, der noch das alte Patrizierideal hatte. Ich mußte strammstehen, wenn er anrief und sagte: Ich bringe gleich ein paar Herren mit zum Frühstück. Ich sagte oft: Papa, wie soll ich das machen? Dann meinte er: Gut, dann gehen wir in ein Hotel. Aber das wollte und konnte ich nicht zulassen, also machte ich das Frühstück fertig. Mein Mann war ein sehr hübscher Mann, er flirtete gern, da habe ich manches runterschlucken müssen. Ich hatte auch nie Zeit für mich, wenn ich mit meiner Ältesten spazieren gehen wollte, dann fiel meinem Mann plötzlich ein, was ich für ihn erledigen könnte. Das war meiner Meinung nach Eifersucht bei ihm. Dazu kam, daß meine Kinder viel krank waren. Mein Mann hatte dafür wenig Verständnis; wissen Sie, ein Mann ist auch ganz anders als eine Frau, Vaterliebe ist etwas anderes als Mutterliebe. ... Meine Kinder hätten sicher mehr Ansprache und Wärme gebraucht, aber wenn man so viele hat. Mein Mann war ein Kindernarr, darum hatte ich so viele Kinder, allerdings kümmerte er sich erst um sie, wenn sie aus dem Babyalter heraus waren. Solange sie Babys waren, kümmerte er sich nicht um sie, er sah sie nicht einmal an, aber wenn sie ansprechbar waren, dann tat er alles für sie. Gerda mochte er sehr gerne, obwohl er sie quälte mit der Lernerei. Wenn ich an mein Zuhause denke, da herrschte Disziplin. Wir hatten hinter dem Tisch zu stehen, bis meine Eltern sich setzten und dann durften wir uns setzen. Aber bei meinen Kindern war das anders, die mußte ich einzeln zu Tisch rufen. Ich war immer die böse Mutter, er erschien erst, wenn alles getan war. Sie müssen bedenken, ich hatte ja viele am Tisch.

Mein Mann ließ immer alle Türen auf, wenn ich sie zumachte, sagte er: Du bist ungemütlich. Wir hatten eine Haushälterin, die sich sehr bei mir darüber beklagte, daß sie hinter den Kindern die Türen schließen mußte. Ich sagte dann meinem Mann, daß das sein Beispiel wäre. Aber er war auch liebevoll zu mir, er liebte mich. ... Wissen Sie, was ihm so lag, das war so ein bißchen quälen.

Wie ist das Verhältnis zwischen Ihnen und Ihrer Tochter Gerda heute?

Ja, das ist etwas schwierig. Wußten Sie, daß Gerda einen schweren Autounfall hatte? Ihre Nase war weg, sie hat jetzt eine neue. Überhaupt hat sie sich völlig verändert, ich meine immer, daß da bei ihr ein Trauma ist, aber das müßte sich doch einmal auflösen? Nach dem Unfall begann eigentlich ihre Scheu. Ich befürchte immer, wenn sie älter wird, dann wird sie vereinsamen. Von ihrem Mann lebt sie ja getrennt, da habe ich immer die Hoffnung, daß sie eines Tages doch in die Familie zurückkehrt. Ihr Mann ist ein sehr tüchtiger Mann. Manchmal bekommt Gerda Depressionen, so Phasen, dann ruft sie mich mitten in der Nacht an. Einmal habe ich gesagt: Tu das doch bitte nicht, ich kann dann nicht mehr einschlafen. Heute tut es mir leid, das gesagt zu haben. Sie meinte einmal, in ihrem Leben hätte sie nur drei Menschen wirklich geliebt, ihren Papa, mich und Heinz, das ist ihr Mann. Wenn ihre jüngste Tochter, Helge, aus dem Haus sein wird, dann ist Gerda ganz alleine in dem großen Haus. Ich befürchte, sie wird sehr einsam sein. Darum freue ich mich, wenn sie jetzt in einer Frauengruppe ist.

Im Laufe des Gesprächs sagt Gerda von ihrer Mutter, daß sie sich mit ihrer verstorbenen Mutter zwei Stunden lang eingeschlossen hätte. Sie sagt: Ich hatte mich von meiner Mutter so sehr entfremdet, ich wußte gar nicht, wer meine Mutter eigentlich war, da habe ich versucht, ihr am Sarg nahezukommen. Später wird die Enkeltochter Katja sagen: Ich kenne meine Mutter nicht, manches kann man nicht kennen, ich bin oft fassungslos, wie wenig mich meine Mutter kennt, dann denke ich, wie wenig werde ich sie kennen. Gerdas Mutter konnte nicht an die Tochter weitergeben, was sie selbst nicht bekommen hat. Frau Johanna: Meine Mutter war sehr spröde, ich kann mich nicht erinnern, jemals von ihr einen Kuß bekommen zu haben. So wie ihre Mutter mag Frau Johanna ihre Schwiegersöhne lieber als ihre Töchter. Das bekommt Gerda zu spüren: Meine Mutter konnte nie an mir vorbeigehen, ohne mir in den Arm zu kneifen.

Gerda sagt von ihrer Mutter, daß sie keine Penetration mochte, trotzdem muß sie sich acht Kinder zeugen lassen: Manchmal täuschte sie Kopfschmerzen vor, um dem zu entkommen. Später erzählt sie ihrer Tochter Gerda: Als ich Dich im Bauch hatte, da hat mich Dein Vater gerade wieder betrogen mit der Sekretärin. Um Dich abzutreiben bin ich barfuß durch den Schnee gelaufen, aber es hat nichts genutzt. Dann bist Du geboren; und Du warst das dritte Mädchen, da habe ich mir geschworen, jetzt kriege ich nur noch Söhne. Das Kind Gerda ist zutiefst gedemütigt von dem, was ihr die Mutter erzählt, in ihr setzt sich die Erfahrung fest, daß das eigene Geschlecht nichts wert ist. Was die Mutter vermittelt, muß richtig sein; was sagte diese Mutter von ihrer Mutter: Was meine Mutter sagte, das war für mich das Amen in der Kirche. Gerda gibt den Schmerz, den ihr die Mutter zufügte, 24 Jahre später an ihre Töchter weiter, sie sagt ihnen, daß sie eigentlich lieber sieben Söhne gehabt hätte. Gerda, auf ihre älteste Tochter angesprochen, sagt: Zu meiner Tochter fahre ich nur unter Biegen und Brechen. Sie sagt, sie könne ihre Tochter nicht besuchen, befürchtet sie, sich in ihr wiederzuerkennen? Dazu kommt, daß Katja oft versucht, ihre Mutter zu bevormunden, in einem Ton, der Gerda an die eigene Mutter erinnert. Gerda, auf ihr Vertrauen zu ihrer Mutter angesprochen, meint: Vertrauen konnte ich ihr nie, meine Mutter war nie da, wenn ich sie brauchte. Katja sagt: Wenn ich Mutti brauchte, hat sie mich im Stich gelassen. Ich frage Gerda, ob sie ihre Mutter gehaßt hat: Ja, das tue ich mitunter. Katja auf die gleiche Frage: Ja, das tue ich zwischendurch. Gerda wird erst dann mit ihren Töchtern angstfrei und ohne Schuldgefühle umgehen können, wenn sie sich von ihrer eigenen Mutter gelöst hat, in ihr nicht mehr die Instanz sieht, sondern eine Frau wie sie selbst eine ist. Zu mir sagt Gerda: Wenn wir unseren Töchtern vermitteln könnten, daß wir nur darum oft so ungerecht sind, weil wir selbst verletzt sind, vielleicht ließe sich da noch etwas machen. Wenn unsere Töchter verstehen, daß wir nicht schuldhaft gehandelt haben, dann müßten sie sich auch nicht mehr gedemütigt fühlen. Ich glaube, wir provozieren sie manchmal und dann kommt prompt, was uns trifft.

4.
Daß ich, seit die Kinder da sind, versuche, alles anders zu machen als meine Mutter.

Ulrike Rosing ist 31 Jahre alt, sie ist geschieden und Mutter von zwei Töchtern, die 11 und 4 Jahre alt sind. Sie lebt in Krefeld, zur Zeit macht sie eine Umschulung, die ihr vom Arbeitsamt vermittelt wurde. Ulrike ist sehr verschlossen, dem Umstand, daß ich sie seit ein paar Jahren kenne, ist es zu verdanken, daß ich dieses Gespräch mit ihr führen konnte.

Meine erste Frage, bist Du mit Deinem Aussehen zufrieden, kannst Du Dich akzeptieren?

Nein!

Warum nicht?

Tja, warum nicht, ich finde mich nicht schön, zumindest nicht ungeschminkt. Ich habe mich mit meinem zweiten Gesicht abgefunden, weil ich von Natur aus nicht so toll geboren bin.

Was verstehst Du unter „nicht so toll geboren"?

Ja, so gut aussehend, ich finde, daß ich sehr unweiblich wirke, wenn ich nicht geschminkt bin. Ich fühle mich dann nicht angezogen, so nackt. Meine Brust finde ich zu klein und zu schlaff.

Kennst Du Dich aus mit Deinem Körper, was Du, was darin vorgeht?

Ja, doch, ich glaub schon? Nur mit meiner ersten Schwangerschaft, da hatte ich Schwierigkeiten, ich mußte damals mehrere Monate im Bett liegen. Bei der zweiten hatte ich überhaupt nichts, keine Beschwerden, keine Übelkeit, nichts. Ich war auch nicht so schwermütig wie bei der ersten, da hatte ich Depressionen, ich war total niedergeschlagen.

War Deine erste Schwangerschaft ungewollt?

Ach, das will ich nicht sagen, ich hatte mich darauf gefreut; ich wollte auch ein Mädchen haben. Beim ersten Kind habe ich nicht richtig gedrückt, ich hatte vor der Entbindung unheimliche

Angst, ich habe mich bei beiden sehr verkrampft. Auch die Wehen hatte ich mir so schlimm nicht vorgestellt. Ich glaube, ich habe während der Geburt so ziemlich alles falsch gemacht, aus Angst. Ich wußte im Grunde überhaupt nicht: Was passiert mit Dir?

Hast Du mit Deiner Menstruation Schwierigkeiten?

Ja, aber erst in den letzten drei Jahren, früher habe ich nie etwas gehabt, ich war wohl etwas gereizt, aber heute bin ich schon eine Woche vorher so ganz unten, da habe ich Depressionen.

Hattest Du als Kind eine „beste Freundin"?

Ja, wir hatten eine sehr enge Freundschaft, bis ich etwa 13 Jahre war, da haben wir uns aus den Augen verloren. Aber nicht wegen eines Jungen, denn sie war drei Jahre jünger als ich. Allerdings war ich auf sie neidisch, sie hatte reichere Eltern. Ich weiß noch, daß es bei ihren Eltern immer Pudding zum Nachtisch gab, das gab es bei uns nur sonntags. Sie hatte einen Roller, den habe ich nie besessen. Es war vielleicht nicht direkt Neid, es hat mir weh getan.

Hat Deine Mutter Dich früher gelobt?

Selten, daran kann ich mich nicht erinnern.

Wie hat sie Dich gestraft?

Sie sah mich einige Zeit nicht an, sie ließ mich spüren, daß ich ungezogen war, manchmal hat sie mich auch geschlagen.

Wenn Ihr Euch heute trefft, könnt Ihr Euch umarmen?

Nein, ich glaube, das können wir nicht, ich merke das, wenn ich ihr danken will, das ist ohne jede Herzlichkeit, wir fühlen uns beide unwohl in dem Moment.

Hast Du schon einmal darüber nachgedacht, woher das kommen könnte?

Nein, ich bin ein Mensch, der sich wenig Gedanken machen will, ich habe das, glaube ich, verdrängt.

War Dir Dein Vater lieber als Deine Mutter? Findest Du, daß Männer ehrlicher und weniger zänkisch sind als Frauen?

Ich finde, Männer sind wirklich nicht so zänkisch wie Frauen, irgendwie sind sie ehrlicher. Trotzdem sind mir Frauen lieber, weil sie einfühlsamer sind als Männer. Männer wollen oft nicht verstehen oder sie können mich nicht verstehen. Wenn Du zu einer Frau sagst: Mensch, bin ich heute geschafft, dann sagt sie: Das kann ich verstehen, mir ist es auch so gegangen. Wenn Du das aber einem Mann sagst, dann sagt er: Stell Dich nicht so an, was hast Du denn schon den ganzen Tag getan? Du hast doch ein herrliches Leben.

Wenn Du Frauen als zänkischer und weniger ehrlich betrachtest, dann mußt Du als Frau Dich mit einbeziehen, oder ist es das Bild, das Du von Deiner Mutter hast?

Also ich betrachte mich nicht als zänkisch, ich betrachte mich als launisch, mehr kann ich dazu nicht sagen.

War Deine Mutter in ihrer Ehe glücklich? Hat es Dich interessiert zu wissen, wie sie mit ihrem Mann gelebt hat?

Doch, das hat mich interessiert. Ich glaube, daß meine Mutter noch nie glücklich war, sie hatte auch keine glückliche Kindheit. Sie kommt aus einer Familie mit 12 Kindern, der Vater war ein Trinker. Sie hat sich dann in meinen Vater verliebt, wobei ich nicht weiß, ob ich nicht sagen soll, leider. Sie hat vielleicht auch einige schöne Stunden mit ihm verlebt, aber auch sehr viel Schlimmes. Sie hat sich scheiden lassen und sofort wieder geheiratet, aus Unsicherheit. In dieser Ehe ist sie heute unglücklich. Es gibt zwar keinen Streit, er ist ruhig, aber sie ist unglücklich. Ich war übrigens ihr einziges Kind. Das mit dem zweiten Mann meiner Mutter hat mich eigentlich nicht so berührt. Ich hatte ja meine Großmutter. Wir lebten bei der Mutter von meinem Vater. Meine Oma war eigentlich meine Mutter. Ich schlief bei ihr, ich aß bei ihr. Meine Mutter habe ich nicht als Mutter empfunden, ich hatte Angst vor ihr. Sie war immer irgendwie weit weg, sie war für mich unerreichbar.

Deine Töchter sind jetzt noch klein, was glaubst Du, wie es einmal sein wird, wenn sie aus dem Haus sind?

Daran darf ich nicht denken, ich bekäme Angst, alleine zu sein. Wenn die Kinder schon mal am Wochenende bei meinem geschiedenen Mann sind, habe ich irgendwie Angst. Da habe ich Angst, sie nicht wiederzukriegen. Ich habe Angst, alleine zu sein, das hatte ich schon immer. Als meine Oma noch lebte, hatte ich diese Angst nicht. Ich träume oft von meiner Oma, ich kann auch schlecht darüber sprechen. Ich glaube, meine Neurose ist, daß ich immer Angst habe, jemanden zu verlieren. Ich habe darum auch Angst vor einer Bindung, weil ich mir nie so sicher bin. Ich hätte Angst vor Einsamkeit, ich könnte nicht alleine leben. Aber ich denke, das ist ganz menschlich, daß man gar nicht dafür geboren ist, alleine zu sein.

Glaubst Du, Dich zu kennen?

Ich glaube, ich kenne mich überhaupt nicht. Ich gehe auch immer allem aus dem Wege, was Konflikte schafft. Außerdem denke ich sehr wenig über mich nach, ich lasse nichts an mich herankommen, ich habe immer so eine Mauer um mich rum. Ich will nicht, daß mir jemand weh tut und deshalb bin ich nach außen hart.

Hast Du masturbiert?

Das habe ich nie gemacht, ... wohl später, aber nicht früher. Dabei habe ich ein unheimlich schlechtes Gewissen, danach geht es mir sehr schlecht, ganz dreckig. Dann habe ich Herzklopfen, kann ich Dir sagen.

Was suchst Du bei einem Partner? Zärtlichkeit, die Gewißheit, geliebt zu werden?

Ja, ich will bestätigt haben, daß ich geliebt werde. Ich suche Schutz, ich brauche so eine Seelengemeinschaft. Mir geht es nicht um den Koitus.

Wenn Du mit einem Mann schläfst, kannst Du dann eigene Wünsche anmelden?

Nein, das kann ich nicht, ich arrangiere das irgendwie, aber ich könnte das nie sagen, es wäre mir peinlich, ich würde mich schämen.

Bist Du Deiner Mutter ähnlich im Aussehen, im Verhalten?

Im Aussehen gleiche ich ihr, aber ich versuche, immer genau gegensätzlich zu sein. Ich würde nie so schreien, wie sie das getan hat. Wenn ich Streit mit meinem Freund habe, dann schreie ich nie, weil mich das sofort an meine Mutter erinnert; und ich will nicht so sein wie meine Mutter.

Denkst Du, daß sie Dich geliebt hat?

Ich hatte das Gefühl, daß sie mich ablehnt. Mich zu lieben, dazu war sie nicht in der Lage, schon aus ihrer Situation heraus. Ihre Erinnerung an das eigene Zuhause mit ihren elf Geschwistern. ... Aber bei ihr ist das so gewesen, das hat sie mir später erzählt, sie mußte arbeiten gehen und sie hat oft gedacht: Ich möchte lieber bei dem Kind bleiben. Sie hat auch schon oft gesagt: Geh Du nur nie arbeiten bei den Kindern. Ich bin jetzt in der gleichen Situation, das macht mich so fertig, weil ich da so eine Wiederholung sehe. Meine Mutter hat ihr Leben damals so gehaßt, jetzt wo sie älter wird, will sie die Beziehung zu mir haben, es vergeht kein Tag, an dem sie nicht anruft. Ich glaube, daß sie im Grunde immer ein schlechtes Gewissen hat.

Konntest Du mit ihr über sexuelle Probleme reden?

Nein, meine Mutter ist so erzogen, die würde bestimmt sagen: Hör mal, das ist nicht so wichtig, das ist nicht die Welt, mach darum nicht so ein Tam-Tam.

Konntest Du Deiner Mutter vertrauen?

Nein, das konnte ich nicht, ... um Gottes Willlen, ich will jetzt nicht alles schlecht machen. Aber wenn ich als Kind etwas hatte, habe ich ihr nie etwas erzählt, das wollte sie gar nicht wissen. Ich konnte nur meiner Oma was anvertrauen, sie hat mich immer in Schutz genommen. Zu meiner Mutter hat sie mal gesagt: Wenn Du nicht bei Deinem Mann bleiben willst, dann geh. Aber später hat sie zu meiner Mutter gehalten, so vor der Scheidung.

Weißt Du etwas über die Mutter Deiner Mutter?

Sie war eine arme Frau, ich habe sie selbst nicht gekannt, weil sie früh gestorben ist. Meine Mutter hat mir erzählt, wenn der Vater abends nach Hause gekommen wäre, dann hätten die Kinder Schläge gekriegt. Die Mutter war wohl immer krank, sie lag immer im Bett.

Weißt Du noch, wie das mit Deinem ersten Freund war?

Also, mit dem ersten Mann, mit dem ich geschlafen habe, da hab ich nur gedacht: Ist das alles? Ich hab immer geglaubt, da muß doch noch was kommen, das muß doch so toll sein. Dazu muß ich allerdings sagen, daß der Mann überhaupt nicht zu mir gepaßt hat. Von mir war das mehr Neugierde, ich wollte wissen, wie das ist. Ich war damals 18 Jahre alt, ich hatte ja schon mit 16 einen Freund, aber die Zärtlichkeiten, die wir ausgetauscht haben, waren wesentlich schöner. Ich weiß nur, daß ich immer gedacht habe, da muß doch noch was kommen.

Was ist für Dich Liebe?

Unter Liebe versteh ich, daß ich nicht nur den Mann liebe, sondern den Menschen. Ich glaube auch, ich bin so unabhängig von so sexuellen Dingen, unter Liebe versteh ich so eine Seelengemeinschaft, daß man den anderen mit seinen Gefühlen erreichen kann, und daß man von ihm die Wärme zurückkriegt, der mich versteht, der einen umsorgt.

Wenn Du solche Ansprüche stellst, bist Du dann jemals mit einem Mann zurechtgekommen?

Nein, aber das müßte doch möglich sein. Wenn jemand etwas für mich tut, der bekommt das Fünffache wieder. Ich kann in der Beziehung sehr selbstlos sein. Wenn ich merke, daß mich jemand so richtig gern hat, dann fühl ich mich so wohl. Ich glaube, wenn ich das mal so tief spüren würde, dann könnte ich auch mal so richtig aus mir rausgehen. Dann würde ich nicht immer so eine Angst haben, Du verlierst das wieder, das geht wieder auseinander. Ich meine, das müßte es geben, ich würde bestimmt nie fremd gehen, ich brauche das nicht. Ich will damit sagen, ich kann doch auch mit einem allein glücklich werden. Ich will ja alles wiedergeben, was ich brauche. Ich bin überzeugt, das kann Dir einer geben, der Dich wirklich liebt. Wenn Du aber immer nur der Geber bist und kriegst immer nur so ein Drittel zurück, das reicht dann nicht. Dann reagier ich trotzig und denke, wenn Du mir nichts gibst, dann kriegst Du von mir auch nichts mehr.

Bist Du ordentlich, ist bei Dir immer alles aufgeräumt?

Ja, ich hab wohl den Ordnungsfimmel. Aber wenn Nora aus der Schule kommt, dann darf sie sich erst einmal entspannen, sie muß nicht sofort ihre Schulaufgaben machen. Was die Ordnung betrifft, das ist etwas, das muß ich tun, obwohl dies gar nicht meiner Einstellung entspricht. Das ist etwas, wozu ich mich zwinge und wozu ich auch meine Töchter zwinge. Um ehrlich zu sein, ich steh mir dabei selbst im Hals. Dieses Verhalten von mir finde ich irgendwie lächerlich. Ich putze jeden Fleck ab, damit hab ich angefangen, aös Nora geboren wurde. Meine Freundin sagt schon mal: Das ist wirklich eine Neurose von Dir. Das kommt vielleicht daher, daß ich alles besser machen will als meine Mutter. Ich hab immer so die Erinnerung, wenn ich als Kind vom Spielen kam, dann kam ich in diese trostlose Zwei-Zimmer-Wohnung, in der es kalt war und meine Mutter lag im Bett. Wenn ich jetzt darüber nachdenke, versuche ich im Grunde genommen nur, alles besser zu machen als meine Mutter. Meine Mutter ist sehr sensibel, sie hat überhaupt kein Selbstbewußtsein. Zu Ämtern kann sie schon gar nicht gehen, sie kann nicht einmal einen Scheck ausstellen. Außerdem ist sie sehr launisch, ich glaube, sie ist überempfindlich, sie verdeckt auch alles nach außen. Ich hab bei meiner Mutter erleben müssen, daß sie sehr nett war, aber schon fünf Minuten später war sie wie umgewandelt. Das kam sehr oft vor und immer vollkommen unvorbereitet für mich, ich wußte nie, was auf mich zukam. Wenn ich auf der Straße gespielt hatte und ich sah sie nach Hause kommen, dann hab ich gebetet: Lieber Gott, laß sie heute gut gelaunt sein. Meistens hat sie dann nachmittags im Bett gelegen, und die Wohnung war kalt. Es konnte mir durchaus passieren, daß sie gut gelaunt war, dann hat sie ganz normal mit mir gesprochen, wenn sie schlecht gelaunt war, hat sie geschrien, mich angeschrien. Sie hat viel geschrien, fürchterlich, sie hatte immer Magengeschwüre. Heute kommt sie mich öfter besuchen, zu meinen Töchtern ist sie nett. Manchmal sagt sie: Wenn ich alles noch mal machen könnte. Sie gibt mir immer zu verstehen, daß sie heute alles anders machen würde. Sie sagt auch: Mach es nicht so wie ich. Sie hat mir gegenüber immer Schuldgefühle.

Ich denke an Deine Tochter Nora, bist Du sicher, daß Du Dich ihr gegenüber nicht doch manchmal so verhältst, wie Deine Mutter sich Dir gegenüber verhalten hat?

Nein, gar nicht, ich hab mich nicht so verhalten, ich hab mit ihr gespielt. Allein schon deswegen, weil ich mich nie so verhalten wollte wie meine Mutter mir gegenüber. Deshalb hab ich sie viel zu sehr verwöhnt. Eigentlich hab ich für Martina viel weniger getan als für Nora. Allerdings hab ich mir immer gesagt: Das Kind merkt, ob Du das jetzt ehrlich meinst, sie hat eine Antenne dafür. Ich hab mich sehr bemüht, ihr alles zu geben. Vielleicht war wirklich alles ein bißchen unecht, obwohl ich nicht sagen will, daß ich sie nicht gern habe. Ich weiß noch, ich war erst neunzehn, als ich Nora bekam, für mich war das damals ein Schock. Mein Mann konnte nach wie vor ausgehen, da hab ich gedacht: Mein Gott, das ist ja gar nicht so toll wie in der Zeitung, da siehst Du das süße Baby und so. Ich glaube, das hab ich bis heute nicht überwunden. Ich fühl mich immer wie ein angebundener Esel. Manchmal denk ich so blöde Sachen: Du möchtest einmal essen, wenn Du Hunger hast und nicht, weil jetzt Mittag ist und weil die Kinder ihr geregeltes Essen brauchen. Oder Du möchtest mal allein ins Strandbad gehen und nicht immer mit Kind. So ein Kind geht ja nur auf Deine Kosten. Das Allerschlimmste für mich war, mich in so eine Rolle pressen zu lassen: Du mußt jetzt Deinen Haushalt sauber haben. Ich hab mich selbst gezwungen, sonntags um 9 Uhr am Kaffeetisch zu sitzen, wenn ich erst um 10 Uhr Kaffee mache, hab ich ein schlechtes Gewissen. Dann hab ich gedacht: Jetzt hast Du schon wieder ein schlechtes Gewissen, jetzt hast Du wieder irgendwas nicht richtig gemacht. Das kann ich mir nicht abgewöhnen. Ich weiß, daß ich früher, bevor ich ein Kind hatte, sehr unordentlich war, ich weiß nicht, wie so ein Zwang entsteht. Du kannst es ja bei den Kindern genauso krosig haben, die fühlen sich bestimmt wohler. Warum das, wenn ein Kind da ist, anders sein muß? Manchmal sag ich mir, laß die Kinder in ihrem Zimmer krosen, aber dann kommt das bei mir wieder durch: Heute abend muß das alles noch aufgeräumt werden. Du wirst in so eine Form reingepreßt, wo Du gar nicht rein willst. Ich fühle, daß das nicht richtig ist, aber irgend etwas zwingt mich dazu, alles nach Schema F ablaufen zu lassen. Manchmal war das bei mir so schlimm, da hab ich mich so dagegen gewehrt, daß ich ins Bett gegangen bin, um dann vielleicht Kraft zu sammeln, damit ich zwei Tage später wieder alles nach Schema F mache. Ich hab immer so Phasen, seit ich in der Umschulung bin, geht es etwas besser, obwohl ich schon merke, daß das nur eine vorübergehende Besserung ist. Wobei jetzt die Schule noch eine zusätzliche Belastung wird. Aber zu Hause habe ich immer so eine Leere im Kopf, und ich weiß, der ganze Tag ist nicht ausgefüllt. Du machst immer das gleiche, das ist vollkommen sinnlos. Meine Mutter macht das heute genauso, sie putzt immer viel, das hat sie früher nie getan. Vielleicht erscheint mir auch nur darum alles so sinnlos, weil ich nicht mit jemand zusammenlebe? ... Hör mal, ich krieg richtig weiche Knie.

Trotz der Sinnlosigkeit fühlst Du Dich aufgefordert zu tun, was Du selbst von Dir verlangst, obwohl Du es eigentlich gar nicht willst?

Ja, vielleicht will ich die Wohnung immer besonders schön haben für die Kinder? Obwohl das ja Idiotie ist, weil ich das ja nicht will, ich hab das Gefühl, ich muß das machen. Vielleicht muß ich das machen, weil ich alles anders machen will als meine Mutter? Nur ist das so, daß ich für mich überhaupt keine Zeit mehr habe. Ich könnte viel mehr Zeit für mich haben, wenn ich zu Hause ein bißchen weniger machen würde. Einmal in der Woche das Kinderzimmer, aber ich schaff das nicht. Die Forderung, die ich an mich stelle, stelle ich natürlich auch an Nora und Martina. Ich weiß, daß das falsch ist. Ich sag dann immer: Habt Ihr Eure Zimmer aufgeräumt? Oder: Könnt ihr nicht voran machen? Ihr kommt jetzt nicht raus, erst wird sauber gemacht.

Nora ist jetzt elf Jahre alt, hast Du mit ihr über ihre Menstruation gesprochen?

Ja, ich hab Bücher geholt, wir haben uns zusammen hingesetzt. Ich weiß noch, wie meine Mutter damals reagierte, sie sagte: Hier hast Du ein Paket Binden, und das eine sag ich Dir, laß Dich nie mit Männern ein. Den Tag kann ich nicht vergessen, ich hab sie als richtig böse empfunden.

Hörst Du Deinen Töchtern zu, wenn sie Dir ihre Probleme erzählen?

Nein, ich hab oft nicht genug Zeit für sie, ich hab immer das schlechte Gewissen, nie genug Zeit zu haben. Wenn ich merke, Nora ist wirklich in Schwierigkeiten, dann rede ich mit ihr darüber. Aber es gibt Situationen, wo ich leichtfertig drüber weggehe und sage: Komm, das renkt sich wieder ein. Ihr gegenüber hab ich immer ein schlechtes Gewissen, von Anfang an, als ich das Kind hatte, hab ich das schlechte Gewissen. Auch bei der Kleinen hab ich das. Das ist ja meine Krankheit; oder ob das neurotisch ist? Ich denke, vielleicht gebe ich ihnen nicht, was sie brauchen? Es kann ja sein, daß andere Mütter besser sind als ich, ich weiß es nicht. Obwohl ich mir nicht gewünscht hätte, ohne Kinder zu sein. Aber ich wehre mich dagegen, so gebunden zu sein durch die Kinder. Kinder sind irgendwie schön, ich wünsch mir auch nicht, daß die jetzt wegkommen, aber die Verantwortung, alles machen zu müssen, Essen kochen, die Schulaufgaben nachsehen. Manchmal denke ich, die Frauen haben es gut, die keine Kinder haben, die können über ihre Zeit verfügen. Ich glaube, was mich so ärgert, ist, daß ich so perfekt Mutter sein muß. Ich leide darunter, daß ich mir sagen muß: Du mußt das jetzt so machen, denn die anderen Mütter machen das ganz toll, so mußt Du das auch machen, Du darfst nicht aus der Rolle fallen.

Erkennst Du Dich in den Kindern manchmal wieder?

Eigentlich nicht, aber vielleicht, daß Nora so sensibel ist wie ich. Manchmal hab ich das Gefühl, sie hat Angst vor mir, sie hat das auch schon mal gesagt. Sie kommt nie von selbst zu mir, im Gegensatz zu Martina, die kommt immer. Manchmal macht Nora ein Gesicht wie das Leiden Christi, wenn ich dann frage: Was hast Du denn? dann wird sie sofort unsicher. Sie traut sich unheimlich wenig zu. Martina ist vollkommen anders. Nun muß ich sagen, die ersten zwei Jahre waren für Martina gut, da hatte ich mit meinem geschiedenen Mann noch nicht die Schwierigkeiten. Für diese zwei Jahre hab ich kein schlechtes Gewissen. Ich hatte mir das Kind gewünscht. Ich hab dem Kind alles gegeben, ich hab sie zwar nicht verwöhnt wie Nora, aber es war alles nicht mehr so unausgewogen. Ich war 25 Jahre alt und ich war sicherer. Für Nora war das schlimm, als Martina geboren wurde. Sie hat fürchterlich gelitten, sie hat in die Hose gemacht. Die Kindergärtnerin hat gesagt: Mit Ihrer Tochter stimmt was nicht, die singt nicht mehr mit. Von da an mußte Nora viel einstecken, sie mußte immer wieder Rücksicht nehmen auf die

Kleine. Sie ist damals bestimmt zu kurz gekommen. ... Was Nora betrifft, die würde nie ihre kleine Schwester schlagen, aber die Kleine schlägt Nora. ... Man sollte vielleicht die Kinder kürzer hintereinander kriegen. Aber vielleicht sind das auch Dinge, die Du einfach mitmachen mußt im Leben, so bestimmte Ängste, die erlebst Du nun mal.

Noch eine Frage zu Deiner Mutter, haßt Du sie mitunter?

Ich hasse meine Mutter manchmal, diese Haßgefühle kommen oft in mir hoch.

Hat sie Dich, als Du noch ein Kind warst, in ihre Partnerprobleme mit hineingezogen?

Nein, sie hat mir ihre Probleme nicht nahegebracht, aber ich hab sie natürlich mitgekriegt. ... Aber was für mich bei dem Gespräch, das wir haben, herausgekommen ist – das tut mir nicht weh, überhaupt nicht –, daß ich, seit die Kinder da sind, versucht habe, immer alles anders zu machen als meine Mutter. Da hab ich mich bis zur Perfektion reingesteigert, das ist mir jetzt klar.

Wie hätte Deine Mutter auf ein nichteheliches Kind reagiert?

Ich glaube, das hätte sie akzeptiert, wenn das mal meiner Tochter passieren sollte, ich glaub, ich würde sie nicht aus dem Haus jagen, ich würde sie weiter bei mir wohnen lassen, vor den Nachbarn wäre mir das sicher nicht peinlich.

Hattest Du als Kind Angst, wenn Deine Mutter das Haus verließ?

Nein, das hatte ich nicht, ich hatte ja meine Oma. Meine Mutter war übrigens sehr oft weg.

Hat sie Dich gelobt, wenn Du alles schön sauber gemacht hattest?

Nein, das hat sie nicht, sie war eher gleichgültig mir gegenüber.

Mußtest Du essen, was auf dem Tisch stand?

Ja, ich mußte alles essen, heute leiste ich mir das Essen, was ich damals nicht gekriegt hab. Ich habe eine Abscheu vor Eiern, die ich als Kind immer essen mußte. Essen ist für mich eine Pflicht, ich muß essen, damit ich bei Kräften bleibe. Als Kind hatte ich Zeiten, da hab ich mich gewehrt zu essen, das hatte ich später als Erwachsene noch. Ich wollte dann nicht essen, ich wollte das nicht runterschlucken. Wenn man nicht essen will, dann will man die Situation nicht runterschlucken, man will die Situation nicht annehmen. Heute geh ich gern gut essen.

Bereits die erste Antwort von Ulrike beweist ihre Unsicherheit. Sie sagt: Ich finde mich nicht schön, zumindest nicht ungeschminkt. Ich habe mich mit meinem Körper abgefunden. Ihre Brust erscheint ihr zu klein, was in ihrem Körper vorgeht, glaubt sie zu wissen. Folglich hat sie bei der Geburt ihres ersten Kindes alles falsch gemacht aus Angst und Unwissenheit. Während ihrer Schwangerschaft leidet sie an Depressionen, sie hat auch Depressionen vor ihrer Menstruation. Ihre erste Schwangerschaft ist von Erbrechen begleitet, sie muß etliche Monate im Bett liegen. Später erzählt sie mir, daß sie immer dann ins Bett geht, wenn sie mit ihrer Rolle nicht klar kommt. Bei Behörden und beim Arzt ist Ulrike unsicher wie ihre Mutter. Auf meine Frage, ob ihre Mutter sie auch einmal gelobt hat, meint sie: Nein, meine Mutter hat mich nie gelobt. Ulrike hatte vor ihrer Mutter Angst, heute hat ihre Tochter Nora vor ihr Angst. Ulrike bezeichnet ihre Mutter als sensibel und ohne Selbstbewußtsein, das gleiche sagt sie von ihrer Tochter Nora und von sich. Ihre Mutter war immer so unerreichbar, sagt sie. Sie sagt auch: Ich habe um mich eine Mauer errichtet. Ihre Mutter vermittelte ihr kein Vertrauen, nun hat sie kein Vertrauen zu sich selbst. Sie sagt auch von ihrer Tochter Nora, sie würde sich nichts zutrauen. Frauen werden von Ulrike als zänkisch und wenig ehrlich beschrieben. Ihre Mutter hat sie in Erinnerung als eine Frau, die ständig schrie. Ulrike will nicht so werden wie ihre Mutter, das hat sie sich vorgenommen. Auf meine Frage, wie sie von ihr gestraft wurde, antwortet sie: Sie sah mich dann lange Zeit nicht an. Weil Ulrike alles anders machen wollte als ihre Mutter, hat sie ihre Tochter Nora „verwöhnt", trotzdem ist sie sich der Handlungsweise dem Kind gegenüber bewußt: Das Kind merkt, ob Du das jetzt ehrlich meinst, sie hat eine Antenne dafür. Das zu wissen, bereitet ihr Schuldgefühle. Sie selbst ist noch auf der Suche nach Liebe und Zärtlichkeit, nach Rücksichtnahme. Doch die eigenen Kinder scheinen ihr klar zu machen: Du brauchst nicht mehr darauf zu warten, Du bekommst nichts mehr, jetzt sind wir wichtiger. Konnte die Mutter Ulrike auch keine Zuwendung geben, so hat sie ihr doch die Rolle der Hausfrau und Mutter vermittelt. Ulrike hat, das ist die unausgesprochene Forderung der Mutter, diese Rolle perfekt zu spielen. So weiß sie: Mütter machen immer ihre Wohnung sauber und lieben ihre Kinder. Doch als sie ihr erstes Kind hat, stellt sie fest: Mein Gott, das ist ja gar nicht so toll wie in der Zeitung, da siehst Du das süße Baby und so. Ihrer Rolle kann Ulrike nicht entkommen. Der Wärter in der Gefangenschaft der Rolle ist das schlechte Gewissen. Ihre Verweigerung der Rolle besteht darin, daß sie sich einen Tag ins Bett legt. Das hat schon ihre Großmutter gemacht und ihre Mutter. Ulrike, die alles anders machen wollte als ihre Mutter, zwingt ihre Töchter in die verhaßte Rolle, sie müssen ständig ihr Zimmer aufräumen Auch die Töchter werden später der Forderung ihrer Mutter gehorchen und sich dem Rollenzwang beugen. Das gleichzeitig vermittelte schlechte Gewissen wird ihnen verbieten, diese Forderung zu ignorieren.

Beim ersten Mann, mit dem Ulrike schläft, hat sie nur gedacht: Das kann doch nicht alles sein, da muß doch noch was kommen. Sie hatte wohl erwartet, endlich geliebt zu werden. Sie sagt: Ich glaube, ich bin so unabhängig von sexuellen Dingen, unter Liebe verstehe ich eine Seelengemeinschaft. Als Kind hatte sie das Empfinden: Das ist meine Schuld, wenn meine Mutter mit mir böse ist. Vom Partner sagt sie: Wenn ich nicht bekommen kann, was ich brauche, dann werde ich trotzig, dann will ich nichts mehr geben. Sie sucht die Schuld bei sich, wenn sie abgelehnt wird.
In dem Gespräch mit Ulrike ist klar geworden, daß sie daran leidet, ihre Rolle spielen zu müssen. Da ist kein Außenstehender, der sie dazu zwingt, sie selbst zwingt sich dazu, die Forderung ist in ihr: Ich leide darunter, daß ich mir sagen muß, Du mußt es jetzt so machen, denn die anderen Mütter machen das ganz toll, Du darfst nicht aus der Rolle fallen.
Die „Mutter" als Handlangerin dieser Kultur hat mit ihrer „Tochter" ein Verhältnis, sie spielt mit ihr das Mutter-Tochter-Spiel. Dies uns aufgezwungene Verhältnis hat Folgen. Vermittelt werden: Ablehnung statt Liebe, Enttäuschung statt Vertrauen, Gleichgültigkeit statt Zuwendung, Verlassenheitsängste statt Sicherheit, ein Verhältnis statt einer Beziehung.

5.

Ich hatte immer Angst, meinen Körper zu zeigen, schon als junges Mädchen wäre ich nie nur im Kleid über die Straße gegangen, ich habe immer einen Mantel angezogen, ich habe mich immer verhüllt.

Josefine Sander ist 50 Jahre alt, sie hat eine Tochter und ist geschieden; heute lebt sie mit einer Frau zusammen. Ihren Lebensunterhalt verdient sie als Arbeiterin. Josefine wohnt in Wuppertal.

Mein Vater war Ingenieur, er war unheimlich tüchtig. Mit 24 Jahren war er bereits Betriebsleiter. Ich weiß, daß er meine Mutter aus Liebe geheiratet hat. Meine Mutter ist, so wurde mir erzählt, rein in die Ehe gegangen. Sie hatte mir gesagt, wenn sie sich vor der Ehe mit ihm eingelassen hätte, dann hätte er sie nie geheiratet. Ich habe meine Mutter, zumindest in meinen ersten zehn Lebensjahren kaum oder wenn überhaupt, nur negativ wahrgenommen. Ich war mit meinem Vater sehr verbunden. Ich habe als Kind eigentlich immer das Gegenteil von dem gemacht, was ich sollte, mein Vater hat das unterstützt. Er wollte immer einen Jungen haben. Nun muß ich aber sagen, ich hatte einen Bruder, der war sechs Jahre älter als ich, aber der war kein richtiger Junge. Die haben immer gesagt, das Mädchen ist der Junge und der Junge ist das Mädchen. Ich bin auf Bäumen herumgeklettert und mein Bruder saß in der Stube. Ich habe alles mögliche angestellt, mein Vater hat mir immer die Stange gehalten.

Warum hast Du Deine Mutter abgelehnt?

Ja, das war so, mein Vater war intelligent und konnte sich gut unterhalten, und meine Mutter, die zwar auch nicht dumm war, hatte nicht die Schulbildung. Sie hat darunter sehr gelitten, ich weiß noch, daß sie immer Wert auf eine gute Handschrift legte und sich sehr bemühte, nachzuholen, was sie nicht gelernt hatte. Ich erinnere mich, daß sie manchmal sagte: Ich möchte nie mehr als Frau geboren werden. Weil sie immer Angst hatte, fühlte sie sich ständig unterdrückt, darum hat sie sich auch von der Umwelt unterdrücken lassen. Sie hatte Angst zu Ämtern zu gehen, Angst vor den Nachbarn. Ich habe das damals nicht verstanden. Ich wußte nur, daß ich diese Lebensangst ausbaden mußte. Ich sollte mich immer ganz brav verhalten, wie ein liebes kleines Mädchen, und das lag mir ganz und gar nicht. So war ich immer im Widerstreit mit meiner Mutter. Ich kann mich an Situationen erinnern, da war ich vielleicht drei Jahre alt. Ich hatte damals etwas an den Augen und es schien, als sollte ich mein Augenlicht verlieren. Ich weiß noch, da saß mein Vater bei mir am Bett und deckte mich zu. Manchmal saß ich auf seinem Schoß und malte ihn an wie einen Indianer. Meine Mutter schimpfte und meinte, er soll sich doch nicht alles von mir gefallen lassen. Er sagte dann: Ach, laß sie nur, wenn ihr das Spaß macht.

Deine Mutter war nicht so zärtlich zu Dir?

Ich habe zu meiner Mutter nie eine zärtliche Beziehung gehabt. Das war nur eine Beziehung auf Abstand. Mir ist es sogar schwer gefallen, ihr zum Geburtstag zu gratulieren. Ich habe ihr dann nur die Hand gegeben. Ich hätte sie nie in den Arm nehmen können. In der Schule war ich bis zu meinem zehnten Lebensjahr eine gute Schülerin, ich hatte nur gut und sehr gut. Dann starb mein Vater, von da an habe ich nicht mehr aufgepaßt, und ich hatte dann nur noch eine vier oder fünf. Niemand ahnte, daß da ein Zusammenhang war zum Tod meines Vaters. Meine Mutter sagte mir immer: Lerne, es ist wichtig, sieh mal, wie ich dastehe. Aber weil sie so drauf gedrungen hat, habe ich es gerade nicht gemacht. ... Mein Bruder wurde von meiner Mutter immer vorgezogen. Ich weiß noch, wenn ich mir Bücher besorgt hatte zum Lesen, ich las so gerne Karl May, dann nahm mir mein Bruder das Buch weg und dann durfte er das auch behalten. Mein liebstes Spielzeug war mein Bär, den hat er mir auch weggenommen. Ich sah, wie er ihn drückte, als wollte er ihn quälen. Es war mir als Kind so, als ob der Bär das spüren könnte. Da habe ich geschrien: Ich will meinen Bär. Und dann sagte meine Mutter: Ach laß ihm den Bär. Das verstehe ich heute noch nicht, warum mein sechs Jahre älterer Bruder mit dem Bär spielen sollte.

Da mußt Du doch eine Abneigung gegen Deine Mutter entwickelt haben?

Ich weiß nur, daß ich meine Mutter gehaßt habe, trotzdem habe ich sie auch geliebt. Ich habe sie manchmal so gehaßt, daß ich sie fast einmal bei den Nazis angezeigt hätte, weil sie den Englischen Sender hörte. So weit hat sie mich getrieben, da war ich etwa 14 bis 16 Jahre alt. Das war in meiner Pubertätszeit.

Weißt Du, ob Du gestillt worden bist?

Ich glaube nicht, meine Mutter hatte wenig Milch. Sie hatte auch Schwierigkeiten mit ihren Brustwarzen, die hatte ich wohl durchgebissen. Ich muß ganz schön aggressiv gewesen sein? Ich glaube, sie wollte mich nicht. Sie war ja schon 35, als ich geboren wurde. Aber sie war eine vorbildliche Mutter, was die Pflege der Kinder betraf.

Was weißt Du über ihre Kindheit?

Sie hatte noch zwei Schwestern und einen Bruder. Ihre Mutter war sehr fromm, die ging jeden Morgen in die Kirche. Meine Großmutter soll sehr fleißig gewesen sein, der Großvater war wohl faul. Alles lastete auf ihren Schultern. Als mein Großvater tot war, kam meine Großmutter zu uns und machte den Haushalt. Ich habe mich mit ihr nicht gut verstanden, ich fühlte mich unverstanden, nur mein Vater verstand mich. Aber meine Großmutter hatte eine Schwester, die war mütterlich, ich glaube, die mochte mich. ... Meine Mutter wollte auch immer meinen „sturen Willen" brechen. Ich mußte so lange in der Ecke stehen, bis ich sagte, ich will das nicht mehr tun. Meist habe ich das nicht gesagt, aber manchmal habe ich nachgegeben, weil ich so einsam war und mich so alleine fühlte. Sie hat mich mit dem „Ausklöpper" geschlagen, mein Vater versuchte immer, mich zu schützen.

Du sagtest, Du hättest sie gehaßt, aber auch geliebt.

Meine Mutter war eine stolze Frau, sie war immer gut angezogen, hatte gepflegte Nägel und trug immer einen weißen Kragen. Sie war eine schöne Frau, ich weiß das, weil das alle gesagt haben. Mir hat sie immer schöne Sachen gekauft, aber ich wußte damit nichts anzufangen. Ich hatte ein Strickkleid, an dem sie viel Arbeit gehabt, damit bin ich Rollschuh gelaufen, als ich nach Hause kam, hatte das Kleid einen großen Riß. Einmal war sie mit mir zum Luftkurhaus gegangen, und sie hatte mir ein hübsches, hellblaues Kleid angezogen. Als sie sich mit jemanden unterhielt, habe ich mich gelangweilt, und dann bin ich in einen Garten gegangen und habe Himbeeren gepflückt, die habe ich alle in mein Kleid getan. Sie wollte mich wohl in so eine Rolle zwingen, aber ich habe mich darin immer unwohl gefühlt. Ich sollte auch schon mal die Treppe putzen oder spülen, da habe ich mich immer mit Erfolg gedrückt.

Könnte es sein, daß Deine Mutter ihre Rolle auch nicht gut beherrschte?

Das kann sein, ich sagte Dir ja, daß sie oft sagte: Ich will nie mehr als Frau geboren werden, die Männer haben es leichter. Vielleicht war ihre Rolle nur aufgesetzt? Sie hat es jedenfalls nicht geschafft, mir die Weibchenrolle zu vermitteln. ... Du darfst auch nicht vergessen, daß ich lesbisch bin. Schon als kleines Mädchen mit sechs Jahren habe ich mich in ein älteres Mädchen verliebt, die bei meinem Bruder in der Klasse war.

Wenn wir lesbisch sind, dann suchen wir vielleicht in der anderen Frau die mütterliche Zuwendung, die uns fehlt?

Wenn Du mir das vor zwei oder drei Jahren gesagt hättest, dann hätte ich mich mit Händen und Füßen gesträubt. Meine Mutter, das war ein Gedanke, den habe ich weit weggeworfen. Aber heute habe ich das so weit aufarbeitet, daß ich sachlich darüber reden kann. Weißt Du, ich bin ein Mensch, den man um den Finger wickeln kann, wenn man mich lieb und nett behandelt. Aber wenn jemand alles, was ich sage, falsch auslegt – und das hat sie getan, sie hat mich immer falsch verstanden und hat mir kein Verständnis entgegengebracht, keine Zuwendung, kein Vertrauen – dann werde ich stur. Sie hat mir immer alles Schlechte zugetraut. Ich weiß noch, da war ich als Kind bei einer Nachbarin und diese Nachbarin vermißte ihre Geldbörse. Ich wurde verdächtigt, sie genommen zu haben, was natürlich nicht stimmte. Die Geldbörse hat sich später auch wiedergefunden, bei den Leuten hinter dem Küchenschrank. Das Schreckliche war für mich, daß meine Mutter sofort glaubte, daß ich das genommen hätte, sie hat mir nie vertraut, aber ich konnte ihr auch nicht vertrauen.

War Deine Mutter immer zu Hause?

Meine Mutter war immer weg, sie war in der Stadt, in einem Cafe, was weiß ich. Jeden Nachmittag, wenn sie ihren Haushalt fertig hatte, ging sie weg, ich war immer alleine. Aber ihren Haushalt hat sie immer gut gemacht, ich glaubte, das machte sie auch gerne. Sie hatte innerhalb einer halben Stunde ein Essen fix und fertig auf dem Tisch. Sie konnte gut kochen, Sie hatte in Thüringen kochen gelernt. Als mein Vater noch lebte, da hatten wir eine Flickfrau, eine Schneiderin und eine Tante, die zum Waschen und Bügeln kam. Meine Mutter brauchte sich nur um uns Kinder zu kümmern. ... Ich sagte schon, meine Eltern haben aus Liebe geheiratet. Aber da sie rein in die Ehe gegangen war, hatte sie wenig Ahnung von Sexualität. Sie muß sich darunter immer etwas Wunderbares vorgestellt haben. In ihrer Hochzeitsnacht dachte sie wohl, jetzt kommt das Wunderbare. Das muß schlimm für sie gewesen sein, so schlimm, daß sie für alle Zeiten geschockt war. Sie hat es dann immer abgelehnt und von Sexualität nichts mehr wissen wollen.

Könnte es sein, daß Deine Mutter vielleicht in einer Frauenbeziehung glücklicher gewesen wäre?

Darüber habe ich auch schon nachgedacht. Sie hatte immer eine ältere Freundin. Bei mir war das auch so, meine erste Freundin war auch älter als ich. Sie war dreizehn Jahre älter. Meine heutige Freundin ist 15 Jahre jünger als ich. Aber sie ist für mich gleichzeitig Mutter und Tochter.

Als Dein Vater tot war, wie bist Du dann mit Deiner Mutter zurechtgekommen?

Als mein Vater tot war, habe ich um mich eine Schutzmauer gebaut, so einen richtigen Wall, damit keiner an mich herankam. Ich wußte damals nicht, was mit mir los war, wenn manche sagten: Du guckst wie ein Mann. Bis ich dann wußte, daß ich lesbisch bin; ich habe eine solche Angst bekommen und immer gedacht: Wenn man Dir das bloß nicht ansieht. Um mich dagegen zu schützen, habe ich mit Männern angefangen, darum habe ich auch geheiratet, aber auch, weil ich von Zuhause weg wollte.

Wie hätte Deine Mutter reagiert, wenn Du ein nichteheliches Kind gehabt hättest?

Da darf ich gar nicht dran denken. Als ich mit meinem späteren Mann ging, da kam er mich einmal besuchen. Es war heller Tag, ich war krank und lag im Bett. Mein Mann beugte sich über mich und wollte mir einen Kuß geben, die Türe stand auf, da kam meine Mutter vorbei, sah das, stellte sich ans Fenster und dann sagte sie auf einmal: Ich komm mir vor wie eine Puffmutter. Ist damit Deine Frage nach dem Kind beantwortet? Ich weiß noch, wenn irgend jemand etwas über Sexualität sagte, dann verzog meine Mutter angewidert ihr Gesicht. Im Grunde ist das gut für mich gewesen, denn bei allem, was meine Mutter sagte, habe ich das genaue Gegenteil getan, aus Widerspruchsgeist.

Weil meine Mutter gegen Sexualität war, habe ich gedacht, das muß was sein, was o.k. ist. Zum Beispiel ging ich aus Protest gegen die Nazis in die Kirche, da hatte ich in Religion immer eine Eins. Das war eine Zeit, in der ich ziemlich prüde war. Mich durfte niemand nackt sehen, auch als Kind nicht. Als ich etwa vier war, bin ich hinter unseren Ofen gekrochen, um da meinen Schlafanzug anzuziehen. Als ich geheiratet habe, bin ich, wie meine Mutter, rein in die Ehe gegangen. Das hätte ich vorher nie getan. Unsere Hochzeitsnacht war keine. Das war so, ich war so eng gebaut. Meine Tochter sagt heute zu mir: Man weiß, daß Frauen, die das nicht wollen, sich verkrampfen. Das hat bei uns drei Monate gedauert, als er es dann endlich geschafft hatte, da ist bei ihm das Bändchen gerissen, er hat geblutet wie ein Schwein.

Mich würde interessieren, woher Du Dein politisches Bewußtsein hast, Deine Neugierde. War Deine Mutter eine politisch denkende Frau?

Nein, bei uns war niemand so. In meiner Kindheit habe ich mich nur für Karl May interessiert, er war mein Hort, meine Fluchtburg, auf die ich mich zurückziehen konnte mit meinen unbewältigten Problemen. Mit diesen Abenteuern habe ich gelebt. Mein Lehrer in der Schule sagte: Sie hat es in sich, aber sie verwertet es nicht. Ich träumte nur, statt zu lernen.

Was hast Du gemacht, um die Zuneigung Deiner Mutter zu bekommen?

Ich habe öfter versucht, ihr etwas Gutes zu tun. Als ich 14 war, da war ich im Pflichtjahr, ich habe dann das Pflichtjahr von mir aus unterbrochen, weil ich mit dem Bauern Streit bekommen habe. Ich bin nach Hause gefahren, mein Bruder war eingezogen, der war nicht da, und meine Mutter war bei Verwandten in Saarbrücken. Ich habe dann acht Tage alleine zu Hause gelebt, Als ich wußte, daß meine Mutter kommt, da habe ich vorher alles blitz-blank sauber gemacht. Als sie kam, da hat sie kein Wort darüber verloren. Ich habe so etwas öfter gemacht, den Keller aufgeräumt oder so etwas, um Anerkennung zu kriegen, aber da ist nie etwas gekommen. Sie hat mich nie gelobt, ich habe sie nie zufrieden stellen können, im Gegenteil, ich habe eher noch einen drauf gekriegt.

Hast Du Schuldgefühle Deiner Mutter gegenüber?

Ja, ich habe ... ich habe schon mal ein bißchen Schuldgefühle, weil ... Meine Mutter ist an Blutkrebs gestorben. Sie lag im Krankenhaus, und ich habe sie dann nach Hause holen wollen, weil ich nicht wollte, daß sie im Krankenhaus stirbt. Ich will das nicht, daß jemand gegen seinen Willen irgendwo festgehalten wird. Aber es war mir nicht möglich damals, weil ich mit meiner Tochter in Umständen war und eben auch aus finanziellen Gründen. Das hat sie mir etwas übelgenommen, aber sie hatte dann doch Verständnis dafür. Ich habe sie dann doch noch nach Hause geholt. Damals hatte ich gerade die Frau kennengelernt, die ich liebte. Die Woche über habe ich mich um meine Mutter gekümmert, aber am Wochenende blieb ich bei meiner Freundin. Da habe ich schon mal Schuldgefühle, daß ich mir sage, da hast Du nicht richtig für sie gesorgt.

Wie war das mit ihrem Selbstbewußtsein, Du sagtest, sie hatte wenig?

Das war so zwiespältig, auf der einen Seite diese Lebensangst, eine Angst, auf die ich auch ihre Krebserkrankung zurückführe. Als mein Vater gestorben war, kam diese unheimliche Lebensangst, die sie hatte. Auf der anderen Seite war sie auch stolz auf ihr Aussehen, auf ihre Sauberkeit; und was sie so konnte und leistete.

Wie entwickelte sich die Beziehung zu Deiner Mutter, als Du älter wurdest?

Da muß ich Dir etwas erzählen. Das war in meinem letzten Schuljahr, meine Mutter und ich, wir waren zusammen in Ferien. Ich muß wohl so ausgesehen haben wie ein liebes nettes Mädchen, so blond, so ein richtig deutsches Mädchen. Ich war also mit meiner Mutter in Bad Wildungen. Da war dann ein Mann, der war richtig lästig, der war immer hinter uns her. Ich weiß noch, daß ich Angst hatte. Da habe ich meine Mutter gebeten, doch wegzufahren, aber da ist sie nicht drauf eingegangen. Ich hatte den Eindruck, daß sie auf meine Ängste keine Rücksicht nahm, den Eindruck hatte ich übrigens immer von ihr.

Gleichst Du Deiner Mutter?

Ich glaube, daß wir uns ein bißchen ähnlich sind. Wenn früher jemand gesagt hätte, das ist ja genau die Lisbeth, der hatte bei mir ausgespielt bis in die Steinzeit. Meine Hände habe ich von meiner Mutter, sie hatte so schöne Hände.

Was findest Du sonst noch schön an Dir? Bist Du mit Deinem Aussehen zufrieden?

Ich finde mich überhaupt nicht besonders; ich habe mich überhaupt nicht leiden können, bis ich Helga kennenlernte, das war vor drei Jahren. Ich gucke nicht gerne in den Spiegel, heute kann ich mich besser akzeptieren. Früher gefiel mir das Gesicht nicht und auch mein Körper nicht. Durch die Frauenbewegung bin ich übrigens dazu gekommen, mich für meinen Körper zu interessieren. Ich habe Anregungen bekommen, so zum Beispiel, daß ich mich gespiegelt habe, um meine Vagina kennenzulernen. Ich muß sagen, ich fand das nicht schlecht, eigentlich gefiel mir das. Ich hatte immer Angst, meinen Körper zu zeigen. Schon als junges Mädchen und auch, als ich schon verheiratet war, wäre ich nie nur im Kleid über die Straße gegangen. Ich habe immer einen Mantel angezogen, ich habe mich immer verhüllt. Als ich meine erste Freundin kennenlernte und mit ihr verabredet war im Cafe Grimm, da bin ich trotz großer sommerlicher Hitze im Mantel gegangen, hochgeschlossen bis obenhin. Ich war so voller Hemmungen, ich konnte in dem Cafe nicht essen und trinken, so gehemmt war ich. Diese Freundin übrigens hat mir viel geholfen, meine Hemmungen zu überwinden. Sie hat mich mitgenommen zum FKK-Strand. Ich habe immer gedacht, ich hätte einen häßlichen Körper, darum habe ich den auch so verhüllt. Mein Mann hatte mich darin noch bestärkt, der sagte, ich hätte keine schöne Brust. Da bin ich, als ich den geheiratet habe, vom Regen in die Traufe gekommen. Als ich das erste Mal beim FKK war, da habe ich fast eine Stunde nicht gewagt, mich zu rühren. Dann habe ich verstohlen geguckt und mir die anderen Frauen angesehen, da hab ich gedacht: Da bist Du ja noch schön gegen. Dann hab ich langsam ein anderes Verhältnis gekriegt zu mir, ich habe mich unheimlich geändert.

Wie war für Dich die Tatsache, schwanger zu sein?

Ich sagte ja, daß ich meinen Mann nur geheiratet habe, um von Zuhause wegzukommen und wegen meiner lesbischen Neigung. Ich wollte nie ein Kind haben, weil ich damals davon überzeugt war, daß sich Homosexualität vererbt, da bin ich heute noch nicht so ganz von weg. Aber mein Mann wollte Kinder haben. Zweimal habe ich abgetrieben, beim Dritten habe ich das nicht mehr fertiggebracht. Ich habe dann mit meiner Freundin darüber gesprochen, sie meinte, laß das doch, ein Kind ist doch etwas Schönes. Dann habe ich mich darauf eingestellt, ich hatte gehört, daß eine Frau, wenn sie schwanger ist, möglichst nicht weinen soll, weil sich das auf das Kind überträgt. Deshalb habe ich mich total positiv eingestellt, als sie dann da war, war sie auch direkt ein freundliches Kind. Meine Schwangerschaft hat mir keine Beschwerden verursacht. Ich habe viel Obst gegessen und wenig getrunken. Sie wog bei ihrer Geburt viereinhalb Pfund und war 47 Zentimeter groß. Aber die Entbindung hat lange gedauert, zwei Tage lang. Angst hatte ich keine, weil mir Freundinnen gesagt hatten, das wäre nicht schlimm. Ich bekam dann ein Mädchen, obwohl ich eigentlich einen Jungen wollte. Aber als ich sie sah, hab ich sie sofort akzeptiert und den Jungen vergessen. Meine Schwiegermutter besuchte mich im Krankenhaus, und als sie das Kind sah, sagte sie: Dat is ja doch en Leckeres. Sie selbst hatte nur Söhne. Stillen konnte ich sie nicht, sie war so trinkfaul.

Du hast inzwischen viel von Deinen Hemmungen verloren, ist das richtig?

Das habe ich eigentlich der Frauenbewegung zu verdanken.

Da Du von der Frauenbewegung sprichst, was hältst Du von der Frage „Frauen ins Militär"?

Diese Frage kann ich Dir doppelt beantworten. Bevor ich in die Frauenbewegung kam, wäre ich sicher dafür gewesen. Aber heute lehne ich das voll ab. Ich habe keine Lust, die Männergesellschaft noch zu unterstützen und ihre Spielchen mitzumachen. Wenn wir hier einen Amazonenstaat hätten, dann wäre ich sofort bereit, aber nicht so.

Wenn Du Probleme hast, wie wirst Du damit fertig?

Wenn ich Probleme habe, dann versuche ich, etwas dagegen zu tun, sie in den Griff zu bekommen, auf keinen Fall flüchte ich mich in etwas wie Alkohol oder Tabletten. Ich hatte übrigens auch nie Schwierigkeiten mit meiner Menstruation und keine mit meinem Klimakterium. So wie manche Depressionen haben, das kenne ich nicht.

Aber das würde bedeuten, daß Du Dich heute akzeptierst?

Ja, das tue ich heute. Früher lag das wohl daran, daß ich nichts wußte über mich, vor allem nichts über Sexualität, das war für mich ein Begriff, der so weit weg war wie ein anderer Stern. Heute ist für mich damit verbunden Zuneigung, Geborgenheit und Vertrauen.

Wie war in Deiner Ehe die Penetration für Dich?

Das war so, immer wenn ich empfängnisbereit war, verspürte ich auch mehr Lust. In der Zeit habe ich vermieden, mit meinem Mann zusammen zu kommen. Penetration als solche empfand ich als langweilig und als Pflicht. Ich muß sagen, daß er mich da auch gelassen hat, er hat mich nicht dazu gezwungen. Aber als ich mit meiner ersten Freundin zusammen war, da habe ich mit ihm nicht mehr geschlafen. Als das Kind einviertel Jahr alt war, da habe ich mich scheiden lassen, wir sind dann auf Gegenseitigkeit geschieden. Ich hatte ihm damals gesagt, daß ich lesbisch bin, da war er entsetzt, er hat dann sofort seine Mutter angerufen. Inzwischen können wir ganz gut miteinander umgehen.

Hat Dein Kind Dich damals gestört? Weil Du vielleicht vieles aufgeben mußtest?

Nein, das war nicht so, nur wenn ich das Kind damals nicht gehabt hätte, dann wäre ich nach Kanada gegangen. Aber als das Kind da war, da war das für mich auch schön. Ich habe über diese Pläne nicht mehr nachgedacht.

Liebt Dich Deine Tochter? Seht Ihr Euch ähnlich?

Ja, ja, wir sind uns auch ähnlich, im Positiven wie im Negativen. Sie ist auch so handwerklich, so praktisch, in Freundschaften sehr verläßlich. An mir finde ich negativ, daß ich manchmal so unbeherrscht bin, das ist sie nicht. Es gibt schon einiges Negatives, was wir gemeinsam haben, es fällt mir nur im Moment nicht ein. Was ich an ihr so gut finde, das ist, daß sie sich immer so verausgabt bis zur totalen Erschöpfung, da könnte ich zuviel kriegen.

Hast Du sie vielleicht früher zu sehr gefordert?

Ja, ich glaube, das kann sein. Zwar habe ich an sie immer die Forderung gestellt, unheimlich viel Kraft zu haben, auszuhalten bis zum Letzten. Wenn wir Fahrrad gefahren sind, dann habe ich verlangt, daß sie mit mir durchhält. Sie hatte aber nicht die Kraft, die ich hatte, sie hatte auch mit dem Kreislauf Schwierigkeiten, das habe ich damals falsch eingeschätzt. Ich habe oft gesagt: Nun stell Dich nicht an, nun mach schon. Weißt Du, meine Mutter hatte bei mir so viele Fehler gemacht, ich habe darunter sehr gelitten, so gelitten, daß ich immer wieder darüber nachgedacht habe. Bis ich in die Frauenbewegung kam, da habe ich diese Sachen total über Bord geworfen. Wenn wir uns jetzt tagelang unterhalten würden, dann könnte ich bestimmt vieles ausgraben, ich könnte viele Einzelheiten erzählen, aber ich habe inzwischen alles hinter mir verbrannt. Weißt Du, ich wollte bei meiner Tochter die vielen Fehler vermeiden, die mir meine Mutter zugefügt hatte, aber dafür habe ich dann andere Fehler gemacht, ich habe eine ganze Menge gemacht, mir fällt jetzt ein, wo wir drüber sprechen, daß ich sogar die Fehler, die ich nicht machen wollte, trotzdem gemacht habe. Ich habe sie viel allein gelassen, ich habe ihr nicht genug Zärtlichkeit gegeben, auch durch meine Berufstätigkeit war sie so alleine. Vertrauen hatte sie auch keines zu mir, sie hatte nur Angst vor mir. Ich wollte sie zwingen, Vertrauen zu mir zu haben. Ich denke, ich bin ziemlich autoritär. Ich habe sie auch enttäuscht, damals, als ich sie ihrem Vater auslieferte. Immer, wenn ich nicht mit ihr fertig wurde, habe ich ihn angerufen, er soll kommen. Dann kam er und hat sie geschlagen. Einmal war das so schlimm, da hat er ihr ins Gesicht geschlagen, daß man sie hinterher kaum noch erkennen konnte. Sie ist dann mit ihrem Freund, den sie damals hatte, zur Polizei gegangen, und wir haben eine Anzeige gekriegt. Das war alles so furchtbar, ich kann das heute nicht mehr verstehen, warum ich das gemacht habe. Vielleicht war ich darum so aggressiv, weil sie nicht so war, wie ich sie haben wollte? Ich habe den Fehler gemacht und mich nicht um ihre Schulaufgaben gekümmert, das macht sie mir heute, zu Recht, zum Vorwurf. Mir war das alles damals nicht bewußt, sonst hätte ich ganz anders gehandelt. Meine Mutter zum Beispiel, hat mich nie beschützt, ich habe immer gedacht, das machst Du nie mit Deinem Kind, dann habe ich es doch so gemacht wie sie. Sicher hat sie mich manchmal gehaßt, meine Tochter, aber ich denke, daß wir heute ein gutes Verhältnis haben.

Seit wann weiß Deine Tochter, daß Du lesbisch bist?

Das hat sie von mir mit 18 Jahren erfahren, sie hat das eigentlich ganz gut aufgenommen, sie hat es akzeptiert. Mir fällt gerade ein, weißt Du noch, wie wir bei Dir die Gruppe gemacht haben? Die hat mir damals viel gegeben. Ich weiß noch, ich suchte eine Gesprächsgruppe, da habe ich an eine Spiegel-Redakteurin geschrieben. Die gab mir die Adresse von B. Sch., von der hatte ich dann Deine Anschrift. Da wußte aber niemand, daß ich lesbisch bin. Dann sind wir doch mal zum Lesbentreffen nach Münster gefahren, weißt Du das noch? Da habe ich Dir gesagt, ich bin lesbisch, da sagtest Du, das weiß ich doch. Später kam ja dann meine Tochter mit ihrer Freundin zu der Gruppe.

Ja, das war damals sehr schön. Wie ist das heute für Dich?

In ihr habe ich einen Menschen gefunden, dem ich total vertrauen kann, ich kann mich ganz geborgen fühlen, das ist für mich das wichtigste, daß ich mich geborgen fühle, daß ich mich angenommen und akzeptiert fühle. Übrigens kam der Vorschlag von meiner Tochter, sie sagte: Zieht doch zusammen. Meine Tochter wohnt ja jetzt auch mit ihrer Freundin zusammen, sie wirkt auf mich viel gelöster als früher. Als wir noch zusammen wohnten, hatten wir unheimliche Schwierigkeiten miteinander. Ich kannte Helga damals noch nicht lange, ich weiß noch, wie ich mit ihr aus den Ferien zurückkam, da war meine Tochter eifersüchtig. Immer wenn Helga bei uns zu Besuch war, dann hat meine Tochter sich unmöglich benommen, sie knallte die Türen, störte dauernd, machte alles schmutzig, das war schlimm. Sie wollte mich ständig provozieren. Das konnte ich mir ja nicht immer gefallen lassen, da habe ich zu ihr gesagt: So geht das nicht mehr, zieh bitte aus. So kam das, daß sie mit ihrer Freundin zusammengezogen ist. Ich glaube, das war eine gute Lösung, denn sie fühlt sich heute wohl. Inzwischen hat sie sich so gemacht, ganz toll. Wenn mich früher jemand gefragt hat: Bist Du stolz auf Deine Tochter? dann habe ich das so aufgefaßt, als wäre ich stolz auf mein Werk, da habe ich immer gesagt: Nein, ich bin nicht stolz auf meine Tochter. Weil ich ja mit meiner Erziehung nicht zufrieden war, ich hatte das Gefühl, bei ihr versagt zu haben. Heute, wo sie aus eigener Kraft was aus sich gemacht hat, ganz alleine, und sie hat sich dahinter geklemmt und ist fleißig, sie hat den Haushalt tip-top, da kann ich sagen: Ich bin stolz auf meine Tochter. Weil das ja ihr eigenes Werk ist, das hat sie selbst aus sich gemacht.

Josefines Tochter Elisabeth lebt, wie ihre Mutter, mit ihrer Freundin zusammen. Elisabeth möchte Germanistik und Spanisch studieren. Ich besuche sie in ihrer Wohnung.

Deine Mutter hat mir von dem Vorfall erzählt, als sie damals Deinen Vater holte, um Dich zu bestrafen, möchtest Du mir darüber etwas erzählen?

Daß die Josefine meinen Alten geholt hat, ist öfter vorgekommen, schon in meiner Kindheit. Ich habe mich, als ich klein war, so ausgeliefert gefühlt. Als das passierte, was Du schilderst, da konnte ich mich schon wehren. Eigentlich hatte ich diesen Fall provoziert. Es gab Situationen, da bin ich von zu Hause abgehauen, so mit Sack und Pack, ich muß da zwischen acht und dreizehn gewesen sein. Aber da bin ich nie geprügelt worden, ich denke mir, die Tatsache, daß ich abgehauen bin, hat sie geängstigt. Ich weiß noch, einmal hatte ich mich verspätet, ich hatte gespielt. Da kam ich nach Hause und hörte die Stimme von meinem Alten. Ich hatte eine unheimliche Angst. Ich habe mich auf dem Boden verkrochen und hörte da ihre Stimmen. Sie unterhielten sich und sagten: Wir müssen alle Spielplätze absuchen. Da dachte ich: Was sind die bescheuert. Ich hab nämlich nie auf Spielplätzen gespielt, da war es mir zu langweilig. Ich dachte: Die kennen mich gar nicht. Weißt Du, ich war ja immer alleine, weil Josefine arbeiten mußte, sie machte Schichtarbeit.

Aber hattest Du nicht Lilly? (Lilly war eine ältere Frau, die aufgrund der damaligen Wohnungsknappheit mit in Josefines großer Wohnung lebte)

Nein, die Lilly habe ich gehaßt, weil sie mir immer Moralpredigten hielt. Wenn ich aus der Schule kam, dann war ich also alleine, das war so schrecklich für mich. Josefine hatte mir Essen gekocht, ich brauchte es nur warm zu machen. Aber ich habe das Essen weggeschüttet und bin an die Spardose gegangen, habe mir Geld genommen und mir dafür Schokolade gekauft. Dann habe ich mich ins Bett gelegt und meine Schokolade gegessen. Das war so eine fürchterliche Situation, weil ich damals immer essen mußte.

Wie war das, wenn Josefine Deinen Vater holte?

Ja, er kam dann und hat mich verprügelt. Er hat sie auch schon mal gebeten, mich nicht zu prügeln, aber sie bestand darauf. Er hat das dann vollzogen. Sie hat mir auch schon mal eine Ohrfeige gegeben, aber das war nicht schlimm, das habe ich nicht als unheimlich empfunden, das habe ich akzeptiert. Wenn er mich prügelte, dann war das so ein Ritual.

Seit wann lebten Deine Eltern nicht mehr zusammen?

Ja, das war so, Josefine hatte damals ihre erste Freundin, die hatte sie schon, da war sie schwanger. Da hat sie die Scheidung gewollt. Eigentlich wollte sie das Kind abtreiben, aber ihre Freundin hatte gesagt, sie soll das Kind behalten, denn ein Kind wäre doch etwas Schönes. Mein Vater drohte ihr, er sagte, wenn sie die Scheidung will, weil sie lesbisch ist, dann wird er ihr das Kind abnehmen. Sie hatte ihm nämlich selbst gesagt, daß sie lesbisch ist. ... Jetzt denke ich mir, daß sie doch die ganzen Jahre eine unheimliche Angst gehabt haben muß, daß er ihr das Kind abnimmt. Das muß für Josefine ein starker Druck gewesen sein, sie mußte ja arbeiten, mußte mich alleine zu Hause lassen. Wahrscheinlich hat sie ständig gedacht: Jetzt nehmen sie mir das Kind weg. Da wird sie sich gesagt haben: Jetzt muß ich immer meinen geschiedenen Mann holen. Er sollte ihre Erziehung bestätigen. Immer, wenn sie unsicher war, rief sie den Alten an. Ich denke mir, daß sie sich der Öffentlichkeit gegenüber sichern wollte? ... Weißt Du, zu uns kam immer eine Sozialhelferin, die sich um mich kümmerte. Ich weiß noch, daß alle Leute immer auf uns rumhackten, sie sagten: Das arme Kind ist immer alleine. Aber Josefine mußte doch arbeiten gehen, wovon sonst hätten wir leben sollen? Heute, wo ich selbst in einer Frauenbeziehung lebe, kann ich mich mit ihrer damaligen Situation identifizieren. Sie muß ständig Angst gehabt haben. Sie wollte wahrscheinlich den Eindruck erwecken: Ich habe mich zwar von meinem Mann getrennt, aber in der Erziehung meines Kindes ziehen wir beide an einem Strick. Das hieß: Ich bin gesellschaftlich konform, ich bin als Mutter genau so wertvoll wie andere, es gibt keinen Grund, mir mein Kind wegzunehmen. Sie konnte natürlich auch nicht die Schularbeiten mit mir machen, weil sie dazu einfach keine Zeit hatte.

Was weißt Du über Deine Mutter, über ihre Mutter, ihre Kindheit?

Sie hat mir immer erzählt, daß, als sie klein war, der Vater die schützende Hand über sie hielt. Als der Vater tot war, war der Bruder im Krieg, Josefine nahm damals schon so eine Position als Familien-Hauptperson ein, obwohl sie da erst zehn Jahre alt war. Ihre Mutter war dazu wohl nicht in der Lage, die hat mehr so ihre gesellschaftliche Rolle gespielt. Josefine war sehr kämpferisch, sie war rebellisch. Ich glaube nicht, daß von ihrer Mutter da Gewalt kam, dafür war kein Boden mehr da. Josefine hat sich immer zur Wehr gesetzt und hat sich nie etwas gefallen lassen. Sie hat mir erzählt, daß man sie schon im Kindergarten am Stuhl festbinden mußte, um sie gewaltsam zu füttern. So war ich nicht, bei mir haben sich die Aggressionen nie nach außen gerichtet, sondern immer nach innen.

Hast Du Deine Mutter gehaßt?

Ja, das habe ich, ich weiß noch, da war so eine Situation, da war ich noch klein, da habe ich mir überlegt, daß ich ein Messer nehme und ihr die Gurgel durchschneide. Danach habe ich unheimlich geheult und hatte ein schlechtes Gewissen. Ich bin eigentlich mehr ein süchtiger Charakter, der seine Aggressionen nach innen richtet, gegen sich selber. Um abschließend noch einmal auf den Vorfall zurückzukommen, als sie das letzte Mal meinen Vater geholt hatte, um mich zu verprügeln, ich muß sagen, da ist es mir nicht mehr so nahe gegangen. Denn ich hatte mich entschlossen, mir nichts mehr gefallen zu lassen. Ich hatte das schon für mich so organisiert. Josefine hat Dir sicher erzählt, daß ich damals einen Freund hatte, und daß der dann mit zur Polizei gegangen ist. Du kannst Dir nicht vorstellen, wie mein Alter mich damals geschlagen hat, ich sah ganz schlimm aus. Meine Eltern haben dann auch eine Strafe bekommen.

Hattest Du das Gefühl, daß Josefine Dich ablehnte?

Sie lehnte mich nicht nur ab, da war überhaupt keine Beziehung. Ich erinnere mich, sie hatte einmal zu mir gesagt, daß ich ihr alles erzählen könnte, sie hätte für alles Verständnis, sie könne nur keine Lügen vertragen. Wenn ich dann zu ihr gekommen bin, um ihr ehrlich etwas zu sagen, dann ist sie trotzdem ausgeflippt. Ich hatte kein Vertrauen mehr zu ihr. In der Schule hatte ich solche Schwierigkeiten; und ich hatte oft einen Brief von der Lehrerin, den habe ich gar nicht abgegeben, weil ich Angst hatte. Ich bin dann am anderen Tag zur Lehrerin gegangen und habe gesagt: Meine Mutter läßt anfragen, ob Sie eine schriftliche Bestätigung haben müßten. Die Lehrerin sagte dann, das wäre nicht notwendig, die Hauptsache wäre, die Mutter hätte den Brief gelesen. Im Grunde hätte ich mit diesem Problem zu meiner Mutter hingehen müssen, ich hätte ihr sagen müssen: Hör mal, ich komme nicht klar in der Schule, keiner kann mich leiden, alle hacken auf mir herum. Aber das konnte ich nicht. Josefine wollte immer ein liebes Kind haben. Wenn ich mich verletzt hatte und weinte, dann nahm sie mich nicht in den Arm, sondern sie sagte: Ist ja nicht so schlimm, ein Indianer kennt keinen Schmerz. Ich habe mir überlegt, warum sie mich nie in den Arm genommen hat. Heute glaube ich, daß sie Angst hatte aus ihrer Situation heraus, vielleicht dachte sie, daß zwischen ihr und mir ein in dieser Kultur nicht erlaubter Kontakt hergestellt würde.

Mir fällt auf, daß Du Dich ständig bis zur Erschöpfung verausgabst, wie erklärst Du Dir das?

Für Josefine war ich immer ein Schlappschwanz. Ich erinnere mich, wir machten eine Radtour, da ist sie ausgeflippt, weil ich alle zwei Minuten einhalten mußte. Auch mein Vater hat mich gefordert. Der ging mal mit mir spazieren, ich war noch ganz klein, da ist er gerast wie ein Irrer, ich konnte mit meinen kleinen Beinchen kaum mitkommen. Ich hatte Angst vor ihm, da bin ich mitgerannt, daß ich mir fast die Lunge aus der Brust gehaucht habe. Das sind so traumatische Sachen. Auch mit meinem Schulheft mußte ich zu meinem Alten. Einmal hatte ich in Englisch eine Fünf. Er ließ mich alles noch einmal schreiben, ich hatte in der zweiten Arbeit die gleichen Fehler. Er pickte sich die einzelnen Worte raus, dann mußte ich die Hose runterziehen und mußte das falsch geschriebene Wort buchstabieren, und bei jedem Buchstaben bekam ich einen Schlag.

Ich glaube, das ist etwas, das wirst Du wohl nie im Leben vergessen. Für Dich war es sicher schlimm, daß Josefine da nicht eingriff, um das zu verhindern? Du lebst heute mit einer Frau zusammen, bekommst Du in dieser Beziehung die Zuwendung, die Du bei Josefine vermißt hast?

Ja, der Mangel, den ich mal empfunden habe, ist eigentlich weg. Ich bin nicht mehr so hektisch, ich bin ruhiger geworden, ich kuschele mich nicht mehr so an wie ein Säugling. Damit ich nicht mißverstanden werde, ich habe das Gefühl, daß ich erwachsener geworden bin. Dazu kommt, daß ich nichts negieren muß aus meiner Vergangenheit. Ich kann über alles reden, ich bin frei. Aber ich kann nicht sagen, daß ich mich schon so frei fühle, daß ich ohne diese Liebe leben könnte. Aber ich fühle mich glücklich, das ist so ein Geschenk. Ich kann jetzt auch besser mit meiner Mutter umgehen, mehr freundschaftlich. Weißt Du, ich freue mich, daß meine Mutter, trotz ihres Alters, so entwicklungsfähig ist. Früher habe ich sie manchmal getroffen, dann ist sie rausgegangen und hat geheult. Weil sie dann zu stolz war, hat sie den ganzen Tag ein Gesicht gemacht wie eine Maske, so starr, das war ganz schrecklich für mich. Kürzlich war auch wieder etwas, da ist sie raus und heulte, ihre Freundin ist hinter ihr hergegangen, und zwei Minuten später kam sie wieder rein und ließ sich von mir in den Arm nehmen. Durch diese Beziehung, in der sie sich geliebt fühlt, erhält sie etwas, was sie fünfzig Jahre entbehrt hat, sie ist richtig glücklich; ich glaube, das ist so eine Mutterbeziehung. Mir gibt das so ein Gefühl, daß ich denke, das ist alles meine Familie, Stella, meine Mutter, ihre Freundin Helga. Das ist mir in unserer Gesellschaft wichtig, das gibt mir so eine Stärke. Wäre das anders, dann würde ich mich mit Stella alleine fühlen auf der Welt. Gerade in dieser Randgruppen-Situation ist es mir wichtig, daß meine Mutter auch lesbisch ist, und daß sie zu mir gehört. Ich meine, daß es ein Glück ist, daß in meiner Familie schon eine Generation vorher eine Frau lesbisch ist, das gibt mir Kraft, niemand kann mir etwas tun, ich gehe einfach zu meiner Mutter.

Du sagtest vorhin, daß Josefine früher keine Beziehung zu Dir hatte. Als Du Deine Menstruation bekamst, sprach sie mit Dir darüber?

Ja, das hat sie, sie hat mir alles erklärt, nur aufgeklärt hat sie mich nicht, daran habe ich eine traumatische Erinnerung. Um mich aufzuklären, hat sie meinen Alten geholt, das war furchtbar für mich. Ich ekel mich noch heute, wenn ich daran denke, wie er das erklärt hat. Vielleicht hat Josefine damals gedacht, daß sie als Lesbe dafür nicht zuständig ist.

Was haben Josefine und Du gemeinsam an Negativem?

Wir sind beide so dickköpfig, wir haben beide so gewisse Unterdrücker-Eigenschaften, wir sind oft sehr bestimmend. Übrigens, was die Beziehung zu meiner Mutter heute betrifft, muß ich sagen, die hat sich unheimlich gebessert. Wir haben die Absicht, uns in ein paar Jahren ein Haus zu kaufen und alle zusammenzuziehen.

Wann hast Du erfahren, daß Deine Mutter lesbisch ist?

Ich glaube, da war ich 17. Das war in einer Selbsterfahrungsgruppe, da wurde die Frage gestellt: Wer von Euch ist homosexuell? Sie sagte: Ich bin homosexuell, aber ich habe damit keine Probleme. Da saß ich nun und hörte das zum ersten Mal. Das war schon ein Schock für mich, wie Du Dir denken kannst.

Liebst Du Deine Mutter?

Ja sicher liebe ich sie. ... Ich möchte noch auf meine Ängste zurückkommen. Ich weiß noch, das war in unserer früheren Wohnung, ich war alleine, auf einmal bekam ich eine unheimliche Angst, ich bin richtig ausgeflippt. Ich hatte das Gefühl, daß jemand im Zimmer ist, obwohl das Unsinn war, ich war ja alleine. Da denke ich manchmal, diese Angst könnte wiederkommen, vielleicht, wenn Stella weg ist, aber dann rufe ich einfach meine Mutter.

Was meinst Du damit, wenn Stella weg ist?

Sie will zwei Jahre auf einen Bauernhof, da will sie eine Lehre machen. Sie wäre dann nur am Wochenende hier. Ich bin ganz ehrlich, davor hätte ich Angst. Ich muß noch an mir arbeiten, das geht nicht so schnell. Früher war ich unruhiger, da hat sich schon einiges gebessert. Früher hätte ich nicht so still sitzen können, ich hätte wenigstens gestrickt. Ich bin schon viel ruhiger geworden, nur das Alleinleben, da habe ich noch Bedenken. Aber diese Erfahrung muß ich ja auch machen. Was für mich früher auch schlecht war, das war meine Freßsucht. In meiner Pubertät mußte ich immer essen, dann wurde ich dick, dann mußte ich eine Abmagerungskur machen. Das machte mich krank und wahnsinnig nervös. Ich fand auch meine Brust so häßlich, damals nahm ich mir vor, sie später operieren zu lassen. Ich war mir nie recht, das ist immer noch nicht weg, es braucht eben alles seine Zeit.

Ich kenne Dich bereits einige Jahre, und ich muß sagen, Du bist ruhiger geworden.

Das ist sehr interessant, was wir hier besprechen. Wovor ich noch Angst habe, das ist vor der Dunkelheit, besonders auf der Straße. Diese Angst habe ich aber erst, seit mich einmal ein Mann gewürgt hat. Das ist wieder ein gesellschaftliches Problem; lebte ich in einem Frauendorf, müßte ich keine Angst haben.

Was sind Deine Pläne für die Zukunft?

Ich will Germanistik und Spanisch studieren. Vielleicht werde ich einmal Auslandskorrespondentin.

Was möchtest Du an Dir noch ändern?

Ich möchte die gesellschaftlichen Spielregeln beherrschen können, um mich sicher zu fühlen. Ich möchte lernen, meine Meinung zu vertreten, ohne unhöflich zu sein; lernen, zu vermitteln, was ich möchte und was ich nicht möchte.

Josefine konnte sich mit ihrer Mutter nicht identifizieren, denn die Mutter lehnte sich selbst ab, sie sagte: Ich möchte nie mehr als Frau geboren werden. Als ich Josefine frage, wie ihre Beziehung zu ihrer Mutter war, meint sie: Ich habe zu ihr nie eine zärtliche Beziehung gehabt. Ihre Tochter Elisabeth sagt: Meine Mutter lehnte mich nicht nur ab, da war überhaupt keine Beziehung. Josefine über ihre Mutter: Sie hat mir immer alles Schlechte zugetraut, sie brachte mir kein Verständnis und kein Vertrauen entgegen. Elisabeth: ... Ich hatte dann kein Vertrauen mehr zu ihr. Josefine hat in Erinnerung: Meine Mutter war immer weg, ich war immer alleine. Elisabeth: Wenn ich aus der Schule kam, war ich alleine, das war schrecklich. Josefine erzählt mir: Meine Mutter hatte bei mir so viele Fehler gemacht, ich habe darunter so gelitten, so sehr gelitten, daß ich immer wieder darüber nachgedacht habe. Ich wollte bei meiner Tochter die vielen Fehler vermeiden, aber dafür habe ich andere gemacht. Josefine wirbt um die Zuneigung der Mutter, sie hat die Wohnung geputzt, den Keller aufgeräumt, aber: Da ist nie etwas gekommen, sie hat mich nie gelobt, im Gegenteil, ich habe eher noch einen drauf gekriegt.

Was unsere Mütter uns auch antun, wir müssen sie im Interesse unseres Selbstwertgefühls verteidigen. Elisabeth verteidigt Entscheidungen ihrer Mutter, sie sagt: Ich denke mir, sie muß die ganzen Jahre eine unheimliche Angst gehabt haben, daß ihr geschiedener Mann ihr das Kind nimmt. Das muß ein starker Druck für sie gewesen sein; sie mußte ja arbeiten gehen und mich zu Hause allein lassen. Ich frage Josefine, ob sie ihre Mutter gehaßt hat, sie antwortet: Ich weiß nur, daß ich sie gehaßt habe, trotzdem habe ich sie auch geliebt. Ich haßte an ihr diese Lebensangst, ich wußte, daß ich sie ausbaden mußte. Elisabeth antwortet auf die gleiche Frage: Ja, das habe ich, ich weiß noch, da war so eine Situation, da war ich noch klein, da habe ich mir überlegt, daß ich ein Messer nehme und ihr die Gurgel durchschneide. Danach habe ich unheimlich geheult und hatte ein schlechtes Gewissen. Als Josefines Vater stirbt, baut sie um sich eine Schutzmauer. Sie flüchtet sich zu Karl May: Er war mein Hort, er war meine Fluchtburg, auf die ich mich zurückziehen konnte mit meinen Problemen. Viele Jahre später tröstet sie ihre Tochter: Ist ja nicht so schlimm, ein Indianer kennt keinen Schmerz. Es ist der einzige Trost, den sie kennt.
Sexualität wurde Josefine als etwas Beängstigendes und Schockierendes vermittelt. Die Mutter hatte ihr erzählt, daß sie sich von ihrer Hochzeitsnacht etwas Wunderbares versprochen hätte, aber: Das muß ein Schock für sie gewesen sein. Heute sagt Josefine: Sexualität war lange Zeit für mich ein Begriff, der so weit entfernt war wie ein anderer Stern. Ich frage Josefine, wie sie sich erklärt, daß ihre Tochter sich ständig bis zur Erschöpfung verausgabt: Ich habe früher immer die Forderung an sie gestellt, unheimlich viel Kraft zu haben und auszuhalten bis zum Letzten. Sie hatte aber nicht die Kraft, das habe ich damals falsch eingeschätzt.
Josefine zu ihrem Aussehen: Ich finde mich überhaupt nicht besonders; ich habe mich nie leiden können, bis ich Helga kennenlernte, das war vor drei Jahren. Heute kann ich mich akzeptieren, früher gefiel mir mein Gesicht nicht und mein Körper nicht. Ich hatte immer Angst, meinen Körper zu zeigen, ich habe mich immer verhüllt. Elisabeth erzählt mir, daß ihr früher ihre Brust nicht gefiel, daß sie sich vorgenommen hatte, sie später einmal operieren zu lassen. Josefine verhüllt sich heute nicht mehr. Auch ihre Mutter sieht sie positiver: Meine Mutter war eine gepflegte Frau, sie war immer gut angezogen und trug meist einen weißen Kragen; sie war eine schöne Frau. Doch ab und zu kommt Bitterkeit hoch: Sie hat mich nie beschützt, das ist etwas, was ich erst kenne, seit ich mit Helga zusammen bin. Meine Freundin ist für mich Mutter und Tochter. In ihr habe ich einen Menschen gefunden, dem ich total vertrauen kann, ich kann mich ganz geborgen fühlen. Elisabeth sagt mir: Als Kind hatte ich immer so eine Vorstellung von Harmonie.
Josefine holt ihren geschiedenen Mann, der ihre Tochter bestrafen soll, dazu sagt Elisabeth: Er kam dann und hat mich verprügelt, er hat sie auch schon mal gebeten, mich nicht zu prügeln, aber sie bestand darauf.

Josefine hat in den letzten Jahren vieles aufgearbeitet, was ihre Beziehung zu ihrer Mutter betrifft. Sie hat begonnen, sich mit ihr auseinanderzusetzen, das heißt, daß sie begonnen hat, sich mit sich selbst und ihrer Tochter auseinanderzusetzen. Ihre Abwehr gegen die Mutter war Angst, Angst, von ihr abgelehnt zu werden. Töchter unserer Kultur erfahren die Ablehnung der Mutter zu einem Zeitpunkt, an dem sie in extremer Weise auf ihre liebevolle Zuwendung angewiesen wären. Später leben sie in ständiger Angst vor einer Wiederholung dieser schmerzhaften Erfahrung. Gleichzeitig entstehen Schuldgefühle, denn ein Kind, das abgelehnt wird, sucht die Schuld bei sich selbst.

6.
Meine Mutter war immer so überaus besorgt, das war so bedrückend. Sie hat mir nie etwas zugetraut, sie hat immer gesagt: Das Kind ist zu schwach, das Kind schafft das nicht.

Julia Meiser ist 34 Jahre alt und Mutter einer siebenjährigen Tochter. Sie wohnt in Wuppertal und arbeitet als Lehrerin. Julia lebt mit einer Frau zusammen, sie ist unverheiratet.

Ich habe, als ich vierzehn war, ein Tagebuch geschrieben. Wenn ich auf meine Mutter böse war, habe ich das in das Buch geschrieben.

Was fandest Du an Deiner Mutter nicht gut?

Weißt Du, jedes Kind möchte eine Mutter haben, mit der es repräsentieren kann. Meine Mutter aber, mir kam das jedenfalls damals so vor, war unheimlich schlunzig. Da habe ich mich geschämt und habe sie gehaßt. Dazu kam, daß meine Mutter mir sehr alt erschien, sie war 45 Jahre alt, als ich zur Welt kam, heute ist sie 76. In meinem Elternhaus gab es immer Streit. Meine Mutter hatte große Sorgen mit meinem Vater. Der nahm sie so in Anspruch, daß sie auf mich gar nicht achtete. Ich muß sagen, mein Vater war mir genauso zuwider wie meine Mutter. Heute sehe ich das natürlich anders. Wenn ich mir Bilder von früher ansehe, dann sehe ich, daß sie sich hübsch angezogen hat. Sie war, als sie jung war, sehr unternehmungslustig, sie ging gerne auf die Kirmes und ins Kino. Meine Mutter hatte vier Schwestern und zwei Brüder. Als junges Mädchen machte sie eine Lehre als Lochstickerin. Sie war Zeit ihres Lebens berufstätig. Noch heute geht sie in das Geschäft, wo sie gelernt hat und in dem sie gearbeitet hat. Einmal in der Woche arbeitet sie da. Sie sagt, daß ihr das Freude macht, weil sie dann das Gefühl hat, noch gebraucht zu werden. ... Mit ihrem ersten Mann hatte sie eine Tochter, diese Schwester von mir ist zwanzig Jahre älter als ich. Vom ersten Mann ist sie geschieden, später hat sie noch einmal geheiratet, meinen Vater.

Bekamst Du ausreichend Zuwendung?

Zuwendung kann man ja verschieden interpretieren. Die eigentliche Zuwendung ist mir in Form von Ängsten, die von meiner Mutter kamen, übertragen worden. Sie hatte immer Angst, ich könne sterben, weil ich nicht essen wollte. Ich habe noch in Erinnerung, daß mich meine Mutter sehr lange gefüttert hat. Meine Mutter war immer so überaus besorgt, das war so bedrückend. Von daher habe ich ihr gegenüber eine Abwehrhaltung.

Wie siehst Du Dich?

Mich sehe ich positiv, aber meine Mutter sehe ich negativ. Ich meine immer, wenn ein Kind nicht genügend Zuwendung bekommt, dann traut es sich im Leben nichts zu. Meine Mutter hat mir nie etwas zugetraut, sie hat immer gesagt: Das Kind ist zu schwach, das Kind schafft das nicht, sie ist zu nervös. Ich habe versucht, diese Mängel für mich zu beseitigen. Ich habe daraus eine Stärke entwickelt. Sie hatte auch unheimliche Schuldgefühle. Sie hat sich Sorgen gemacht, dem Kind nicht alles geben zu können, was es braucht. In Punkto Pflege bin ich sehr verwöhnt worden. Nicht mit materiellen Dingen, sondern mit Fürsorge. Sie hat mich auch intellektuell angesprochen, sie ließ mich mit elf Jahren in die Jugendbücherei gehen. Sie selbst hat auch viel gelesen. Ich habe mich sehr früh aus dem Elternhaus gelöst, mit 18 Jahren bin ich ausgezogen und habe mir ein Zimmer in der gleichen Straße gesucht. Ich denke mir, daß meinen Eltern das damals sehr weh getan hat, aber unsere Wohnverhältnisse waren so beengt. Ich hatte kein eigenes Zimmer und mußte mit meinen Eltern zusammen in einem schlafen. Wir sind aber ohne Streit auseinandergegangen.

Könnt Ihr Euch umarmen?

Ich kann meine Mutter in den Arm nehmen, aber daß meine Mutter mich in den Arm nimmt, das kommt selten vor. Als Kind bin ich allerdings oft zu ihr ins Bett gegangen, wenn ich kalte Füße hatte und habe mich bei ihr gewärmt. Aber an andere Zärtlichkeiten kann ich mich nicht erinnern. Es kann sein, daß ich die bekommen habe, als ich noch unter zehn Jahren war, aber dann kamen die Schwierigkeiten mit meinen Eltern. Die Ehe meiner Eltern wurde dann so schlimm, daß ich selbst kein Verlangen mehr hatte, ich hatte dann zu beiden keinen Kontakt mehr.

Kann Deine Mutter sich durchsetzen? Ist sie selbstbewußt?

Heute ist meine Mutter schon selbstbewußt, aber ihre Rechte kann sie nicht durchsetzen. Wenn es zum Beispiel um höhere Kosten geht oder um zu niedrigen Stundenlohn, dann kann sie keine Forderungen stellen. Wir sagen oft zu ihr, wenn sie in ihre alte Firma geht: Jetzt gehst Du schon wieder arbeiten. Sie sagt dann: Für mich ist das schön, dahin zu gehen, da werde ich gebraucht.

Weißt Du etwas über die Beziehung Deiner Mutter zu ihrer Mutter?

Ich glaube, meine Großmutter hatte ihre Zweitälteste und ihre Jüngste am liebsten. Meine Mutter hatte, glaube ich, keinen engen Bezug zu ihrer Mutter. Sie sagt nie, wenn sie von ihr spricht, meine Mutter, sondern immer nur unsere Mutter. Sie wurde auch von ihrer Mutter geschlagen. Mich hat meine Mutter auch geschlagen, aber das war mehr so eine spontane Affekthandlung. Manchmal kann ich sie nicht leiden. Ich glaube, das ist so ein Generationsproblem, sie ist ja 45 Jahre älter als ich. Ihre Art, zu denken und zu reagieren, ist mir völlig fremd. Ihre Hilflosigkeit macht mich verrückt. Da gab es in meiner Kindheit Situationen, wenn sie mit mir nicht zurechtkam, dann murmelte sie immer so vor sich hin, klagte sich selbst an. Bis mir dann der Kragen platzte, wenn sie murmelte: Ich tu alles für Dich, was tust Du für mich? Dann habe ich, wenn sie gerade spülte, das Spülzeug ein bißchen runtergeschmissen, habe sie geschubst und mit den Türen geknallt. Wenn ich sauer war, bin ich nach oben gegangen, da wohnte eine Schwester von meiner Mutter, die Tante Marie. Mit der verstand ich mich gut, verstehe ich mich auch heute noch gut. Dann habe ich zu ihr gesagt: Da unten ist wieder was los. Die hat mich dann getröstet. Ich bin jeden Abend zu Tante Marie gegangen, dann haben wir zusammen Gesellschaftsspiele gespielt. Tante Marie ist für mich so etwas wie eine Mutter. Ich glaube, sie hatte das Glück, ihr Leben so führen zu können, wie sie es wollte. Während meine Mutter, so glaube ich, zu einer bestimmten Lebensweise gezwungen wurde. Erst war sie acht Jahre verheiratet, dann hat sie acht Jahre als geschiedene Frau gelebt. Sie hat dann meinen Vater geheiratet. Ihr erster Mann, das war so ein Frauenheld, ihr zweiter, mein Vater, war Alkoholiker. Der erste Mann war kleinlich und gab ihr nur das Notwendigste, der zweite gab ihr alles.

Du sagst, Deine Schwester war bereits zwanzig, als Du geboren wurdest, das muß für sie ein Schock gewesen sein, jetzt noch eine kleine Schwester zu bekommen?

Ja, meine Schwester hat mich als Kind gehaßt, sie hat mir mal gesagt, sie hätte mich umbringen können. Ich glaube, sie ist weniger behütet worden, weil meine Mutter noch ganze Tage arbeiten ging, als sie klein war. Als ich da war, ging sie nur noch halbe Tage.

Hast Du Deine Großmutter noch kennengelernt?

An die kann ich mich kaum erinnern. Ich weiß nur, daß ich wohl Angst hatte, denn bei ihr war ich immer ganz still, was für mich ungewöhnlich ist.

Was findest Du positiv an Deiner Mutter?

Dadurch, daß sie ihr ganzes Leben berufstätig war, ist sie nach außen hin selbständig. Während meine Schwester sehr praktisch ist, auch handwerklich interessiert, ist meine Mutter mehr künstlerisch begabt. Sie interessiert sich auch nicht fürs Kochen und Putzen. Wenn ich versuche, objektiv über meine Mutter nachzudenken, dann muß ich sagen, daß sie eigentlich in Ordnung ist, nur ihre Art. ... Sie wollte mich nicht, das weiß ich.

Kannst Du Dir denken, warum Deine Mutter noch einmal geheiratet hat?

Ich glaube, sie wollte meinen Vater wohl nicht heiraten, und hat das mehr auf sein Drängen hin getan.

Hast Du ihr gegenüber Schuldgefühle?

Ja, wenn ich mit ihr Streit hatte, dann denke ich oft, ich war ungerecht.

Hat sie Deine Berufswünsche unterstützt?

Nein, alles, was ich im Leben getan habe, habe ich aus mir heraus getan. Meiner Mutter bin ich da nicht verpflichtet, das ist alles auf meinem Mist gewachsen. Es war vielleicht auch das Unvermögen meiner Eltern, mit mir fertig zu werden.

Liebst Du Deine Mutter?

Das weiß ich nicht.

Seht Ihr Euch ähnlich?

Es kann sein, daß ich eine gewisse Ähnlichkeit mit ihr habe. So zum Beispiel, daß ich meinen Kopf so schräg halte, aber sonst fällt mir nichts ein. Vielleicht noch unsere Ehrlichkeit und unser Gerechtigkeitsgefühl. Meine Mutter hat auch ein ausgeprägtes Gefühl für Politik, sie sieht alle politischen Ereignisse so wie ich. Ungerechtigkeiten gegen Randgruppen, wie Homosexuelle oder Häftlinge, kann sie nicht vertragen. Sie war auch nie für die Nazis.

Könntest Du Dir Deine Mutter in einer Frauenbeziehung vorstellen?

Ja, das könnte ich, das wäre ihr auch verwandter gewesen. Ich habe von ihr nie etwas Positives gehört über Männerbeziehungen. Ich denke mir, das ist etwas, was sie schon immer akzeptiert hat. Wenn sie von ihren Partnerschaften befreit war, erschien sie mir immer gelöst.

Was ist Deine Erklärung dafür, daß Du lesbisch bist?

Ich glaube, rein gefühlsmäßig war ich das immer schon. Mir haben Frauen immer mehr gegeben als Männer. Ich denke, der Mensch ist von Hause aus bisexuell.

Leidest Du an Verlassenheitsängsten?

Die hatte ich, ich konnte abends nicht alleine sein, ich hatte als Kind immer Angst, die könnten weggehen. Wenn ich nachts wach wurde, bin ich aufgestanden, um zu sehen, ob sie da sind. Wenn sie nicht da waren, bekam ich einen Riesenschock. Aber diese Angst habe ich nur nachts. Ich weiß auch nicht, wo die herkommt. Ich habe auch heute noch das Gefühl, abends nicht alleine sein zu können. Ich könnte überhaupt nicht alleine leben. Wenn ich es müßte, würde ich abends früh schlafen gehen. Tagsüber macht mir das nichts, aber die Stille des Abends wirkt auf mich bedrückend. Meine Mutter übrigens, die kann alleine leben.

Wenn Deine Mutter Probleme hat, wie wird sie Deiner Meinung nach damit fertig?

Ich habe den Eindruck, daß sie das ganz gut verarbeiten kann. In der letzten Zeit hat sie mich schon mal angerufen und gesagt: Du, ich habe ein Problem. Das hat mich unheimlich gefreut, daß sie mich um Rat gefragt hat. Das ist so ein Vertrauensverhältnis. Dann habe ich auch keine Wut auf sie, denn was mich immer so gegen sie aufgebracht hat, war die Tatsache, daß sie alles immer so hingenommen hat. ... Aber sie kommt selten zu mir, weil sie mich nicht belästigen will, dabei ist das gar keine Belästigung für mich.

Bist Du mit Deinen Problemen zu ihr gegangen?

Nein, da fehlt es an ihrem Verständnis, glaube ich. Bei bestimmten Problemen kann sie mir nicht helfen, ich kann ihr das sagen, aber sie kann mir nicht helfen.

Wie war Deine erste Menstruation für Dich?

Als ich sie das erste Mal hatte, wurde ich ins Bett gepackt, wurde in Watte gepackt und durfte die nächsten 24 Stunden nicht aufstehen. Angst hatte ich keine, meine Mutter hat nur gesagt, das kommt jetzt jeden Monat, das wäre keine Krankheit. Als ich meinen ersten Büstenhalter haben wollte, mußte ich sie sechs Wochen darum bitten, sie wollte mir den nicht kaufen. Meine Menstruation empfinde ich als ganz normal, ich habe dazu ein ganz unverkrampftes Verhältnis. Nur, bevor ich sie bekomme, habe ich Depressionen, aber erst in letzter Zeit, seit etwa drei Jahren.

Wie verhielt sich Deine Mutter, als sie erfuhr, daß Du ein Kind erwartest?

Ich weiß noch, als ich die erste Zeit schwanger war, da hat sie das gemerkt und zu mir gesagt: Das eine sag ich Dir, ich sorg nicht dafür. Ich habe ihr geantwortet, daß sie das auch nicht braucht. Zu der Zeit wohnte ich in einer anderen Stadt. Doch mein Kind bekam ich hier in Wuppertal. Meine Mutter wollte dann mit ins Krankenhaus gehen, aber das wollte ich nicht, ich wollte damit alleine sein. Weißt Du, ich war ja eigentlich immer die Stärkere und meine Mutter die Schwächere, da konnte ich nicht plötzlich ein Anlehnungsbedürfnis entwickeln. Obwohl ich eigentlich jemanden gebraucht hätte.

Du lebst nun schon einige Jahre mit Deiner Freundin Franziska zusammen, kann man sagen, daß Du in dieser Beziehung gefunden hast, was Dir fehlte?

Das ist schwer zu sagen, denn jegliches Zusammenleben auf längere Zeit bringt Konflikte mit sich. Spannungen, Krisen, gute Zeiten, schlechte Zeiten, bestimmte Verhaltensmechanismen, die man einübt. Man erkennt auch, daß die Bedürfnisse des Partners nicht immer abgedeckt sind und die eigenen ebenfalls nicht. Dann muß man nach einer neuen Form der Verständigung suchen. Aber das ist sehr schwer, das ist ein Entwicklungsprozeß. Es fehlt oft einfach die Zeit, dann wäre es vermutlich leichter, aber da ist der Streß, der Beruf. Dazu kommt, daß es ja in der Frauenbeziehung besonders schwer ist, weil sich beide Frauen als Rivalinnen betrachten, das Abhängigkeitsverhältnis ist größer. In der Hetero-Beziehung kann man als Frau den Mann ablehnen, aber als Frau kann man nicht die Frau ablehnen, dann würde man sich selbst ablehnen.

Wie war Deine Beziehung zu Deinem Vater?

Ich hatte ja zwei Väter, den Vater, der keinen Alkohol trank, den liebte ich; und den Vater, der trank, der war mir unangenehm. Aber er war mir lieber als meine Mutter. Ich war 18 Jahre alt, da nahm er sich das Leben. Für mich war das damals ein unheimliches Trauma. Zu der Zeit war ich ein halbes Jahr weg von zu Hause. Wieder blieb alles bei mir hängen, ich mußte alles in die Hand nehmen, meine Mutter war dazu nicht in der Lage. Was für mich so schlimm war, daß ich meinen Vater in seinen letzten Lebensjahren nur schlafend angetroffen habe. Er schlief immer seinen Rausch aus. Als er tot war, da bekam ich den eigentlichen Schock auf der Beerdigung. Die lieben Verwandten gaben mir zu verstehen, ich hätte daran Schuld, weil ich meinen Vater so verachtet hätte und weil ich ausgezogen wäre. Ich habe mir dann auch sehr lange selbst die Schuld gegeben. Weißt Du, mein Vater hatte eine schlimme Kindheit gehabt, er war früh Waise und wurde dann von einer Tante zur anderen abgeschoben. Einen Vater hatte er nicht und die Mutter verunglückte, als er noch klein war.

Warum wolltest Du damals ein Kind?

Ich hatte einen ganz starken Wunsch nach einem Kind. Mit dem Vater meines Kindes hatte ich so eine Vaterbeziehung, er war 20 Jahre älter als ich. Bei ihm fühlte ich mich damals geborgen. Außerdem mußte ich einen Freund nachweisen, um anerkannt zu werden. Im Unterbewußtsein suchte ich einen Vater, aber einen Vater, auf den ich mich verlassen konnte. Von meiner Mutter hatte ich mich zu der Zeit ganz gelöst. Für mich stand fest, ich wollte ein Kind, aber ich wollte nicht heiraten.

Bist Du eifersüchtig in Deinen Beziehungen?

Ja, das bin ich, ich bin da sehr unsicher. Aber ich habe da auch schlechte Erfahrungen gemacht, ich bin in meinen Beziehungen oft reingefallen. Was ich mir wünsche, ist jemand, auf den ich mich verlassen kann. Einen Menschen, der nicht mit anderen körperlichen Kontakt hat, das tut mir weh. Aber es kann natürlich auch mitunter an mir liegen. Mir fehlt das Vertrauen in partnerschaftlichen Beziehungen. Als Kind hatte ich so besondere Probleme. Ich hatte immer Freundinnen, deren Väter etwas besonderes waren, Ärzte oder Fabrikanten, so mehr Oberschicht. Später hatte ich auch Freundinnen, die aus meiner Schicht kamen, das änderte sich wieder, als ich in der Pubertät war. Da suchte ich mir wieder Freundinnen aus höheren Schichten. Wenn wir zusammen aus waren, dann habe ich mich oft in gute Wohnbezirke bringen lassen und bin dann, wenn alle weg waren, zu mir nach Hause gegangen. Nun weiß ich nicht, hing das von der sozialen Schicht ab oder von einem Mangel an Geborgenheit? Nein, ich denke, es war ein gesellschaftliches, ein politisches Problem. Da war mein untergründiger Haß, kein eigenes Zimmer zu haben, keinen Raum, in den ich mich zurückziehen konnte. Das hat mich so eingeengt. Heute ist das anders, heute schäme ich mich nicht mehr, ich will jetzt keine Freunde haben, die meine Mutter nicht anerkennen und meine Herkunft nicht. Das habe ich inzwischen überwunden.

Wie war Deine Schwangerschaft für Dich?

Die war gut, ich hatte keine Beschwerden, meine Entbindung hat mich auch nicht geängstigt, ich hatte mich ja auf das Kind gefreut. Das einzig Negative war das Krankenhauspersonal. Das war alles so chaotisch, ich hätte mir nie vorgestellt, das so etwas möglich ist. Mein eigenes Verhalten war positiv, ich hatte mich ausreichend informiert. Aber das Verhalten der Ärzte und Hebammen das war so furchtbar, daß ich einen richtigen Schock bekam. Die schlossen mich an einen Kasten an, um die Wehen aufzuzeichnen. Die Hebamme führte mich in ein widerliches Badezimmer und sagte: Jetzt baden Sie mal erst. Ich wollte das gar nicht, ich bade überhaupt nicht gerne. Ich bin dann kurz ins Wasser gegangen und dann wieder auf den Gang. Sie haben mich dann wieder an den komischen Apparat angeschlossen. Anschließend ließen sie mich alleine, da war weit und breit kein Mensch. Als ich dann spürte, daß das Kind kommt, habe ich so laut um Hilfe geschrieen, daß ruck-zuck fünf Ärzte da waren. Die eigentliche Geburt dauerte nur zehn Minuten. Was ich auch als schlimm empfand, war, daß sie das Kind auf den Popo schlugen, und daß sie mir das Kind nur kurz zum Stillen brachten und dann wieder wegnahmen, das fand ich mörderisch. Einmal haben sie mir ein fremdes Kind gebracht, da habe ich meins gesucht, das war bei einer anderen Frau. Diese Frau wollte gerade mein Kind stillen. Das ist etwas, was ich heute noch nicht verstehe, daß eine Frau nicht einmal erkennt, daß es nicht ihr Kind ist. ... Als ich hörte, es ist ein Mädchen, da habe ich mich noch mehr gefreut, denn ich habe sofort ein partnerschaftliches Nebeneinander vor mir gesehen. Als sie zehn Wochen alt war, da wurde sie krank, da mußte ich die Milch ins Krankenhaus bringen. Ich bin jeden Tag dahin gegangen, bis sie mir dann mal sagten, ich brauchte nicht mehr zu kommen, sie hätten meine Milch nicht geben können, die wäre weggeschüttet worden.

Meine Tochter war ein Wunschkind, ich hatte mich auf sie gefreut. Was mich bedrückt hat, das waren meine finanziellen Schwierigkeiten, in denen ich steckte. Ich studierte zu der Zeit, mußte also mit sehr wenig Geld auskommen. Ich war da ziemlich gestreßt, ich mußte mein Examen schaffen, mußte dahin arbeiten, daß ich einmal eine Stelle bekomme, die mir genügend Zeit für mein Kind läßt. Ich wollte sie auf keinen Fall weggeben müssen.

Das ist an Dir so erstaunlich, Du kannst Dir helfen, Dich durchsetzen, aber Du hast Angst vor der Dunkelheit. Hast Du auch Sicherheitsängste, daß Du denkst, es könnte Dir in finanzieller Hinsicht noch einmal schlecht gehen?

Etwas schon, aber das heißt nicht, daß ich extrem sparsam bin. Ich habe ja heute nicht so wenig Geld, daß ich mir nichts leisten könnte. Ich kann immer klar abschätzen, was ich mir leisten kann, ich kann meine Bedürfnisse meinem Geld anpassen. Ich bin nicht unzufrieden, wenn ich mir keine Reise nach Kanada leisten kann, obwohl ich da gerne mal hinführe. Ich weiß, daß das meine Verhältnisse überschreiten würde. Wenn ich mir solche Wünsche erfüllen würde, dann würde ich denken, ich ziehe mir meine eigene Sicherheit unter den Füßen weg. Geld erscheint mir nicht so wichtig, aber meine Sicherheit. Diese Sicherheit kann ich mir nur selbst geben, weil ich mich auf mich verlassen kann.

Kannst Du mit Deiner Tochter schmusen?

Ja, das kann ich, ich streichele sie, sie streichelt sich auch selbst. Sie ist ganz ungezwungen, sie schämt sich auch nicht. Mich freut auch, daß sie kreativ ist, viel Phantasie hat. Sie bastelt gerne, sie sucht sich Material, es kann noch so wertlos ein, sie kann damit so lange spielen, bis dieses Material gegenständlich wird. Alles, was sie macht, macht sie schon jetzt sehr bewußt. Mit ihren Freundinnen spielt sie am liebsten im Dreck. Sie gräbt Steine aus, die alle eine andere Farbe haben, das sind dann ihre Malsteine. Damit malt sie auf der Straße riesige Bilder. Sie braucht kein vorfabriziertes Spielzeug. Sie arbeitet auch mit Ton, da formt sie Tiere, Kirchen, Häuser, sie zeichnet auch. Man kann sagen, sie ist schöpferisch. Ich muß nur darauf achten, daß der Druck der Schule sie nicht auffrißt. ... In ihren Freundschaften ist sie mitunter überfordert. Es gibt viele Kinder, die wollen mit ihr befreundet sein. Dann sagt sie schon mal: Die wollen alle etwas von mir, die sollen mich doch auch mal in Ruhe lassen.

Ich brauche doch auch etwas Zeit für mich. Empfindlich ist sie gegenüber Kindern, die unsozial sind. Es gibt ja Kinder, die ihr bewußt weh tun, dagegen weiß sie sich noch nicht zu wehren. Das ist etwas, was sie traurig macht. Oft ist sie stundenlang in ihrem Zimmer mit sich selbst beschäftigt, dann hört und sieht man sie nicht. Wenn ich nach ihr sehe, dann ist sie ganz fröhlich und zeigt mir stolz, was sie gemacht hat.

Glaubst Du, daß Anja Dich liebt?

Das weiß ich nicht, manchmal erdrücke ich sie auch, weil ich vielleicht zu viel von ihr verlange. Das mache ich, glaube ich, auch mit anderen Menschen.

Wie findet sie das, daß sie nicht wie andere Kinder mit einem Vater und einer Mutter zusammenlebt, sondern mit zwei Frauen?

Das findet sie gut, dazu kann ich Dir einen Ausspruch zitieren. Sie frug mich einmal: Warum hast Du Dir denn keinen Jungen gewünscht? Ich sagte, ich hätte lieber ein Mädchen gehabt. Da meinte sie: Ach ja, ich weiß, dann hätte ich ja nicht in Eurem Frauenzentrum aufgenommen werden können. In Franziska hat sie eigentlich eine zweite Bezugsperson gefunden. Wenn ihr jemand sagen würde, daß sich nur Mann und Frau lieben können, dann würde sie sagen: Warum denn, es können sich doch genauso gut zwei Frauen mögen wie ein Mann und eine Frau. Aber manchmal sagt sie: Ich möchte einen Freund haben, dann haben wir einen Mann im Haus. Doch das sind so Sachen, die kommen von draußen.

Hast Du ihr gegenüber Schuldgefühle?

Ja, sicher, aber nicht nur ihr gegenüber, sondern jedem, mit dem ich zusammenlebe. Wenn ich die ganze Woche gearbeitet habe, dann denke ich manchmal, jetzt habe ich wieder nicht richtig zugehört.

Was haben Anja und Du gemeinsam?

Wir reden beide gleich viel; daß wir mitunter den anderen in seiner Person etwas unterdrücken. Wenn ich schlechte Eigenschaften von mir an ihr entdecke, regt mich das auf.

Erinnert sie Dich manchmal an Deine Mutter?

In der letzten Zeit nicht mehr so; wenn sie öfter mit ihr zusammen ist, dann redet sie wie sie und geht wie sie.

Ich besuche Julias Mutter, sie ist 76 Jahre alt. Wir sind morgens um zehn Uhr verabredet. Sie wartet schon auf mich, um mit mir zu frühstücken. Julias Mutter ist eine Frau, mit der man offen und frei reden kann.

Mich interessiert, wie sie Ihre Kindheit verlebten, wie ihre Beziehung zu Ihrer Mutter war?

Da muß ich Ihnen sagen, zu meiner Mutter hatte ich gar keine Beziehung. Ich weiß nur noch, daß sie uns oft Ohrfeigen gab, wir brauchten nur eine Haarschleife zu verlieren, dann schlug sie uns schon.

Wissen Sie noch etwas von Ihrer Großmutter?

Nein, über ihre Kindheit hat meine Mutter nie gesprochen. Meine Mutter kam aus Ostpreußen und ging hier in Stellung. Sie hat bestimmt nichts vom Leben gehabt. Sie hat mal erzählt, daß der Vater im Krieg ein Bein verloren hätte. Aber von ihrer Mutter hat sie nie etwas gesagt. Sie ist ganz früh weggegangen von zu Hause, und hat sich hier als Dienstmädchen verdingt. Ich weiß auch nicht, ob sie Geschwister hatte, sie sprach nie darüber. Hier ist sie von ihren Arbeitgebern auch nur ausgenutzt worden. Den ersten Mann, den sie kennenlernte, hat sie dann geheiratet, meinen Vater.

Wieviel Geschwister hatten Sie?

Wir waren sieben, meine älteste Schwester ist heute 85 Jahre alt, meine jüngste ist 72 geworden. Meine Mutter ist übrigens 86 geworden. Wir sind alle in Elberfeld geboren.

Können Sie sich an Zärtlichkeiten von Ihrer Mutter erinnern?

Nein, die gab es nicht, unsere Mutter hat uns nie in den Arm genommen. Aber wenn wir krank waren, dann hat sie uns aufopfernd gepflegt. Nur die Älteste, die war ihr Liebling, die bekam auch immer die schöneren Stoffe.

Hat sie ihren Töchtern etwas über die Periode gesagt?

Nein, das war so, als ich die das erste Mal bekam, da hab ich meine Mutter gefragt, was das ist, da hat sie gesagt, das wäre nicht schlimm, das bekäme ich jetzt jeden Monat. Ich weiß noch, als ich meinen ersten Freund hatte, da wußte ich noch nicht, wo die Kinder herkamen.

War Ihnen Ihre Periode unangenehm, schmerzhaft?

Nein, gar nicht, auch von meinen Wechseljahren habe ich nichts gemerkt.

Sie hatten zwei Brüder, wurden die vorgezogen?

Nein, das wurden sie nicht.

Bei so vielen Kindern mußten die Mädchen der Mutter doch sicher im Haushalt helfen?

Nein, das wollte meine Mutter nicht, sie sagte immer, daß sie das lieber alleine macht.

Können Sie sich erinnern, ob Ihre Mutter sich durchsetzen konnte?

Das konnte sie nicht, ich weiß noch, wenn wir alle am Tisch saßen, dann hatte sie keinen Platz, sie ging dann an den Schrank, um zu essen. Sie war ja auch sehr eingespannt, der große Haushalt, wir hatten jeden Tag einen großen Kessel auf dem Herd stehen mit Wäsche. Obwohl wir fünf Mädchen waren, brauchten wir der Mutter nie zu helfen.

Wie war das, wenn eine von Ihnen einen Freund hatte?

Sie war froh, wenn wieder ein Kind aus dem Haus ging.

Ließ Ihre Mutter Sie ausgehen, tanzen zum Beispiel?

Ja, das durften wir, Einmal hatte ich eine Verabredung mit einem jungen Mann, aber ich hatte keinen Mantel anzuziehen. Da habe ich meine Mutter gebeten, den Mantel meiner ältesten Schwester anziehen zu dürfen, das hat sie mir erlaubt. Ich bin gerne tanzen gegangen, ich ging auch gerne auf die Kirmes.

Hatten sie die Möglichkeit, etwas zu lernen?

Ich habe bei B. meine Lehre als Lochstickerin gemacht. Nach der Lehre habe ich mir eine andere Stelle gesucht, weil ich so schlecht bezahlt wurde. Ich war damals 18 Jahre alt. Ich kann mich erinnern, da waren so viele Männer beschäftigt, die haben mich gehänselt, das hat mir nicht gefallen. Die Firma B., bei der ich gelernt hatte, die sagten, ich solle wieder bei ihnen anfangen, sie würden mir mehr Geld geben. Da bin ich da wieder hingegangen und bin da mein ganzes Leben geblieben. Ich gehe heute noch hin, einmal in der Woche.

Wenn Ihre Mutter die ganze Hausarbeit alleine machte, dann waren Sie eigentlich nicht vorbereitet auf die Rolle der Hausfrau?

Nein, das stimmt, als ich geheiratet habe, konnte ich nicht einmal kochen; und ich kann mich nicht erinnern, zu Hause auch nur einmal gespült zu haben.

Wie kamen Sie darauf, Lochstickerin zu werden?

Ich war immer künstlerisch begabt, ich zeichne gerne und habe eine schöne Handschrift. Zeichnen und Sticken hat mich immer interessiert.

Sie haben noch eine Tochter, die heute 51 ist?

Ja, die ist von meinem ersten Mann, von dem bin ich geschieden. Der gab mir nie Geld, ich wußte nie, wie ich durchkommen sollte. Mit dem Mann war ich acht Jahre verheiratet, anschließend war ich acht Jahre mit meiner Tochter alleine. Jetzt im letzten Krieg lernte ich meinen zweiten Mann kennen, den Vater von Julia. Der war damals verwundet und hier in Heimaturlaub.

Trotz schlechter Erfahrung haben Sie wieder geheiratet?

Ja, ich kam alleine nicht zurecht, dazu war mein Verdienst zu schlecht. Meine Tochter und ich haben gehungert. Dann haben wir auch nicht mehr gehungert. Er besorgte alles, er war sehr bemüht um uns. Nur meine Tochter lehnte ihn ab, sie wollte ihn nicht, sie war eifersüchtig. Aber später, als sie etwas älter war, hat sie ihn in Schutz genommen. Er hat sich sehr viel Mühe gegeben, war immer unterwegs, um etwas zum Essen zu besorgen. Ich muß das immer wieder sagen, da war er einmalig.

Als Sie dann noch ein Kind bekamen, wie war das für Ihre Tochter, die inzwischen schon zwanzig war?

Für sie war das ein Schock, sie ist damals weggelaufen und war ein paar Tage nicht da. Bis Bekannte mit ihr geredet haben, ihr gut zugeredet haben. Aber das Verhältnis zwischen den beiden ist nie richtig gut geworden. Julia, meine Jüngste, ist so warmherzig wie ihr Vater war. Er starb, als Julia 18 Jahre alt war. Er hat in den letzten Jahren seines Lebens viel getrunken. Dazu muß ich sagen, daß er eine schwere Jugend hatte, er ist immer nur herumgestoßen worden. Er hatte keinen Vater und seine Mutter ist schon sehr früh gestorben.

Wie war Ihre zweite Schwangerschaft, Sie waren damals ja bereits 45 Jahre alt?

Meine Schwangerschaft mit meiner ersten Tochter war schmerzhafter. Die mit Julia war eigentlich ganz toll. Wir hatten uns das Kind ja auch gewünscht. Das heißt, mein Mann hatte sich eins gewünscht und ich habe ihm den Wunsch nicht abschlagen wollen. Ich weiß noch, als ich beim Arzt war und der sagte, daß ich ein Kind kriege, da hab ich gesagt: Ich bin schon 45. Da meinte der Arzt: Das macht doch nichts, das ist ein Trost fürs Alter. Die Leute sagten alle: Warum schaffen Sie sich das Kind noch an? Heute bin ich richtig froh darüber, sonst hätte ich nicht die Julia und die Anja. Bei der Entbindung von Julia hatte ich gar keine Angst, und das war auch ganz einfach. Die Entbindung von meiner ältesten Tochter damals, die war schlimm, da hatte ich eine furchtbare Angst, da kannte ich mich auch noch nicht aus.

Wie war das für Sie, als Sie erfuhren, daß Julia eine Frauenbeziehung hat?

Das habe ich nicht glauben wollen. Ich will nicht sagen, daß man als Frau nicht ebenso gut mit einer Frau leben kann, ich befürchte nur, wenn das mal auseinandergeht, dann ist das viel schlimmer, als wenn Krach entsteht zwischen einem Mann und einer Frau. Ich könnte mir denken, daß das viel mehr schmerzt, das ist etwas, was mich beunruhigt. Viel Freude macht mir meine Enkeltochter Anja. Sie ist ein liebes Kind. Mich stört nur ein bißchen, wenn Julia sagt: Die Anja macht sich immer so dreckig. Das Kind macht sich nun mal gerne dreckig, dann soll man sie auch lassen. Anja freut sich immer, wenn ich sie hole, aber sie ist auch froh, wenn ihre Mutter sie nach Hause holt. Das Kind ist auch künstlerisch begabt, sie zeichnet so gerne, das habe ich auch immer gerne gemacht.

Sie haben mir ein wenig von Ihrer Kindheit erzählt und von ihren Schwestern, ich habe den Eindruck, daß Sie sich gut untereinander verstehen, ist das so?

Ja, das stimmt, wir sind auch öfter zusammen in Urlaub gefahren. Über mir im Haus wohnt noch eine ältere Schwester von mir, die Maria, sie ist sieben Jahre älter als ich. Zu ihr ist Julia als Kind immer hingegangen. Meine Schwester macht ihren Haushalt noch ganz alleine.

Können Sie beide gut alleine leben?

Ja, wir sind gerne alleine, wir haben auch viele Bekannte.

Sie erzählten mir, daß Sie noch immer einmal in der Woche zu Ihrer alten Firma gehen, warum tun Sie das?

Ich mach das gern, da hab ich das Gefühl, daß ich noch gebraucht werde.

Julia kritisiert an ihrer Mutter, sie wäre immer so erdrückend gewesen, so sehr besorgt. Als ich sie frage, was sie und ihre kleine Tochter gemeinsam haben, meint sie: Daß wir den anderen in seiner Person etwas unterdrücken. Nach mütterlicher Zuwendung gefragt, sagt Julia: Die eigentliche Zuwendung ist mir in Form von Ängsten, die von meiner Mutter kamen, übertragen worden. Julias Mutter, auf ihre Mutter angesprochen, sagt: Zärtlichkeiten gab es nicht, aber wenn wir krank waren, wurden wir

von ihr aufopfernd gepflegt. Zuwendung in Form von Ängsten?
Julias Mutter bekam kein weibliches Rollenverhalten vermittelt. Sie kann nicht einmal kochen, als sie heiratet. Sie ist eine aufgeschlossene Frau, die ungezwungen mit anderen Menschen umgehen kann. Julia mag ihre Mutter nicht, sie sagt: Mich sehe ich positiv, aber meine Mutter sehe ich negativ. Die Mutter hatte ihr vermittelt, daß sie ihre kleine Tochter ablehnte: Sie wollte mich nicht, ich weiß das. Julia litt als Kind unter den Schwierigkeiten, die ihre Eltern miteinander hatten. Sie litt darunter, daß der Vater trank; sein Tod war für sie ein traumatisches Ereignis. Julia hatte die Rolle des Vaters angenommen, eine Rolle, die sie bis ins kleinste Detail kopiert. Julia führt die Schwierigkeiten mit ihrer Mutter darauf zurück, daß in ihrem Elternhaus die Wohnverhältnisse beengt waren. Sie erzählt, daß sie sich von Freunden in „gute" Wohnviertel bringen ließ, dann ging sie nach Hause, in ihr „schlechtes" Viertel. Das hat ihre Minderwertigkeitsgefühle verstärkt, ihren Haß auf die Eltern, die „schuld" waren, daß sie „so" wohnten. Heute sagt Julia, daß sie das abbauen möchte: Ich will jetzt keine Freundin mehr haben, die meine Mutter nicht anerkennt. Julia hat ihre ganze Kraft darauf verwandt, aus der „schlechten" Wohngegend wegzukommen und ihrer Schicht zu entkommen: Was heute ist, das ist alles auf meinem Mist gewachsen, meiner Mutter bin ich da nicht verpflichtet. Tatsächlich wird Julia erst dann selbstbewußt sein, wenn sie fähig ist, ihr Wohnviertel und ihre Mutter zu akzeptieren. Julias Tochter Anja wächst zusammen mit zwei Frauen auf. Typisches Rollenverhalten wird ihr nicht vermittelt, das war schon bei Anjas Großmutter und ihrer Mutter so. Anja liebt ihre Mutter, aber mit Vorbehalt. Julia weiß das, sie meint: Ob Anja mich liebt, weiß ich nicht, manchmal erdrücke ich sie etwas. Ich möchte Julia daran erinnern, was sie sagte: Meine Mutter war immer so überaus besorgt, das war so bedrückend.

7.

Ich glaube nicht, daß die Vagina ästhetisch schön ist, sie ist viel röter, und es geht mehr ins Rohe hinein als bei einem Mann der Penis. Der hat doch eine normale Haut, während das andere doch mehr roh wirkt.

Lilo Hag ist verheiratet, sie hat einen Sohn und eine Tochter. Mit ihrer Familie lebt sie in Bottrop. Sie ist 38 Jahre alt und von Beruf kaufmännische Angestellte.

Im Grunde bin ich eine verkrachte Existenz. Ich habe ein paar Jahre im Büro gelernt, die Kaufmannsgehilfenprüfung gemacht, war lange Zeit Verkaufskorrespondentin, und dann bin ich zur Sozialschule gegangen, Fachhochschule für Sozialarbeiterin. Meine Ausbildung habe ich dann abgebrochen, weil ich geheiratet habe. Ich habe jetzt längere Zeit beim Kinderschutzbund mitgearbeitet.

Wie ist Deine Einstellung zu Dir selbst, bist Du mit Dir zufrieden?

Heute bin ich mit meinem Äußeren zufrieden, aber früher fand ich mich nicht schön. Ich habe durch mein Alter irgendwie gewonnen, und ich akzeptiere mich heute. Als junges Mädchen hatte ich unheimliche Komplexe, ich fand meine Nase zu groß und meine Oberschenkel zu dick. Meine Brust war frühzeitig entwickelt, und ich fand es ganz schlimm, wenn die Jungen in der Schule, so bei Ausflügen Bemerkungen machten, dann wurde ich fuchsteufelswild. Dann hätte ich die killen können. Ich habe dann versucht, die Brust einzuzwängen, dadurch habe ich heute eine Hängebrust, aber das stört mich nicht.

Wie war das, als Du Deine Periode bekamst?

Darauf war ich schlecht vorbereitet, da hat meine Mutter irgendwie total versagt.

Hast Du Dir schon einmal Deine Vagina angesehen?

Nein – ja, doch schon, ich weiß da schon Bescheid, aber gespiegelt habe ich noch nicht. Ich möchte mir die Vagina auch nicht gern den ganzen Tag ansehen. Ich glaub nicht, daß sie ästhetisch schön ist, sie ist viel röter, und es geht mehr ins Rohe hinein als bei einem Mann der Penis. Der hat doch eine normale Haut, während das andere doch mehr roh wirkt.

Wie waren Deine Schwangerschaften?

Meine erste Schwangerschaft war schlimm, weil ich nicht vorbereitet war. Wir wohnten damals in einem kleinen Ort, und da gab es so etwas nicht wie Schwangerschaftsberatung. Ich war verkrampft und ich hatte Rückenwehen und habe 24 Stunden nach dem Platzen der Fruchtblase gelegen und starke Schmerzen gehabt. Das war so schlimm, daß ich fast abgebaut habe. Die zweite Geburt war sehr schön und sehr schnell, da hatte ich mich aber auch vorbereitet mit Schwangerschaftsgymnastik. Der Junge war sehr schnell da. Ich würde sagen, nur aufgrund der Vorbereitung war diese Geburt leichter, bei der ersten war ich völlig unwissend, obwohl ich schon 29 Jahre alt war.

Hattest Du mit Deiner Menstruation Beschwerden?

Ja, als Mädchen habe ich immer Schmerzen gehabt. Dann habe ich mich in die Ecke gelegt, und dann war ich weg. Aber ich bin sehr schicksalsergeben, ich konnte ja nichts daran ändern. Nach den Kindern hat sich das gebessert. Ich hatte die Periode nie so stark, heute ist sie stärker, weil ich eine Spirale trage. Ich habe mich damit abgefunden, ich bin eine Frau, und da gehört die Menstruation nun mal dazu.

Wie ist es bei der Hausarbeit, teilt Ihr Euch die Arbeit?

Ich würde sagen, wenn beide berufstätig sind, müßte das schon partnerschaftlich geteilt werden. Sonst würde ich das nicht machen, dann bliebe ich lieber zu Hause und machte das alles alleine, dann hat jeder seine Aufgabe.

Wenn Du in eine schwierige Situation gerätst, bist Du da geneigt, nachzugeben oder versuchst Du, Deine Meinung zu vertreten?

Das kommt jeweils auf mein Selbstwertgefühl an. Im Grunde passe ich mich nicht an, aber manchmal, wenn ich mich nicht gut fühle und keine starke Position habe, dann passe ich mich an. Ich habe so ein blödes Harmoniedenken mitgebracht, aber das geht allmählich flöten.

Was hältst Du von lesbischen Beziehungen?

Die toleriere ich sehr, weil ich aus eigener Erfahrung weiß, daß es sie gibt. Obwohl das nicht so eine Beziehung war, was man unter lesbisch versteht. Als ich 13 war, verliebte ich mich in unsere Vorturnerin. Ich kann mich schon für Frauen interessieren, aber da muß schon etwas Gewisses vorhanden sein, sonst habe ich da keine Beziehung.

Richtest Du Dich im wesentlichen nach der Meinung der Leute?

Ich bin schon ein wenig von der Meinung der Nachbarn abhängig. Ich versuche, mich anzupassen, damit sie nicht schwätzen. Ich merke, daß ich Wert darauf lege, daß über mich nicht schlecht geredet wird, und daß ich mich auch angepaßt kleide. In meinem Innern, in meinem Denken könnte ich, glaube ich, im Untergrund tätig sein. Bei meiner Tochter achte ich auch auf die Kleidung, ein Modepüppchen mache ich nicht aus ihr. Sie trägt auch schon mal gebrauchte Sachen. Ich sage: So lange Du unter meinem Dach lebst, ziehst Du an, was ich für richtig finde. Wenn die Leute wissen, daß Du Dich selbst kleidest, dann brauchst Du das nicht mehr. Was ihre berufliche Ausbildung betrifft, da verlange ich von ihr mehr als von dem Jungen. Ich bin bestrebt, ihr eine gute Ausbildung zu ermöglichen. Ich möchte ihr eine Unabhängigkeit schaffen, eine äußerliche, die innerliche kommt ja ganz woanders her.

Wie verhältst Du Dich Männern gegenüber, versuchst Du, mit Deinem Äußeren zu wirken?

Ich würde mehr mit Worten imponieren wollen als mit einer gut sitzenden Frisur.

Hattest Du Dir damals eine Tochter gewünscht?

Ja, ich wollte eine Tochter haben.

Hast Du masturbiert?

Ja, ich weiß auch nicht, wie ich dazu gekommen bin, ich hatte immer Schuldgefühle, die habe ich erst später verloren. Es wurde ja allgemein gesagt, es wäre nicht gut; und ich habe mich damals immer schlecht gefühlt. Ich habe geglaubt, ich wäre da alleine. Damals kam man ja nicht an Literatur heran, ich glaubte wirklich, daß ich das alleine machen würde.

Hast Du ein Anlehnungsbedürfnis?

Ja, das schon, sonst hätte ich ja nicht zu heiraten brauchen. Das war für mich eine Grundvoraussetzung, sonst hätte ich allein bleiben können. Ich wollte keinen Mann, um nur verheiratet zu sein. So wie das bei meiner Schwester und bei meiner Mutter war, die haben geheiratet, weil man als Frau eben verheiratet ist. Ich war schon relativ selbständig durch meine Ausbildung. Ich habe ihn geheiratet, weil er mir Geborgenheit vermittelt hat. Aber daß es die große Liebe war, kann man nicht sagen, es war nicht Liebe auf den ersten Blick. Für mich ist das auch nicht so wichtig, mit dem Mann zu schlafen, sondern, daß ich geliebt werde. Auch das Geistige ist für mich wichtig, ich hätte niemals einen dummen Mann geheiratet. Wenn ich noch einmal heiraten würde, dann würde ich allerdings andere Kriterien ansetzen, daß er zum Beispiel mitdenkt, daß er häuslicher ist. Ich weiß nicht, ich habe jetzt andere Vorstellungen.

Fühltest Du Dich mit Deinen Bedürfnissen und Wünschen zurückgestellt, als Du Deine Kinder hattest?

Ich habe mich eigentlich immer ein bißchen wichtig genommen. Weil ich gewußt habe: Bin ich o.k., dann sind es auch die Kinder. Die Kinder haben mich damals nicht ganz ausgefüllt, darum bin ich auch arbeiten gegangen. Ich muß ehrlich sagen, sie haben mich auch oft gestört, wenn sie so quengelig waren. Oft hatte ich auch Schuldgefühle, wenn ich sie allein gelassen habe. Aber heute finde ich es schön, wie sie so geraten sind. Ich nehme mir heute auch mehr Zeit für sie. Ich finde es schon wichtig, junge Menschen aufzuziehen. Damals habe ich nicht so richtig kapiert, daß man auch eine Verantwortung hat, daß sie einem so anvertraut sind. Ich habe inzwischen viel gelernt, bei mir ist das so eine Entwicklung, ich kann jetzt alles besser einordnen. Heute verlagere ich alles ein wenig mehr auf die Familie. Ich denke heute: Liebe Deinen Nächsten wie Dich selbst. Wenn ich mich selbst nicht gern habe, kann ich auch die anderen nicht gern haben.

Hast Du Ängste?

Ängste habe ich nicht, aber ich leide an Depressionen. Das kommt immer so mit der Periode überein, so einmal im Monat. Da fühle ich mich sehr verlassen, und ich kriege das heulende Elend. Da denke ich auch schon mal an Selbstmord. Wenn ich mir zuviel vorgenommen habe, dann ist meine Seele weg, dann bin ich mit meinem Körper Gott weiß wo und die Seele hängt dann... Bis sich das wieder eingeholt hat, dann bin ich wieder o.k. Aber diese Spannung, dann könnte ich mich den ganzen Tag ins Bett legen und die Decke über den Kopf ziehen. Ich bin dann sehr mundfaul, kleide mich auch schlampig und gehe kaum aus dem Haus. Das ist meist ein bis zwei Tage so.

Könntest Du alleine leben?

Doch, das könnte ich mir vorstellen, obwohl ich noch nicht

in dieser Situation war.

Glaubst Du, daß Deine Tochter Dich liebt?

Ja, das ist wohl ambivalent. Wenn ich böse zu ihr bin, dann haßt sie mich, bin ich lieb, dann mag sie mich. Aber im Grunde ist sie mehr auf mich fixiert als auf ihren Vater.

Wärst Du lieber ein Mann?

Ich wäre gerne ein Mann, aber mein Mann möchte nicht mit mir tauschen.

Seid Ihr Euch ähnlich, Du und Deine Tochter?

Ja, das versuche ich manchmal zu bekämpfen, wenn es sich um das Negative handelt, dann werde ich wild. Am Anfang habe ich versucht, solch negative Eigenschaften, die sie von mir hat, auszumerzen, weil man sich ja nicht gerne wiedersieht. Allmählich akzeptiere ich das.

Erinnert Dich Deine Tochter manchmal an Deine Mutter?

Ja, wir sind eine laute Familie, das hängt aber mit der Schilddrüse zusammen. Meine Tochter brüllt immer dann los, wenn sie ein paar Tage bei der Oma war. Sie ist auch so quirlig wie meine Mutter und so lustig wie sie. Die beiden könnten jeden Tag unterwegs sein.

Eine Frage zu Dir, wie war das damals mit dem ersten Mann, mit dem Du geschlafen hast?

Mein Mann war der erste Mann, wir waren auf der Hochzeitsreise, und da hat das nicht geklappt. Ich mußte operiert werden, weil meine Vagina zu eng war. Ich habe mich damals kaputtgelacht, daß mich mein Frauenarzt gewissermaßen entjungfert hat.

Was bedeutet für Dich Liebe?

Es gehört so vieles hinein, das geschlechtliche, Rücksichtnahme, das seelische Verstehen, das Geistige. Aber auch das Dulden, daß man etwas hinnimmt.

Wirst Du mit Deiner Tochter über ihre Menstruation reden?

Ja, auf jeden Fall, wir haben einen guten Kontakt miteinander. Ich lege mich oft zu ihr ins Bett, und wir sprechen darüber, was so am Tag gelaufen ist. Wir leben auch vom Geistigen her miteinander, wir beten abends zusammen. Meine schwache Stelle ist für mich ihr Zimmer. Da sieht es immer aus, da könnte ich verrückt werden. Aber sie bemüht sich, mich zufrieden zu stellen, und räumt auf. Ihr gegenüber habe ich öfter ein schlechtes Gewissen, ich wünschte, ich wäre ihr in den ersten Jahren eine bessere Mutter gewesen. Nicht so viel weg, nicht so ungeduldig. Die Kinder kamen zu schnell hintereinander, ich wollte ja noch meine Berufsausbildung machen, dann ging alles Schlag auf Schlag. Wir zogen dann hierher, nach Bottrop, wo ich fremd war. Mein Mann hat im wesentlichen mit forciert, daß ich aufhören mußte und mich mehr mit den Kindern beschäftigte.

Hast Du Dich dafür interessiert, wie Deine Mutter früher gelebt hat?

Doch, ich kann analysieren, was sie getan hat aufgrund ihrer Jugend. Es interessiert mich, weil mich Menschen ganz allgemein interessieren.

Seht Ihr Euch ähnlich?

Ja, ein bißchen schon, ich habe auch einiges übernommen. Meine Mutter war immer sehr aufbrausend, wenn sie mit mir böse war, dann hat sie einen Lappen nach mir geworfen.

Deine Mutter hat nicht mit Dir über Deine Periode gesprochen?

Nein, erst als ich sie hatte, da hat sie gesagt: Das ist so. Sie hat mich ziemlich im Ungewissen gelassen, das fand ich nicht gut. Sie hat allerdings darüber gesprochen, wie ich zur Welt kam, das war eine richtige Story. Es lag Schnee, und die Ärzte kamen schlecht durch den Schnee. Es muß eine schwere Geburt gewesen sein, sie kam dann noch ins Krankenhaus. Wir waren drei Schwestern, ich war die jüngste. Mit meiner mittleren Schwester versteht sich meine Mutter überhaupt nicht. Die können sich beide nicht leiden. Mit der Ältesten und mit mir versteht sie sich besser. Meine Mutter und meine Schwester versuchen immer, den anderen bei mir schlecht zu machen.

Mußtest Du im Haushalt helfen?

Nein, das mußten wir alle nicht, meine Mutter sagte immer: Putzen und Spülen könnt Ihr später noch genug. Ich war meinen Schwestern gegenüber im Vorteil, weil ich etwas lernen durfte, meine Schwestern haben nichts gelernt, aber das war auch zeitbedingt.

War Deine Mutter eine Frau, die sich unterordnet?

Nein, ich habe meine Mutter als eine starke Frau in Erinnerung. Sie hat sich nichts gefallen lassen, sie war stärker als mein Vater. Nur konnte sie nie mit Geld umgehen, das kann sie immer noch nicht. Das war etwas, was mein Vater nicht verstehen konnte, ich auch nicht. Meine Mutter ist heute 72 Jahre alt und noch immer sehr aktiv. Sie kam aus einer Familie mit fünf Töchtern und einem Sohn. Auch wir sind drei Töchter, also so ein Frauenübergewicht. Meine Mutter hat damals einen Beruf erlernt, sie war Kranzbinderin. Ich habe sie immer als sehr kreativ empfunden. Ich sollte eigentlich ein Junge werden, sie hat mich auch so herumlaufen lassen. Am liebsten bin ich auf Bäumen herumgeklettert. Mit meinen beiden Schwestern hat meine Mutter noch bei ihrer Mutter gelebt.

Durftest Du als junges Mädchen ausgehen?

Ja, sie hat immer gesagt: Zieh Dich mal an und sieh zu, daß Du unter junge Leute kommst. Sie war immer sehr aufgeschlossen.

Wie fandest Du Deine Mutter vom Aussehen her?

Ach, so kann ich das nicht sagen, ich beurteile überhaupt nicht nach den Kriterien. Wenn Du in meinen Kleiderschrank siehst, findest Du nicht viel, ich lege da nicht so großen Wert drauf. Anders ist da meine mittlere Schwester, die hat den Kleiderschrank voll, sie kompensiert damit ihr Fehlverhalten.

Denkst Du, daß Deine Mutter Dir etwas schuldig geblieben ist?

Ja, aber das sollte man nicht, sie konnte ja nicht anders, sie hat mir wirklich gegeben, was sie aufgrund ihrer Möglichkeiten geben konnte.

Könnt Ihr Euch anfassen?

Nein, so anfassen nicht so besonders. Wenn wir uns verabschieden, dann nehmen wir uns in den Arm, aber so direkt? Ich habe nicht das Bedürfnis und meine Mutter auch nicht.

Hat Deine Mutter Dich geliebt, liebt sie Dich?

Ja, ich glaub schon, sie hat mir nur nicht genügend Selbstwertgefühl gegeben. Sie hat mich auch manchmal ganz schön fertiggemacht, so gedemütigt. Aber damit muß ich leben.

Konntest Du Deiner Mutter vertrauen?

Ja, bei uns war alles in Ordnung, da war nur einmal so eine Sache. Da war der Mann ihrer ältesten Schwester, der war Gärtner. Als ihre Schwester gestorben war, da ist er eines morgens gekommen und wollte meine Mutter holen, sie sollte uns verlassen. Ich kam aus der Schule, da hieß es, der Onkel Wilhelm ist da. Die Spannung habe ich mitbekommen. Das hat mich damals sehr getroffen, da hatte ich Angst. Sie ist dann doch geblieben. Ich denke mir, selbst wenn sie gegangen wäre, dann hätte sie uns bestimmt mitgenommen.

Hast Du Deiner Mutter gegenüber Haßgefühle?

Das eigentlich nicht. ... Doch jetzt manchmal, wenn wir da sind, und sie ist so hastig, dann denke ich: Du meine Güte, was ist die wieder aufgeregt. Da kommen Aggressionen hoch. Wenn sie hier bei mir ist, dann fängt sie an, Staub zu putzen, obwohl sie zu Hause einen Meter Staub liegen hat. Ich sage dann nichts, weil ich sie nicht verletzen will. Mich stört auch, daß sie sich bei mir über meine Schwester beklagt.

Hatte sie früher Zeit für Dich, wenn Du Kummer hattest?

Das weiß ich nicht mehr, daran kann ich mich nicht erinnern. Eigentlich war sie auch nicht so eine Vertrauensperson für mich, wenn ich etwas hatte, dann besprach ich das lieber mit meinen Freundinnen.

Wie hätte sie reagiert, wenn Du ein nichteheliches Kind gehabt hättest?

Ich denke mir, sie wäre erst einmal ausgeflippt und hätte ganz schön geschimpft, aber dann hätte sie das akzeptiert. Ich würde das bei meiner Tochter auch akzeptieren.

Weißt Du, ob Deine Mutter in ihrer Ehe glücklich war?

Das weiß ich nicht, ich weiß nur noch, als mein Vater tot war, und sie war alleine, da haben wir gesagt: Nimm Dir doch wieder einen Mann, dann bist Du sicherer. Da hat sie gesagt: Warum soll ich mir denn noch einen Kerl in die Wohnung nehmen, den ich vielleicht noch pflegen muß. Ich komme allein zurecht, ich brauche dazu keinen Kerl.

Was weißt Du über die Beziehung Deiner Mutter zu ihrer Mutter?

Ich weiß nur, daß das sehr gespannt war. Ihre Mutter nahm ihr immer ihr ganzes Geld ab, das sie verdiente. Ich glaube, das war bei den beiden sehr ambivalent. Ich selbst kenn meine Großmutter nicht mehr sehr gut, ich weiß nur, weich war die nicht, eher herb.

Du wolltest noch etwas über die Frau erzählen, die Du Deine „Geistige Mutter" nennst?

Wir lernten uns kennen, da war ich 24 Jahre alt. Ich war im Johanniterorden als Schwesternhelferin. Als ich sie kennenlernte, da dachte ich: Was hat die für Augen. Sie war so nett und lebendig. Ich war so ein Muffel, alle sagten immer: Du bist ein Muffel wie Dein Vater. Jedenfalls gefiel mir die Frau. Ich habe mit ihr darüber gesprochen, daß ich am liebsten Erzieherin wäre. Sie sagte, Erzieherin wäre Quatsch; sie war selbst Erzieherin. Ich hab ihr dann einfach mal gesagt, daß ich sie gern hätte. Ich weiß noch, daß sie sehr überrascht war, sie war ja 21 Jahre älter als ich. Sie war eine überzeugte Christin. Sie hat mich sehr gefordert, aber das hat mir nichts ausgemacht, ich wußte ja, was es bedeutet, mit Christus umzugehen. Ich nannte sie darum meine

Geistige Mutter, weil wir im Glauben so verbunden waren. Die Schwestern und Brüder im Glauben sagen auch von den Älteren: Das ist mein Geistiger Vater oder meine Geistige Mutter. Aber wir verstanden uns auch seelisch unheimlich gut. Wir sind auch zusammen in Urlaub gefahren. Aber irgendwie, durch die Schule, und dann kam mein Mann dazwischen, hat es einen unheimlichen Kampf gegeben. Kurz vor der Hochzeit kam ich noch ins Krankenhaus, ich hatte eine Gallenkolik. Das war so ein seelischer Auslöser, denke ich. Jedenfalls konnten die Ärzte im Krankenhaus nichts finden. Wir haben uns damals bewußt aufgegeben. Wir schreiben uns auch heute noch, aber ich stelle fest, daß ich mich ganz anders entwickelt habe, so von ihr weg. Mit meiner Mutter hat sie sich gut verstanden, sie kam uns auch besuchen. Ich weiß gar nicht, was sich meine Mutter damals gedacht hat. Sie hat doch bestimmt etwas gedacht? Bei mir muß das so ein Mangel gewesen sein. Ich bin zwar von meiner Mutter verwöhnt worden, aber doch so mehr äußerlich. Ich hatte bestimmt einen emotionalen Mangel und einen geistigen. Zu Hause habe ich die geistige Ansprache vermißt, bei meiner Mutter und bei meinem Vater. Diese Frau hat mir auch im Emotionalen vieles abgedeckt. So in den Arm nehmen, sich körperlich austauschen, das habe ich offensichtlich von meiner Mutter nicht bekommen. Zu Männern hatte ich eigentlich nicht so einen Kontakt, weil bei uns die Frauen dominierten. Männern gegenüber war ich ein Gänschen. Ich wäre nie mit einem Mann ins Bett gegangen, ich konnte mit den Jungen nie etwas anfangen.

Was mich bei Dir so wundert, nach allem, was Du erzählst, ist, daß Du so eine gute Hausfrau geworden bist.

Ja, meine Kolleginnen fassen sich auch an den Kopf, sie sagen: Es ist unfaßbar, was Du für eine Frau geworden bist, versorgst den Mann, die Kinder und machst noch vieles nebenbei. Kochen kannst Du auch. Was warst Du früher für eine trübe Tasse. Weißt Du, ich habe nun mal ja dazu gesagt, dann muß ich das auch tun. Dazu kommt, daß ich ein gewisses Phlegma habe, hier zu Hause bin ich mein eigener Herr. Es ist auch bequem, ich habe meine Arbeitszeit, aber zwischendurch habe ich auch meine Ruhepausen. Wenn ich im Büro wäre, könnte ich nicht so viel telefonieren. Ich kann was mit den Kindern unternehmen. Ich bin gern flexibel, ich kann mir das einteilen. Ich werde nicht fremdbestimmt, das war früher so, als die Kinder noch klein waren, heute nicht mehr. Ich gehe wieder drei Stunden am Tag arbeiten, aber ich denke, wenn ich nicht will, kann ich wieder aufhören. Ich weiß nicht, ob das Emanzipation ist, wenn ich acht Stunden im Büro runterrassel. Ob manche Sozialarbeiterin in der Familienfürsorge sich emanzipiert fühlt. Im Gegenteil, ich möchte die abends mal abgeschlafft erleben. Was kann ich alles verwirklichen mit den Kindern. Vorausgesetzt, man hat das Bewußtsein dazu. Mir ist heute so richtig klar, was das für eine Verantwortung ist, Kinder zu haben. Bei mir schellen die Kinder aus der Nachbarschaft, sie spielen hier, sie essen bei uns. Die fühlen sich einfach wohl. Wie oft habe ich gehört: Wir müssen für die Kinder ganz allgemein endlich etwas tun. Ich meine, wir müssen beim einzelnen Kind anfangen.

Im Laufe des Gesprächs erfahre ich von Lilo, daß ihre Mutter sie ablehnte; sie wollte kein Mädchen, sie wollte einen Jungen. Dem Kind wird diese Enttäuschung vermittelt, Lilo spricht mehrmals von Demut. Um der Forderung der Mutter genüge zu tun, bemüht sie sich, ein Junge zu sein, sie leugnet sich so sehr, daß sie die Vagina, das, was sie als Frau ausweist, als unästhetisch, rot und roh bezeichnet. Lilos Verlangen nach Zuwendung ist so groß, daß sie sich eine andere Mutter sucht. Sie ist 24, da lernt sie eine Frau kennen, die 21 Jahre älter ist als sie. Von ihr erhofft sie zu bekommen, was ihr die Mutter vorenthalten hat.
Lilo ist 29 Jahre alt, als sie zum ersten Mal mit einem Mann schläft. Aus der Hochzeitsnacht wird nichts, sie ist „zu eng gebaut". Lilos erste Schwangerschaft ist eine Qual; ein Kind zur Welt zu bringen, heißt, eine Frau zu sein. Ich frage sie, ob sie gerne eine Frau ist. Sie sagt: Ich wäre lieber ein Mann. Sie sagt, daß die Kinder sie am Anfang sehr gestört haben. Heute hat sie Schuldgefühle, die sie kompensiert, indem sie sich mit vielen Kindern befaßt.
Ihre Tochter erinnert Lilo oft an ihre Mutter: Sie brüllt so los wie meine Mutter, sie ist auch so quirlig und so lustig wie sie. Daß Frauen durch bestimmte Verhaltensweisen der Töchter an die eigene Mutter erinnert werden, taucht in den Protokollen immer wieder auf. Diese Verhaltensweisen wecken bei den Müttern Aggressionen gegen ihre Tochter. Lilo empfindet ihre Mutter als stark und kreativ, doch andererseits war sie ein Kind, das sich der eigenen Mutter bedingungslos unterwarf. So ließ sie sich zum Beispiel alles Geld abnehmen, das sie verdiente. Als Frau nicht genug zu sein für die Mutter, heißt für Lilo, nicht gut genug zu sein für sich selbst: Ich muß damit leben. Sie sagt auch: Ich leide an Depressionen, das kommt immer mit der Periode, da fühle ich mich sehr verlassen, und ich kriege das heulende Elend. Die Periode erinnert Lilo daran, eine Frau

zu sein, das bedeutet für sie, nicht mit der Anerkennung der Mutter, die sich einen Sohn wünschte und das Mädchen wie einen Jungen herumlaufen ließ, rechnen zu können. Lilo: Da denke ich auch schon mal an Selbstmord.

8.
Ich weiß nur, daß ich sehr darunter gelitten habe, daß ich nicht so eine richtige Vertrauensperson hatte.

Asja Peter ist 45 Jahre alt, sie hat zwei Söhne und eine Tochter. Von Beruf ist Asja kaufmännische Angestellte. Sie hat in jungen Jahren eine Lehre als Fotografin gemacht, findet aber in diesem Beruf keine Anstellung. Sie wohnt in Düsseldorf, ebenso ihre Tochter. Asja ist geschieden und lebt heute alleine.

Du hast mir erzählt, daß Du Deine Mutter gar nicht gekannt hast?

Nein, meine Mutter ist vier Wochen nach meiner Geburt gestorben, ein Kindbettfieber wurde mir gesagt. Ich habe noch zwei leibliche Brüder. Eine Tante hat mir von meiner Mutter erzählt, daß diese damals schon eine sehr selbständige Frau gewesen ist. Sie ist 1900 geboren und im Jahre 1930 war sie Buchhalterin, das war für die damalige Zeit schon außergewöhnlich. Ich glaube, sie hat relativ spät geheiratet, so mit dreißig. Dann kamen die Kinder, jedes Jahr eins. Mit 34 Jahren ist sie dann gestorben.

Dann war Deine eigentliche Bezugsperson Deine zweite Mutter?

Ja, als Baby hatte ich erst ein paar Monate so eine Art Nenntante, sie war aus dem Bekanntenkreis meines Vaters. Später hat mein Vater eine Haushälterin eingestellt, die er dann geheiratet hat.

Wie sind Deine Erinnerungen an diese Frau? Wie war Deine Beziehung zu ihr?

Eine gute Beziehung hatte ich nicht zu ihr, weißt Du, sie ist so eine tatkräftige Frau, so praktisch. Sie war immer so unheimlich gesund. Sie ist heute 74 Jahre alt, aber immer noch so lebenspraktisch; sie war so resolut, das hat mir nicht gefallen. Auch so ziemlich beherrschend, das kam wohl aus der Situation heraus, in der sie mit uns lebte. Mein Vater war ja nicht da, der war im Krieg; auch später, der war nie da, er hat sich um die Familie kaum gekümmert. Zu ihm hatte ich keine Beziehung. Sie hat immer alles alleine gemacht, sie hat uns auch gestraft, wenn wir etwas getan hatten, was wir nicht durften. Geschlagen hat sie mich noch mit 18 und 19, das hat sie gerne getan. Sie hatte dann noch mit meinem Vater vier Mädchen und zwei Jungen. Vorgezogen hat sie ihre Tochter Rose, sie sah ihr auch ähnlich. Es ist sicher naheliegend, daß einem das Kind, was einem ähnlich ist, sehr nahe steht. Vielleicht geht Dir das auch so? Ich weiß nur, daß ich sehr darunter gelitten habe, daß ich nicht so eine richtige Vertrauensperson hatte. Ob das auch an mir lag, das weiß ich nicht. Vielleicht, weil sie nicht meine leibliche Mutter war? Ich hatte nur einmal einen Menschen, dem ich vertraute, das war eine Freundin, da muß ich so zwölf Jahre alt gewesen sein. Wir haben uns immer alles erzählt. Damals lebten wir noch in der DDR. Wir gingen bald darauf in den Westen, erst mein Bruder mit mir. Wir beide sind schwarz über die Grenze gegangen. Das hat mir damals viel Spaß gemacht, so durch den Wald zu schleichen mit meinem Bruder. Meine Mutter hatte gesagt: Geht Ihr erst mal, da kriegt Ihr auch besser zu essen. Mein Vater hatte im Westen eine Arbeit bekommen. Er war die ganze Kriegszeit über Offizier bei der Wehrmacht. Außerdem war er Akademiker und es war schwierig, im Osten in eine Position hineinzukommen. Im Westen hat er vorübergehend als Gärtner arbeiten müssen, darunter hat er sehr gelitten. Meine Mutter kam dann mit den anderen Kindern nach.

Bist Du aufgeklärt worden?

Nein, gar nicht, das war bei uns so richtig altmodisch. Mich hat meine Freundin restlos aufgeklärt. Sie war wesentlich reifer als ich, ich war irgendwie naiv. Meine Freundin hatte einen Bruder und der studierte Medizin, von ihm wußte sie alles.

Warst Du kontaktfreudig oder fiel es Dir schwer, Kontakte aufzunehmen?

Es fiel mir schwer, ich habe mich oft sehr alleine gefühlt. Mit meinen Halbschwestern konnte ich nicht spielen, die waren ja wesentlich jünger als ich. Dazu muß ich sagen, daß ich nicht gerne mit Puppen gespielt habe. Ich hätte viel lieber mit meinen Brüdern gespielt, aber die haben mich abgelehnt. Sie sagten: Wir wollen lieber unter uns sein, wir möchten nicht mit Weibern spielen. Einmal haben sie mich so geärgert, da gingen wir zum

Baden zu einem Teich, und da haben sie mir mein Badezeug weggenommen und es auf einen Baum geschmissen, da konnte ich nicht mitgehen.

Konntest Du mit Deiner Mutter darüber reden?

Nein, ich habe immer alles mit mir alleine ausgemacht. Einmal, es war in der Ferienzeit, im Sommer, hat mich meine Tante eingeladen, die mich kurze Zeit als Baby versorgt hat. Sie war immer so nett zu mir, so mütterlich. Zu ihr hatte ich mehr Vertrauen als zu meiner Mutter. Sie hat sich immer die größte Mühe mit mir gegeben, ich glaube, sie mochte mich. Weißt Du, bei so vielen Kindern, wie wir zu Hause waren, kann man sich dem einen nicht so widmen. Bei dieser Tante hat sich alles nur um mich gedreht, das habe ich unheimlich genossen. Sie hatte mir mal gesagt: Es besteht die Möglichkeit, daß Du eine Zeitlang bei uns sein kannst. Da habe ich mich so unheimlich gefreut, und dann ist da nichts draus geworden. Da habe ich geheult, ich hatte mich so schrecklich gefreut. Ich habe geheult, weil sie das versprochen hatte und dann wurde nichts daraus.

Weißt Du etwas über Deine Mutter?

Eine Schwester meiner Mutter hat mir erzählt, meine Mutter wäre sehr verschlossen gewesen. Sie hätte viel gelesen, so viel, daß sie manchmal hinter der Schrankwand gestanden hat, damit sie niemand sieht. Sie war sehr sensibel, sie hat schnell geweint, sie war wohl so ein Gemütsmensch. Mein Vater hat mir komischerweise nie etwas über meine Mutter erzählt. Der hatte so eine Truhe, da hatte er lauter Bilder von ihr drin. Diese Truhe hielt er ganz streng verschlossen. Sie ist erst nach seinem Tod aufgebrochen worden.

Hattest Du hier im Westen wieder eine Freundin?

Ja, da war ich etwa 15 oder 16, wir wohnten im gleichen Haus. Aber von heute auf morgen hat sie mich verlassen, da hatte sie einen jungen Mann kennengelernt. Das fand ich damals sehr hart.

Bekamst Du Taschengeld? Durftest Du ausgehen?

Nein, aber ich habe ja dann eine Lehre gemacht, eine fotografische. Da hatte ich dann etwas Geld. Weggegangen bin ich eigentlich nie, wenn, dann bin ich heimlich gegangen. Warum ich das gemacht habe, weiß ich nicht mehr.

Wie war Deine Mutter, war sie kühl und zurückhaltend Dir gegenüber?

Ach eigentlich direkt kühl, das kann man nicht sagen. Mit

ihren Kindern nicht. Was so Liebkosungen betrifft, da muß ich sagen, ich habe das mit meinen Kindern früher schon mal gemacht, aber heute... Das beruht wahrscheinlich auf Gegenseitigkeit. Der Stefan, mein Jüngster, der kommt schon mal, wenn was ist. Ich selbst kann das nicht gut. Wenn, dann nur, wenn es auf Gegenseitigkeit beruht. Weißt Du, der Stefan geht aus sich heraus, aber die beiden anderen, der Peter und die Sylvia sind sehr distanziert. Da fällt es mir unheimlich schwer. Aber beim Stefan geht es. Wenn ich merke, daß der andere Mensch das auch nicht kann, dann ist es für mich sehr schwierig. Ich habe vielleicht so eine Hemmung, ich will mich nicht aufdrängen. Ich habe das auch bei Männern.

War Deine Mutter auch so?

Die zweite?

Ja, kannst Du Dich daran erinnern?

Ja, ich glaube schon ... Komisch, ich könnte mir vorstellen, daß sie das zu ihren eigenen Kindern eher konnte. Aber ich hatte auch nie das Bedürfnis, von ihr bemuttert zu werden. Ich weiß nur, daß ich zu ihr kein Zutrauen hatte. Aber ich habe mir das auch nie gewünscht. Auch die Konflikte mit meinem geschiedenen Mann, da ist wenig herausgekommen. Ich besuche sie ab und zu, sie wohnt in Essen. Aber sie kommt nie zu mir, einmal in 22 Jahren hat sie mich besucht. Ich rufe sie immer an und auch jetzt, wo ich die neue Wohnung bekomme, habe ich zu ihr gesagt: Ich bin mal gespannt, ob Du jetzt kommst. Sie hat immer irgendwelche Ausreden.

War sie eine „gute Hausfrau"?

Nein, das war sie nicht, sie war eher kreativ. Sie war gelernte Putzmacherin, ihre Mutter hatte ein Hutgeschäft. In der Nachkriegszeit hat sie Puppen gebastelt und verkauft, damals verdiente mein Vater nicht genug. Ich zeig Dir mal was, sie hat einmal einen Artikel geschrieben über die Familie für eine Zeitung. Uns hat sie dabei kaum erwähnt, nur ihre eigenen Kinder. Man muß aber auch sehen, daß sie gute Nerven hatte, die Frau. Neun Kinder großzuziehen und dazu ein Mann, der sich überhaupt nicht um die Familie kümmerte. Ich glaube, ich wäre in der Klappsmühle geendet. Aber das kann man nicht nur positiv sehen, sie hatte eben nicht die Sensibilität wie meine leibliche Mutter.

Magst Du mir etwas erzählen über den ersten Mann in Deinem Leben?

Das waren immer nur kurze Ereignisse, so richtig war das erst mein geschiedener Mann. Vorher waren nur so kurze Abenteuer. Um ganz ehrlich zu sein, ich glaube, ich war immer zu schnell bereit, das hat mir Verdruß gebracht. Ich habe immer Liebe und Zärtlichkeit gesucht, was sich eine Frau eben wünscht. Das ist etwas, das bekommt sie ja von einem Mann relativ wenig. Das mit dem Geschlechtsverkehr, das war dann ziemlich schnell abgetan. Dann haben mich die Männer wahrscheinlich so eingestuft: Ach, die ist ja so leicht zu haben. Aber ich habe mir immer ganz was anderes gedacht, Liebe und Zärtlichkeit. Bei meinem ersten Mann war das dann anders. Er war zehn Jahre älter als ich. Ich dachte, ich finde bei ihm Geborgenheit und Schutz. Ich habe erst später gemerkt, daß er doch nicht der Richtige für mich war. Die jungen Männer wollten immer nur die Sexualität, das war bei ihm nicht so. Was mich bei ihm nachher gestört hat, was auch für die Scheidung ausschlaggebend war, das war, daß er so wenig aus sich herausgeht. Er ist unwahrscheinlich introvertiert. Ich wußte nie, woran ich mit ihm bin, ich kenne ihn heute noch nicht. Er ist verklemmt, verschlossen und mir gegenüber sehr mißtrauisch. Ich halte mich für einen ehrlichen Menschen. Ich habe ihm das Mißtrauen, das er mir entgegenbrachte, übelgenommen.

Leidest Du an Ängsten?

Nein, ich habe keine Angst; ich schätze, daß ich dadurch ziemlich frei bin; ich denke, daß die Mehrheit der Menschen viel Angst hat. Angst hatte ich nur vor meinem Mann.

Wie soll ich das verstehen, hat er Dich geschlagen?

Ja, einmal hat er mich so geschlagen, daß ich gedacht habe, mein Kopf zerspringt. Zurückschlagen konnte ich nicht, er hatte mich wehrlos gemacht. Er stand über mir und ich konnte nichts tun. Das war so unmenschlich, denn eine Frau ist ja an und für sich schwächer; ich meine, das muß nicht sein, ist aber meist so. Er hatte sich total vergessen, das habe ich an seinen Augen gesehen.

Könnte es sein, daß Du ihn provoziert hast?

Ja, das habe ich, ich habe ihn verachtet, ich habe ihn angespuckt. Er war antriebsschwach, ich habe erst gemerkt, was meine Bedürfnisse waren, als ich mit einem anderen Mann zusammen war.

Hattest Du schon einmal eine Frauenbeziehung?

Nein, das nicht, ich weiß nur, daß mich eine Frau animieren

kann.

Hattest Du Dir Kinder gewünscht?

Nein, bestimmt nicht. Als wir noch verlobt waren, da hat mich mein Mann gefragt, was mein sehnlichster Wunsch wäre, da habe ich gesagt: Eine tolle Kamera und ein Schäferhund. Später hat er mir gesagt, daß er über meine Antwort schockiert war, er hatte hören wollen: Ich will ein Kind von Dir. Nein, also Kinder, das mag für manche schön sein, aber nicht für mich. Bei den vielen Kindern, die wir zu Hause hatten, kam ich immer zu kurz, bei uns war immer Lärm und zu wenig Platz. Wir schliefen mit vier Kindern in einem Zimmer. Als ich meine Lehre zu Ende hatte, da war ich 19, da habe ich gesagt: Ich gehe, ich ziehe aus. Ich wollte endlich selbständig sein. Ich bin dann hierher nach Düsseldorf gezogen und habe mir eine Arbeit gesucht. Finanziell kam ich sehr schlecht zurecht, am Anfang bekam ich ein Gehalt von 180 Mark, davon mußte ich 70 Mark für mein Zimmer zahlen, das war 1954. Meinen Vater konnte ich nicht um Hilfe bitten, der hätte mir auch nichts gegeben.

Dann hast Du Deinen Mann kennengelernt?

Nein, da war erst noch dieses Abenteuer. Eine Arbeitskollegin und ich haben uns einen Jux gemacht und eine Heiratsannonce geschrieben. Da tauchte dann einer auf, der hat sich mit mir verabredet. Er erzählte mir, daß er am Rhein einen Campingwagen hätte, da hat er mich zum Wochenende eingeladen. Ja, und da war ich wohl zu schnell bereit, ich glaube, für Männer ist das nicht gut. Man sehnt sich danach und es ist dann doch nicht das.

Später, als Du verheiratet und schwanger warst, wie war das für Dich? Du wolltest kein Kind, hast Du den Gedanken gehabt, es abzutreiben?

Darüber habe ich damals nicht nachgedacht, ich war unglaublich naiv. Abtreibung gab es zu der Zeit noch nicht. Was so schrecklich war, das war die Entbindung. Ich hatte bei allen drei Kindern einen Kaiserschnitt. Bei mir ist das so, daß der untere Teil der Wirbelsäule zu weit reingreift und so kann der Kopf des Kindes nicht raus. Bei den beiden ersten Kindern haben die Ärzte das nicht erkannt und haben erst einmal versucht, ob es normal geboren werden kann. Da mußte ich zwei Tage auf die Operation warten, das war eine unheimliche Quälerei. Du meintest vorhin, ob ich beim ersten Kind, und das war die Sylvia, an eine Abtreibung gedacht habe? Dazu muß ich sagen, das war eigentlich nicht so, ich habe das genommen, wie es war.

Weil es üblich ist, ein Kind zu bekommen, wenn man verheiratet ist?

Ja, genau. Beim zweiten Kind war das schon einschneidender. Als ich merkte, daß ich schon wieder schwanger war, habe ich geheult und gesagt: Schon wieder ein Kind, das ist unmöglich, vielleicht wieder ein Kaiserschnitt? Ich habe mich dann meinem Mann verweigert, und er hat auf mich eingedroschen. Allerdings, das muß ich sagen, kam das relativ selten vor, das ist dann fast überhaupt nicht mehr gewesen. Ja, und das dritte Kind, da hatte ich so Assoziationen, weil ja meine Mutter nach dem dritten Kind gestorben ist. Ich hab dann herumgetobt und habe gesagt: Das kann ich nicht, das überlebe ich nicht. Mein Mann meinte: Was bist Du nur für eine Frau, Du bist kein Mensch, Du bist ein Unmensch.

Kannst Du zärtlich sein zu Sylvia, kannst Du sie in den Arm nehmen?

Ich glaube, da habe ich Schwierigkeiten. Ich habe Dir das schon einmal erklärt, wenn jemand warmherzig ist, dann kann ich auch zärtlich sein, aber bei Sylvia ist das schwer, sie hat so eine gewisse Kühle.

Wie erklärst Du Dir das?

Das weiß ich nicht, vielleicht sind es Ängste? Das hat sich meiner Ansicht nach in ihrer Pubertät entwickelt.

Als Deine Eheschwierigkeiten begannen? Konntest Du damals mit Sylvia darüber reden?

Nein, sie hat mir das sehr übelgenommen, daß ich ihrem Vater untreu wurde, daß ich ihn verlassen habe. Ich habe Sylvia damals erklärt, was das für Gründe hatte, aber sie hat es nicht verstanden.

Glaubst Du, Sylvia zu kennen?

Ich kenne bestimmt nicht alles an ihr, welchen Menschen kennt man schon? Ich weiß nur, daß sie aufrichtig ist und sehr ordentlich und sparsam. Sie hat dadurch, daß sie so aufrichtig ist, viele Probleme. Die habe ich auch, aber ich blicke da heute mehr durch. Ich bin heute nur da aufrichtig und offen, wo ich weiß, da kann ich mich anvertrauen. So etwas lernt man ja mit der Zeit. Was ich an Sylvia kritisiere, ist, daß sie sehr hart sein kann. Sie hat mich damals, als wir alleine lebten, geschlagen. Sie wollte immer alles bestimmen, wie sie es wollte, obwohl sie in meiner Wohnung lebte. Das war allerdings die Zeit, als sie

Rauschgift nahm. Ob das damit zusammenhängt, weiß ich nicht. Aber das glaube ich nicht, ich denke, das hat sie von ihrem Vater geerbt.

Hat Sylvia Dich früher bewundert?

Nein, ich kann mich eher erinnern, daß sie mich als Konkurrentin sah. Sie sagt auch heute noch so Sachen zu mir wie: Wie kann man sich nur mit Tönungsshampoo die Haare waschen, das sieht häßlich aus. Alle anderen Bekannten von mir sagen, daß es gut aussieht, nur sie sagt immer, das ist häßlich. Ich glaube gar nicht, daß sie das so meint, das ist so ein Konkurrenzverhalten von ihr. Wenn ich zum Beispiel mal beim Fernsehen sage: Der Ansager sieht gut aus, dann springt sie mir am liebsten and die Gurgel. Sie sagt dann: Das ist unheimlich unrealistisch von Dir, wie kann man sich nur für jemanden interessieren, der im Fernsehen spricht, den kriegst Du ja doch nicht. Sie will nicht, daß mir etwas gefällt. In Sylvia ist viel Neid und Gehässigkeit. Ich glaube, daß das bei Frauen überhaupt sehr stark ist, der anderen Frau nichts zu gönnen. Nun muß ich betonen, daß ich gerade bei Männern immer viel Sympathie habe, das wird mir von Frauen immer übelgenommen. Bei Sylvia ist auch so ein Verhalten mir gegenüber.

Hast Du das Gefühl, daß sie Dich bevormunden will?

Ja, das macht sie gern. Als wir noch zusammen wohnten, hat sie das Essen kritisiert, meine Bekannten, wie ich mich benehme.

Denkst Du, daß Sylvia Dich liebt?

Ich hoffe? Aber ich muß sagen, daß früher schon mein Mann oft gesagt hat, er kann nicht verstehen, wie eine Tochter so zu ihrer Mutter sein kann.

Hast Du Unterschiede gemacht zwischen den beiden Jungen und Sylvia?

Ich habe keinen Unterschied gemacht. Sie war auch so angezogen wie die Jungen, sie hatte auch ihre Jeans. Nur was mir später, als wir beide alleine zusammen lebten, nicht gepaßt hat, daß war, als Sylvia ihre schlimme Zeit hatte, ihre Haschzeit; da hat sie es fertiggebracht, ein halbes Jahr lang dieselbe Hose zu tragen. Da habe ich ihr gesagt, daß ich finde, daß das eine Schweinerei ist; sie meinte, das ginge mich nichts an.

Hast Du damals gewußt, daß Sylvia haschte?

Nein, das hat sie mir erst kürzlich erzählt, damals wußte ich das nicht. Ich habe ihr immer viel freie Zeit gelassen, ich habe ihr vertraut.

Welche Erklärung hast Du heute dafür, daß Sylvia damals Rauschgift genommen hat?

Ja, in den jugendlichen Kreisen haben das ja viele gemacht.

Sylvia lebt alleine, denkst Du, daß sie gut alleine sein kann?

Ich glaube, daß es für Sylvia schwieriger ist als für mich. Aber das ist sicher eine Frage der Reife. Obwohl es für jeden Menschen schwer ist, alleine zu leben. Ich möchte auch nicht immer alleine sein, ich möchte schon jemanden finden, mit dem ich leben kann. Ich wünschte Sylvia eine gute Beziehung; den sie damals hatte, der war so spießig, auch von Hause aus. Ich hätte Sylvia wohl mehr aufklären sollen. Das finde ich nicht gut, daß ich das nicht getan habe.

Gefällt es Dir, wenn sie sich hübsch macht?

Da muß ich Dir sagen, da unterscheiden wir uns grundlegend voneinander. Sie steht sehr lange vor dem Spiegel, das kann sie zwei Stunden machen, um sich zu schminken. Da muß ich sagen, da ist mir die Zeit zu schade. Ich konnte das noch nie, ich schminke mich auch nicht, nur ein bißchen Lippenstift, wenn ich weggehe.

Welche Ansprüche stellst Du an sie, welche Erwartungen?

Vor allem, daß sie etwas aus sich macht, beruflich. Daß sie einmal einen sympathischen Menschen findet, mit dem sie leben kann. Daß sie zufriedener wird, das ist bei ihr sehr wenig vorhanden. Ich meine, ich bin auch pessimistisch, aber ich habe einen gewissen Zweckoptimismus, ich habe immer mein Leben in die Hand genommen. Bei Sylvia sehe ich das noch nicht, sie ist vielleicht auf dem Wege dahin. Was ich auch nicht so gut finde, ist, daß sie die Tendenz hat, sich von anderen Leuten beeinflussen zu lassen. Wenn andere sie kritisieren, ist sie gleich ganz unten. Wenn sie mal Erfolgserlebnisse haben wird, dann wird das sicher besser.

Kommt Sylvia mit ihren Problemen zu Dir?

Nein, sie kommt nicht, sie kann natürlich gerne kommen, aber sie tut das nicht. Sie geht nur zu ihrem Vater, aber der war eine Zeitlang auch der Geldgeber, das hat wohl auch damit zu tun. Sie war schon lange nicht mehr hier.

Warum kommt sie nicht? Reagierst Du manchmal aggressiv auf sie?

Ja, das könnte sein, aber ich glaube, die Aggressionen von ihr zu mir sind schlimmer als umgekehrt meine ihr gegenüber. Von ihr aus ist das stärker, das weiß ich. Vor zwei Jahren hat sie mich einmal in den Bauch getreten, da habe ich gedacht, wenn sie jetzt ein Messer hätte, würde sie auf mich einstechen.

Kann es sein, daß sie auf ihren jüngsten Bruder eifersüchtig ist?

Ja, früher war sie das bestimmt, da habe ich ihn unbewußt vorgezogen. Weißt Du, der Stefan ist so lieb, so offen, darum habe ich ihn vorgezogen, weil er so eine nette Art hat. Dazu kommt, daß er mir ähnlich sieht, die beiden anderen gleichen ihrem Vater.

Hast Du machnmal Schuldgefühle Sylvia gegenüber?

Nein, warum, ich habe keine Schuld. Ich weiß nur, daß Sylvia und auch mein Mann immer bei mir die Schuld suchen. Mein Mann hat mich oft angerufen und hat mir gesagt: Du hast die Familie auseinandergebracht, Du bist schuld.

Was findest Du an Sylvia lobenswert?

Was ich sehr gut fand, war, daß sie aus der Rauschgiftsache so rausgekommen ist. Dann, muß ich sagen, hat sie viel Mut. Sie ist einmal als Kind vom Zehn-Meter-Brett gesprungen, das hat mir sehr imponiert. Daß sie jetzt alleine nach Griechenland gefahren ist, das finde ich gut, da sehe ich so eine Entwicklung.

Wenn Sylvia ein nichteheliches Kind haben würde, wie würdest Du reagieren?

Ich würde ihr Ratschläge geben, was sie machen sollte, vielleicht würde ich ihr helfen zu einer Abtreibung. Aber ich würde bestimmt nicht das Kind nehmen. Von Kindern habe ich die Nase voll, ich wollte ja auch keine. Wenn es nach meinem Mann gegangen wäre, dann hätte ich sechs Kinder. Das hat er immer gesagt, er wünscht sich sechs Kinder. Zum Glück bin ich nach dem dritten Kind sterilisiert worden. Denk mal an die vielen Geschwister, die ich hatte. Ich kann mich erinnern, als wir damals kurze Zeit im Westen waren, hatten wir übergangsweise einen Raum, in dem wir alle schliefen und aßen. Mein Vater trank damals sehr viel, es gab Streit, das Geld war knapp, das war eine schlimme Zeit. Nein, also mit einem unehelichen Kind müßte Sylvia schon selbst fertigwerden.

Du sagst, Du findest es gut, daß Sylvia allein nach Griechenland gefahren ist, meinst Du, daß das gut ist für ihr Selbstbewußtsein?

Ja, das denke ich, ich finde das gut, und ich glaube, daß wir uns allmählich einander nähern. Bei uns ist das auch alles nicht so schwierig, glaube ich, wir beide waren nie so aufeinander fixiert, das läßt uns freier sein. Ich bin nicht so eine Mutter gewesen, wie manche sind, die sich immer fragen, hoffentlich passiert meinem Kind nichts.

Asjas Tochter Sylvia studiert Grafik-Design, ist 23 Jahre alt, unverheiratet und lebt alleine.

Bist Du mit Dir und Deinem Aussehen zufrieden?

Ein Urteil über mich selbst habe ich mir erst gebildet, nachdem ich die Bestätigung von anderen hatte. Ich fand mich früher nicht hübsch, ich bin zu schlank und nicht besonders weiblich. Als ich meinen ersten Freund hatte, und als der mit mir zufrieden war, hat sich mein Selbstwertgefühl gesteigert. Vorher war ich sehr empfindlich, wenn andere etwas über mich sagten. Oder wenn sie sich umdrehten und ein langes Gesicht machten, weil sie etwas anderes erwartet hatten. Meinem Freund habe ich dann gefallen, da habe ich erst gemerkt, daß ich mich falsch gesehen hatte. Heute bin ich mit mir zufrieden; ich denke, es ist eigentlich unwichtig, die Hauptsache ist, wenn man ein hübsches Gesicht hat.

Bist Du informiert über Deinen Körper und seine Funktionen?

Da hatte ich bis heute das Gefühl, daß ich das den Frauenärzten überlassen kann, die untersuchen mich ja. Aber ich bin seit meinem 19. Lebensjahr schon bewußter geworden, ich habe auch festgestellt, daß sich die Form meines Körpers änderte. Doch um ehrlich zu sein, erscheint mir sehr abstrakt, was in meinem Körper vorgeht. Ich sehe sozusagen eine Skizze vor mir wie in einem Biologiebuch.

Wie ist Deine Menstruation für Dich?

Früher hatte ich tierische Schmerzen, aber seit ich die Pille nehme, nicht mehr. Mir erschien dieses Bluten immer als etwas Schmutziges, so, als hätte ich wie ein kleines Kind in die Hose gemacht. Ich habe allerdings festgestellt, daß Männer ganz gerne mit einem schlafen, wenn man menstruiert.

Bist Du selbstbewußt?

Meistens sage ich, was ich denke, aber gleich hinterher habe ich Bedenken, daß ich vielleicht zuviel gesagt habe und das besser für mich behalten hätte. Besonders im Beruf, weil ich weiß, daß darauf nur gewartet wird, es gibt ja genug Arbeitssuchende. Ich glaube, da paßt man sich besser an, weil man dann mehr erreicht, obwohl es einem stinkt.

Ich hätte gerne von Dir gewußt, wie Ihr, Du und Deine Mutter, zueinander steht?

Ich kann da natürlich nur von mir ausgehen, da ich nicht weiß, was meine Mutter denkt, nicht so genau. Manchmal wünsche ich mir, daß sie mich in den Arm nehmen würde, aber das tut sie nicht. Doch ich muß sagen, Verständnis hatte sie eigentlich immer für mich. Früher habe ich mich sehr gut mir ihr verstanden, heute verstehe ich mich besser mit meinem Vater. Ich finde, sie ist oft so undiplomatisch. Das ist etwas, was ich an ihr kritisiere.

Denkst Du, daß Deine Mutter in ihrer Ehe glücklich war?

Da ich mich sehr für meine Mutter interessiere, habe ich darüber auch schon nachgedacht. Ich glaube, am Anfang ihrer Ehe schon, bis sie feststellte, daß das Zusammenleben mit meinem Vater wohl doch nichts war. Ich kann mich erinnern, daß sie früher lustig war, aber später immer traurig, und sie hat viel geweint. Für mich war das schlimm. Mein Vater hat inzwischen wieder geheiratet, das hat mich aber nie gestört, auch nicht, als meine Mutter einen anderen Mann als Freund hatte.

Das wundert mich ein wenig, Du mußt das doch als Verlust empfunden haben?

Nein, das habe ich nicht, weil ich ja gar nicht so viel von meinen Eltern hatte. Die haben sich wenig um mich gekümmert, so daß ein Defizit nicht entstanden ist. Zärtlichkeit und Zuwendung, das war etwas, was ich nie bekommen habe.

Wenn Du heute eine Beziehung eingehst, vertraust Du dann Deinem Partner?

Dem ersten Freund, den ich hatte, habe ich damals alles geglaubt, das war schlecht für mich. Dem nächsten habe ich nichts mehr geglaubt, ich habe alles für Gewäsch gehalten.

Bist Du froh darüber, eine Frau zu sein oder wärst Du lieber ein Mann?

Ich bin schon gerne eine Frau, weil Frauen ja auch viele positive Eigenschaften haben, sie sind einfühlsamer als Männer. Auch als kleines Mädchen wird man dem Bruder vorgezogen, das war bei mir jedenfalls so. In der Gesellschaft allerdings sind Frauen benachteiligt, da haben Männer die größten Rechte. Aufgrund dessen kann man sich wünschen, lieber ein Mann zu sein. Männer werden nie vor die Wahl gestellt, entweder ein Kind oder einen Beruf zu haben.

Du lebst allein. Kannst Du das gut?

Ich könnte nicht immer alleine sein, ich habe Angst vor der Einsamkeit. Ich glaube, daß jeder Mensch diese Angst hat. Ich habe auch Ängste, daß ich etwas nicht so mache, wie andere es von mir erwarten. Ich habe Angst, nicht akzeptiert zu werden. Ich weiß nur, daß meine Eltern immer etwas von mir erwartet haben. Ich hatte immer Angst, diesen Ansprüchen nicht zu genügen. Dazu kommt, daß ich wenig von mir selbst weiß, auch über meine Mutter weiß ich wenig. Ich stelle mir immer vor, daß ich ein rational denkender Mensch bin, und da kommt dann oft etwas Gefühlsbetontes heraus, womit ich mir schade. Aber auch umgekehrt: Wo ich gefühlsbetont vorgehen müßte, da gehe ich es rational an.

Was suchst Du bei einem Partner, was wünscht Du Dir?

Das kommt ganz auf meine Bedürfnisse an, die ich gerade habe, manchmal will ich nur mit jemand schlafen. Aber da gibt es den anderen, da muß ich das Gefühl haben, daß ich ihm vertrauen kann, daß ich für ihn etwas Besonderes bin, vergleichsweise wie seine Eltern. Ich erwarte, daß der Mann auf mich eingeht, daß er mich liebt.

Wenn Deine Mutter böse ist mir Dir, suchst Du die Schuld dann bei Dir?

Ja, oft ist es so, daß ich schon, bevor sie mit mir böse ist, weiß, daß ich etwas falsch gemacht habe. Dann kann ich sagen, was ich will, es wird alles zu meinen Ungunsten ausgelegt. Hinterher denke ich, vielleicht hätte ich mich anders verhalten sollen, oder war es ein unglücklicher Tag, an dem ich sie besser nicht besucht hätte.

Du sagst, daß Du nicht ausreichend Zuwendung von Deiner Mutter erhalten hast?

Ja, ich weiß noch, als sie sich mit meinem Vater nicht mehr verstand, da hörte ich, wie sie ihm vorwarf, daß sie das erste Kind nur gekriegt habe, weil sie nicht gewußt hatte, was da vorgeht. Ich habe das als sehr schmerzhaft empfunden, denn das Kind war ja ich. Schmerzhaft darum, daß ich gewissermaßen aus Unwissenheit entstanden bin. Aber ich bin trotzdem der Meinung, daß sich meine Mutter gefreut hat, als ich da war. Nur das dritte Kind, meinen jüngsten Bruder, den hat sie sicher nicht haben wollen. Ich denke mir, daß mein Vater sie da herumgekriegt hat. Zu der Ähnlichkeit zwischen meiner Mutter und mir fällt mir etwas ein. Wir sagen zum Beispiel: Du kannst mir vertrauen, es bleibt unter uns. Dann reden wir, ganz ohne bösen Willen, darüber doch mit anderen. Vielleicht wollen wir damit nur mehr über uns selbst erfahren?

Warum glaubst Du, daß Du den Jungen vorgezogen wurdest?

Mein älterer Bruder und ich – er ist nur ein Jahr jünger als ich – wir sind ziemlich gleichberechtigt erzogen worden. Aber als der Kleine kam, da stellten wir fest, der durfte alles, da hieß es immer, er ist ja noch so klein. Das fand ich schon ungerecht, ich hatte auch Aggressionen gegen ihn, obwohl er selbst nicht schuld daran war. Heute sehe ich, daß meine Mutter den Jüngsten anders sieht als mich. Bei mir hat meine Mutter wohl immer das Gefühl, ich hätte etwas gegen sie. Sie denkt, ich helfe ihr nicht gerne, sie empfindet mich auch als Konkurrenz gegen irgendwelche ominösen Männer. Ich finde das aus der Luft gegriffen, außerdem habe ich einen ganz anderen Geschmack als sie. Manchmal denkt sie, ich wäre neidisch auf Freunde von ihr, das finde ich direkt beleidigend. Ich gönne ihr, genau wie meiner Freundin, jeden Freund. Meine Mutter bezeichnet mich auch oft als gefühllos. Was mich betrifft, hat sie einen leichten Verfolgungswahn. Ich versuche oft, ihr klar zu machen, daß das nicht zutrifft, was sie von mir denkt. Aber sie sperrt sich dagegen, sie meint, wenn sie das so empfindet, dann ist das auch so. Sie glaubt auch, ich hätte etwas gegen ihre Bekannten, das stimmt nicht. Ich will nur versuchen, so zu sein, als wäre ich ihre Mutter. Ich fühle mich oft für sie verantwortlich; das empfindet sie als Angriff. Dabei will ich nur, daß es ihr hinterher nicht dreckig geht.

Denkst Du, daß Deine Mutter selbstbewußt ist?

Früher hat sie sich ziemlich viel gefallen lassen, besonders am Anfang ihrer Ehe, dann auf einmal hat sie sich völlig gewandelt. Ich glaube, sie empfand ihre Ehe als ein Gefängnis. Ich denke mir, daß sie da ausbrechen wollte. Sie fing auf einmal an, ihre Hobbys zu pflegen, Fotografieren und so. Sie begann, alleine ins Kino oder in ein Theater zu gehen, das hätte sie früher nie gemacht; sie ging niemals ohne meinen Vater aus. Für uns Kinder war das ein Schock. Ihre Umwandlung kam so plötzlich und so aggressiv. Vor kurzem hat sie mir erzählt, daß sie mit meinem Vater in sexueller Hinsicht nicht zurecht kam. Aber ich glaube für sie war noch wichtiger, daß sie sich so eingesperrt gefühlt hatte.

Was hattest Du früher für Berufswünsche?

Erst wollte ich Krankenschwester werden, dann kam was mit Kosmetik. Von Kosmetik war ich immer schon fasziniert. Kosmetik ist für mich ein Teil, das zur Ästhetik gehört. Ich denke, wenn man gut geschminkt ist, dann wirkt das ästhetisch. Für mich hat Schminken etwas mit Kunst zu tun, das Auftragen von Farbe auf die Haut, das ist wie ein Bild, das man malt. Ich mache das hauptsächlich deswegen, weil ich weiß, daß ich das kann, und daß es mich zum Vorteil verändert. Obwohl ich manchmal an Tagen, an denen ich nicht geschminkt bin, teilweise nettere Leute kennenlerne und mich besser unterhalte als an Tagen, an denen ich gut geschminkt bin. Weißt Du, manchmal will ich so ein Kunstwerk aus mir machen, und dann tut es mir leid, wenn ich es wieder abwaschen muß. Aber das sieht nur bei Frauen gut aus, die das auch wirklich können. Meine Mutter hat sich früher, als sie noch mit meinem Vater zusammen war, besser zurechtgemacht als jetzt. Abgesehen davon, daß sie an sich schon gut aussah, hatte sie immer die Nägel gut lackiert und sich sorgfältig zurechtgemacht; ihre Haare waren immer sehr gepflegt. Das macht sie heute nicht mehr so. Ich sehe viele Frauen, die in dem Alter von meiner Mutter sind, die sind viel geschickter angezogen als sie. Aber darüber kann ich mit ihr nicht reden, sie sagt, dazu hätte ich kein Recht. ... Im Grunde bin ich ja stolz auf sie, aber es gibt so Sachen, auf die ich nicht stolz bin.

Gibt es etwas, von dem Du weißt, daß Du Deiner Mutter damit eine Freude machst?

Ja, dazu gehört zu meinem Entsetzen, daß einer Tochter dann Liebe entgegengebracht wird, wenn sie sich der Geschlechterrolle entsprechend verhält. Wenn meine Mutter merkte, daß ich mich jungenhaft verhielt, dann sagte sie: Das ist unmöglich, Du gehst heute früher ins Bett. Als die Jeans aufkamen, durfte ich zunächst keine tragen. Ich mußte immer sauberer sein als meine Brüder. Meine Mutter sprach das wohl nicht aus, aber ich hatte das Gefühl, daß das erwartet wurde.

Hast Du ihr gegenüber Schuld- oder Haßgefühle?

Ja, Schuldgefühle habe ich immer dann, wenn sie mir sagt, ich könnte sie öfter besuchen. Dann habe ich das Gefühl, ich habe schon wieder was falsch gemacht. Sie ist mir gegenüber sehr empfindlich. Ich habe sie auch schon gehaßt, besonders, wenn sie mich falsch versteht. Wenn sie sagt, ich würde sie hassen, dann hasse ich sie wirklich, einfach, weil sie mir das zutraut.

Hat sie früher mit Dir über ihre Probleme gesprochen?

Ja, das hat sie, es ist oft passiert, daß sie ihre Konflikte nicht alleine lösen konnte. Allerdings wollte sie dann keinen Rat von mir, sie hat mir das nur erzählt. Wenn ich Probleme hatte, dann konnte man mit ihr reden, dann hat sie auch zugehört, außer wenn sie Kopfschmerzen hatte, dann sagte sie: Laß mich in Ruhe.

Angenommen, Du bekämst ein nichtehelich geborenes Kind, wie würde Deine Mutter darauf reagieren?

Sie würde bestimmt mit Entsetzen reagieren. Sie hat mir ewig gepredigt, was man tun muß, damit das nicht passiert. Sie hat immer gesagt, das wäre das Schlimmste, was einer Frau passieren könnte. Sie hat mich auch wissen lassen, daß sie mir in einer solchen Situation nicht helfen würde. Da bin ich mir auch ganz sicher, daß sie das nicht tun würde. Das wurde also bei mir total ausgeschlossen, ich wußte immer, damit müßte ich ganz alleine fertig werden. Für mich war das eine Lehre, denn wenn sie anders gedacht hätte, vielleicht wäre es mir dann schon passiert? Ich denke, diese Einstellung war hilfreich für mich.

Wie hat sie Dich gestraft, als Du noch klein warst?

Sie hat mich geschlagen, aber sie hat mich auch eingesperrt, Nur, wenn ich mich ganz ruhig verhielt, dann hat sie die Tür wieder aufgeschlossen. Sie hat auch gedroht, daß sie es dem Vater sagt. Wenn mein Vater keinen guten Tag hatte, dann hat er gleich drauf los gedroschen. Ich nehme an, daß sie alleine damit nicht fertig wurde?

Hat Deine Mutter früher mit Dir über Sexualität gesprochen?

Ja, sie hat mir alles gesagt, was ich wissen mußte. Für mich ist Sexualität ein Begriff, das fängt schon mit der Psychologie an. Es ist etwas Umfassendes, darum ist es für mich auch immer so schwer, mich von jemanden zu trennen, weil ich das nicht nur auf die körperliche Liebe beziehe.

Hattest Du als Kind Verlassenheitsängste?

Nein, da hatte ich keine Ängste. Es gab allerdings Situationen, so in der letzten Phase mit meinem Vater, da hat sie angedeutet, daß sie vielleicht nicht wiederkommt. Da habe ich Angst gehabt, da hatte ich auch Zweifel an ihrer Verantwortung für uns. Ich habe gedacht, daß man dazu als Mutter kein Recht hat. Da bin ich auch in Panik geraten. Aber im großen und ganzen hatte ich Vertrauen zu ihr.

Noch eine Frage zu Deiner Schulzeit, warst Du eine Einzelgängerin?

Ja, in der Volksschule schon, ich hatte immer das Gefühl, die anderen sind alle in Zweierbeziehungen zusammen. Ich versuchte, da hineinzukommen, was mir aber nicht gelang. Wahrscheinlich habe ich mich so verhalten, wie ich es heute noch tue, daß ich mit Gewalt eine Freundschaft erzwingen will. Wahrscheinlich habe ich gar nicht mitbekommen, daß es Leute gab, die gerne mit mir befreundet gewesen wären. Ich wollte immer die Leute, die ich nicht haben konnte. Heute ist das so, daß ich versuche, herauszufinden, wie jemand ist, weil ich nicht enttäuscht werden will. Ich glaube zu naiv an das Gute im Menschen. Meine größte Angst ist, daß ich aus dieser Unsicherheit heraus andere zu schnell beurteile. Das ist auch mein Fehler, hinterher stellt sich oft heraus, daß ich mich total geirrt habe.

Wie ist Dein Verhältnis Deinen Brüdern gegenüber?

Heute akzeptiere ich sie als Gesprächspartner. Früher habe ich sie als zu jung und unerfahren abgetan. Ich habe gedacht: Die interessieren sich doch nicht für Deine Probleme. Bis ich merkte, daß sie auch denkende Menschen sind. Ich stellte fest, daß sie ganz kluge Köpfchen haben. Als wir noch Kinder waren, habe ich mich ihnen gegenüber oft benachteiligt gefühlt. Wenn es hieß: Davon verstehst Du nichts, laß die das mal machen. Auch in der Ausbildung wurden meine Brüder vorgezogen. Mein Vater meinte, ich würde doch einmal heiraten und dann brauchte ich das nicht. Meine Mutter war zwar nicht dieser Ansicht, aber durchgesetzt habe ich mich alleine. Meine Mutter hätte sich da nicht durchsetzen können.

Wie wirkt es sich für Dich aus, daß Du alleine lebst?

Seit ich alleine lebe, habe ich mir einen Schutz gebaut gegenüber der Umwelt. Ich bin egoistisch geworden. Ich will, daß andere sich auf mich einstellen.

Asja ist eine Frau, die vieles verdrängt hat, man muß schon sehr genau nachfragen, bis man etwas über sie erfährt. Vier Wochen nach ihrer Geburt stirbt ihre Mutter, von der sie sagt. Meine Mutter war eine selbständige Frau, sie war schon 1930 als Buchhalterin tätig. Meine Mutter ist sensibel, aber auch intelligent, sie war ein Gemütsmensch, und sie hat immer viel gelesen. Asja ist bemüht, mit ihrer verstorbenen Mutter ihre Identität herzustellen. Die einzige Frau, die ihr Wärme gibt, ist eine „Nenntante“,

eine Frau, die sich nach dem Tod der Mutter einige Zeit um das Baby kümmert. Zu der zweiten Frau ihres Vaters hat sie kaum eine Beziehung. Vor diesem Hintergrund muß man ihre Beziehung zu ihrer Tochter sehen. Von ihr sagt Asja, sie habe ein starkes Verlangen nach Zärtlichkeit, das hat sie selbst auch, doch: ...sucht Sylvia im Gegensatz zu mir einen Halt. Ein nichteheliches Kind würde Asja bei ihrer Tochter nie akzeptieren. Als ich Sylvia frage, wie ihre Mutter auf ein nichteheliches Kind reagieren würde, meint sie: Sie würde bestimmt mit Entsetzen reagieren, damit müßte ich allein fertig werden. Aber ich denke, diese Einstellung war hilfreich für mich. Sylvia ist bemüht, alles, was ihre Mutter sagt, positiv auszulegen: Schmerzhaft war für mich die Erfahrung, daß ich gewissermaßen aus Unkenntnis entstanden bin. Aber ich bin trotzdem der Meinung, daß meine Mutter sich gefreut hat, als ich da war. Nur das dritte Kind, meinen jüngsten Bruder, den hat sie sicher nicht gewollt. Sylvia muß alles positiv auslegen, wenn sie sich nicht gedemütigt fühlen will.
Die Ablehnung der eigenen Person läßt Asja folgerichtig die Tochter ablehnen. Eigenschaften, die sie an sich selbst als negativ empfindet, sollen nicht an die Oberfläche kommen, darum sagt sie bei allem, was sie über Sylvia äußert: So ist Sylvia, aber ich bin da anders. Sie findet an Sylvia positiv, daß sie als Kind von einem Zehn-Meter-Brett gesprungen ist. Sie lobt Sylvia für ihre Sparsamkeit und ihren Ordnungssinn. Das heißt, Asja projiziert nicht nur ihre negativen Eigenschaften auf Sylvia, sondern auch Eigenschaften, die sie an sich selbst als positiv empfindet, wie zum Beispiel sparsam und ordentlich zu sein. Asja kann zwar auch nicht alleine leben, doch sie hält es bei Sylvia für eine Frage der Reife.

9.
Um mich zu fühlen, muß ich mich überfordern, es nicht zu tun, wäre für mich tödlich.

Christina, 47 Jahre alt, wohnt mit ihrem Mann und ihrem Sohn in Hannover. Sie hat noch drei Töchter, die aber alle in Köln leben. Christina ist Heilpädagogin, Erzieherin, Sonderpädagogin für behinderte Kinder.

Es würde mich interessieren, wie Ihre Erfahrungen mit Ihrer Mutter sind. Wie hat sie Sie, als sie noch ein Kind waren, bestraft?

Sie hat mich geschlagen, doch meist strafte sie mich mit Liebesentzug. Das war etwas, was ich als Kind akzeptiert habe. Sie deutete zum Beispiel an, daß sie gehen und mich allein lassen würde. Das hat mir zwar Angst gemacht, doch ich hatte sie auch ein Stückchen durchschaut. Ich wußte, sie ging nur bis zur Tür. Ich konnte also damit umgehen, wie stark das meine Entwicklung geprägt hat, das kann ich heute nicht mehr sagen. Dieses Weggehen, dieses Ich-laß-Dich-allein, das war schlimm.

Wie wirkt sich diese Erfahrung heute für Sie aus?

Es gibt Probleme, die ich heute habe, die ganz sicher darauf zurückzuführen sind. Vordergründig komme ich mit dem Alleinsein außerordentlich gut zurecht. Ich möchte sagen, ich entwickle Tendenzen, andere zu verlassen. Das könnte aus dieser Ecke kommen. Ich genieße es in vollen Zügen, wenn ich mal alleine bin, ich würde mich nie einsam fühlen. Das sind natürlich rein theoretische Überlegungen, denn ich bin nicht alleine. Ich führe eine sehr glückliche Ehe, die Eltern sind da, die Kinder sind da, ich habe meine Verpflichtungen nach allen Seiten. Manchmal sind es zu viele, so daß ich mich da herausziehen möchte und die anderen verlassen.

Fühlten Sie sich von Ihrer Mutter bevormundet?

Nein, das kann ich nicht sagen.

Bevormunden Sie Ihre Mutter?

Ich bemühe mich, es nicht zu tun, es rutscht mir sicherlich da hinein. Meine Mutter provoziert aber auch diese Haltung. Ich bin immer glücklich und entlastet, wenn sie sich selbständig verhält.

Haben Sie als Kind gern mit Puppen gespielt?

Eigentlich nicht sehr lange, ich beschäftigte mich lieber mit meiner Phantasie. Ich phantasierte Geschwister, die ich gerne gehabt hätte.

Sie haben erzählt, daß in Ihrem Elternhaus auch noch Ihre Großmutter, die Mutter Ihrer Mutter, lebte?

Ja, diese Großmutter war die eigentlich beherrschende Figur. Sie war mein Über-Ich, sie war sehr bestimmend. Ich habe sie sehr geschätzt, ob ich sie geliebt habe, weiß ich nicht. Aber ich konnte mich mit ihr gut auseinandersetzen, was ich mit meiner Mutter nicht konnte. Meine Mutter wich immer in Harmonie-Tendenzen aus und ließ eine Konfrontation nicht zu. Später habe ich das auch gemacht, keine Emotionen, keinen Streit, jeder war sehr diszipliniert. Das kam von meiner preußischen Großmutter. Diese Tugenden, die eben auch Untugenden sind, ich erkenne sie als beides. Obwohl ich nach wie vor Tugenden schätze wie Disziplin, Ehrlichkeit, Verantwortungsgefühl und Pflichtbewußtsein. Ich finde, daß das Dinge sind, die unabhängig von der Zeit sind.

Wie empfanden Sie Ihre Mutter innerhalb dieser Familienkonstellation?

Meine Mutter ist Jahrzehnte in der Kind-Rolle verharrt. Als ihre Mutter starb, kam der große Zusammenbruch, da war sie selbst schon Großmutter. Das war so schlimm für sie, daß sie psychosomatische Krankheiten bekam wie Migräne und vor allem Bronchitis. Man kann sagen, daß sie gewaltsam abgenabelt wurde, als ihre Mutter starb. Von daher habe ich sie als Mutter gar nicht so erlebt, ich erlebte sie mehr geschwisterlich, weil wir beide in der Großmutter die Mutter sahen. Das war etwas, was ich meiner Mutter übelgenommen habe, denn ich brauchte eine Mutter, mit der ich mich identifizieren konnte. Eine Zeitlang habe ich gedacht, die Schwierigkeit käme daher, daß meine Mutter schon älter war, sie war bereits 32, als ich geboren wurde, aber das war es nicht.

Können Sie sich an Zärtlichkeiten von Ihrer Mutter erinnern?

Ich weiß nicht, ob das so häufig war? An bestimmte Situationen kann ich mich erinnern, sie machte mitunter Ansätze dazu. Meine Mutter war ausgebildete Kindergärtnerin, hat diesen Beruf aber nie ausgeübt, das war also weniger praxisbezogen, sondern mehr theoretisch. Sie hat versucht, mir ihren Beruf zu vermitteln, wobei aber das Spontane fehlte, dieses Bedürfnis, Mutter zu sein, mit dem Kind zu spielen. Ich durfte übrigens auch Freundinnen mitbringen, aber es wurde schon beobachtet, wen ich mitbrachte. Mit meinem Vater konnte ich besser umgehen, er war emotionaler. Was mir bei meiner Mutter gefehlt hat, das konnte ich natürlich auch meinen Kindern nicht vermitteln, das ist eine direkte Fortsetzung. Auch bei uns ist es wieder der Vater, der emotionaler reagiert.

Wurden Sie als Kind gelobt?

Nein, ich wurde nie gelobt, ich habe immer über Leistung versucht, Lob zu erhalten. Zum Beispiel wurde von meiner Großmutter und meiner Mutter viel gestrickt, da habe ich schon als dreijähriges Kind angefangen zu handarbeiten, aber ich bekam dann doch kein Lob. Ich weiß, daß ich immer sehr deutlich Bestätigung brauche, eine lange Zeit ohne Bestätigung zu leben, nur aus meinem Selbstvertrauen heraus, das kann ich nicht.

Heißt das, daß sie sich immer noch mehr anstrengen mußten, um eine Bestätigung von Ihrer Mutter zu bekommen?

Ja, ich bekam es dann von anderen, aber nicht von meiner Mutter.

Kann es sein, daß Sie darum so viele Berufe lernten, um dieses Lob endlich zu bekommen, daß sie das immer noch steigern müssen?

Ja, das sehe ich auch so, und weil ich das so sehe, möchte ich einmal eine Therapie machen.

Haben Sie Depressionen?

Ja, die begannen in meiner Pubertät, das blieb auch, nur heute habe ich keine, weil ich dagegen entsprechende Medikamente nehme. Der Arzt hat mir gesagt, eine Therapie würde mir nicht helfen, er würde mir zu diesen Medikamenten raten.

Wie waren für Sie Ihre Schwangerschaften, wie ist Ihre Menstruation?

Meine Menstruation war immer sehr schmerzhaft. Meine Schwangerschaften waren in den ersten Monaten mühsam, aber ich wollte eine große Familie haben, ich wollte vier Kinder. Da ich mit dreißig keine Windeln mehr waschen wollte, mußten diese Kinder schnell hintereinander kommen.

Waren diese vier Kinder Ihre erträumten Geschwister?

Ja, mit Sicherheit.

Was wissen Sie über Ihre Mutter, über ihre Kindheit?

Sie hat mir erzählt, daß sie die Älteste war, immer mit dem Tenor: Ich mußte ja für die anderen da sein. Sie hat zwar später noch einen Beruf erlernt, aber sie hat ihn nicht ausgeübt. Das Hausmädchen in der Familie wurde entlassen, als meine Mutter alt genug war, den Haushalt zu führen. Ich glaube, daß sie das gerne hingenommen hat, sie war immer ein praktischer Typ. Sie hat sehr unter ihren jüngeren Schwestern gelitten. Die waren vollkommen anders, die hatten auch beide einen Beruf, den sie ausübten. Ich erinnere mich, daß sie mir einmal ihr Tagebuch zeigte, damals war ich noch ein junges Mädchen. Sie erzählte mir von ihrer ersten Liebe, aber nicht wie eine Mutter, sondern wie eine ältere Schwester.

Ihre Mutter hat mir die Großmutter als sehr ernst geschildert. Andererseits, so sagte sie, hätte ihre Mutter so gerne getanzt. Da ist ein Widerspruch, ich weiß nicht, ob Sie das auch so sehen?

Ja, meine Großmutter muß ein wildes Mädchen gewesen sein. Ich habe Fotos gesehen, sie war eine bildschöne Frau, die sicher den Männern den Kopf verdrehte. Sie hat früh geheiratet, einen Mann, der zehn Jahre älter war als sie. Dann kamen die Kinder, außerdem hatte sie ihre Mutter mit im Hause, die sich immer mit dem Schwiegersohn verbündet haben soll gegen die eigene Tochter. Meine Großmutter mußte immer die Fahne hochhalten, sie trug die Verantwortung, auch und vor allem, die finanzielle. Sie war eine ausgesprochen intelligente Frau und unter anderen Bedingungen hätte sie sicher beruflich Karriere gemacht.

Ihre Großmutter und später auch Ihre Mutter haben die eigenen Mütter mit in die Familie genommen. War bei Ihnen auch der Wunsch da, Ihre Mutter mit in Ihren Haushalt zu nehmen?

Ja, ich habe diese Tradition fortgesetzt, ich habe meine Schwiegereltern mit ins Haus genommen, das habe ich ganz bewußt getan. Ich wollte diese Großfamilie, das habe ich als positiv empfunden. Ich muß sagen, das Leben mit meinen Schwiegereltern war gut. Als wir, mein Mann, mein Sohn und ich, 1976 hierher nach Hannover zogen, sind meine Schwiegereltern in Köln geblieben. Unsere drei Töchter gingen zum gleichen Zeitpunkt aus dem Haus, das hieß für mich, das Leben mit einer Großfamilie aufgeben zu müssen. Ich mußte ganz neu anfangen. Meine Schwiegereltern haben das eigentlich gut verkraftet, sie sind gewissermaßen aus meiner Vormundschaft entlassen. Denn ich habe natürlich wieder Mutter gespielt. Ich muß sagen, für mich war das keine Frage, daß die Eltern mit in die Familie gehören. Darüber habe ich auch ein Buch geschrieben, welches schon vor Jahren herausgegeben wurde. Heute bin ich allerdings der Meinung, daß es zu mir nicht mehr paßt, ich würde unter keinen Umständen zu meinen Kindern ziehen.

Als Ihre Töchter aus dem Haus gingen, bewiesen sie doch eine gewisse Stärke?

Ja, das ist sicher richtig, doch es war für mich sehr schmerzhaft, alle drei auf einmal zu verlieren.

Haben Ihre Töchter negative Eigenschaften, die sie auch an sich selbst sehen?

Ich muß gestehen, da fällt mir nichts ein. Nur, ich habe immer versucht, meine Töchter auch von außen zu sehen, ich bin nicht zu kritisch. Die Jüngste vielleicht, die ist mir sehr ähnlich, der trau ich nicht über den Weg, weil ich mir ja selbst nicht vertraue. Die Mittlere, die Julie, ist mir immer etwas unverständlich, schon als Kind. Zu ihr hatte ich immer am schwersten Zugang. Während die Älteste sehr emotional ist, ist Julie diszipliniert, sie ist nicht spontan. Die Älteste ist dem Vater ähnlich. Ich freu mich, wenn sie kommt, aber sie ist sehr anstrengend für mich, weil sie mich so fordert. Ich bin immer in Schweiß gebadet, wenn sie da ist. Julie muß ich immer bewundern, sie ist ein außergewöhnliches Mädchen.

Ist es für Sie anstrengend, emotional gefordert zu werden?

Ja, das ist sehr anstrengend für mich. Intellektuell gefordert zu werden, das macht mir nichts aus, da bin ich trainiert, aber emotional, das habe ich nicht gelernt.

Wie gefallen Sie sich?

Ich identifiziere mich schon damit, eine Frau zu sein. Aber daß ich mich unbedingt so dafür interessiere, kann ich nicht sagen. Ich weiß nur, daß Männer auf mich ansprechen, aber das kann ich nicht verstehen, ich kann nur versuchen, das für mich umzusetzen. Wenn mich ein Mann in eine Situation bringt, die mich bedrängt, dann ist mir das unangenehm. Trotzdem würde es mich reizen, die attraktive Frau zu spielen. Doch dann kommt meine Erziehung: Das tut man nicht. Das gehört sich nicht.

Durften Sie früher tanzen gehen?

Ja, aber ich wollte nicht. Das war eine Zeit, da haben wir gesagt: Solange noch Kriegsgefangene in Rußland sind, gehen wir nicht tanzen. Das war ein Anspruch, den ich damals hatte. Damit hoben wir uns von den anderen ab, das schmeichelte unserem Selbstbewußtsein.

Wird Ihr Verlangen nach Geborgenheit, nach Zuwendung in ihrer Ehe abgedeckt?

Ja, das wird es, ich fühle mich so sehr geborgen, daß mich diese Geborgenheit manchmal etwas einengt. Ich würde gerne allein leben, weiß aber, daß ich das meinem Mann nicht antun könnte. Er ist nicht gern allein, auch den Urlaub verbringen wir gemeinsam. Ich habe einen starken Freiheitsdrang, den haben meine Töchter sicher von mir, und den haben sie mit der Rücksichtslosigkeit ihrer Jugend voll ausgenutzt, was ich verstehen kann, aber was mich sehr geschmerzt hat.

Haben Sie Ihrer Mutter gegenüber Schuldgefühle?

Ja, ich habe ihr gegenüber Schuldgefühle, weil ich weiß, daß ich ihr zu wenig Emotionen entgegenbringe, obwohl ich sie liebe. Ich weiß nicht, wie es sein wird, wenn sie nicht mehr lebt. Ich denke, daß mir das wahrscheinlich stärker nachgehen wird als bei meinem Vater. Ihm habe ich während seiner Lebenszeit genug gegeben, so daß ich mit seinem Tod einverstanden sein kann. Bei meiner Mutter werden die Schuldgefühle bleiben. Obwohl wir uns heute viel besser verstehen, seit sie alleine lebt. Zum ersten Mal in ihrem Leben verfügt sie frei über sich. Sie ist aus ihrer Rolle entlassen, in die sie von ihrer Mutter gezwungen wurde. Die Mutter ist tot und der Mann ist tot, jetzt erst beginnt sie zu leben.

Haben Sie Ihre Mutter manchmal gehaßt?

Nein, das kann ich nicht sagen, weil mir Gefühle wie Liebe und Haß nicht zur Verfügung stehen. Ich wurde dazu erzogen, Emotionen nicht zuzulassen. Aber es macht mir keine Schwierigkeiten, meine Mutter zu pflegen. Als sie einmal krank war, habe ich sie zu mir geholt. Auch meinen Vater habe ich hierher geholt. Das ist für mich keine Frage, das ist selbstverständlich.

Sie haben eine kleine Enkeltochter, wie fühlen Sie sich als Großmutter?

Komisch, ich bin froh, daß meine Mutter in Köln wohnt, und daß sie die Großmutter spielt. Ich habe da meine Schwierigkeiten, ich finde es wunderschön, ich freue mich an dem Kind. Ich könnte den Erwartungen, die Julie in mich setzt, aber nicht entsprechen. Ich möchte mich auch nicht wieder in etwas hineindrängen lassen, dagegen wehre ich mich, ich will mich jetzt endlich einmal selbst verwirklichen. Wozu durchaus die Bindung an die Kinder gehört.

Kommen Ihre Töchter Sie besuchen?

Ja, sie kommen gern hierher, meine Älteste sagte einmal, jetzt habe ich zwei Zuhause, mein eigenes und dieses hier. Das hat mich sehr glücklich gemacht, daß sie das sagte. Auch meine Jüngste kommt gerne her. Wir genießen unser Zusammensein, aber wir gehen auch gerne wieder auseinander.

Wie ist das mit Ihren sexuellen Bedürfnissen, kommen Sie mit ihrem Mann zurecht?

Durchaus, aber ich kann nur schlecht darüber reden, das ist in meiner Erziehung begründet. Es schickte sich nicht an, über Sexualität zu sprechen. Ich durfte auch nie eine Verbindung haben zu sogenannten „schlechten Weibern". Das heißt, aus der Literatur war mir schon einiges bekannt. Meine Großmutter las sehr viel, mit ihr konnte ich auch über vieles reden. Nur, was auch bei meiner Großmutter der Fall war, daß wir über unsere geheimen Wünsche nicht sprechen durften, die durften nicht geäußert werden. Das hemmt mich noch heute, ich kann mich nie ausleben. Das wiederum verursacht mir Schuldgefühle meinem Mann gegenüber. Da möchte ich gerne herauskommen.

Wie ist Ihre Einstellung zu lesbischen Beziehungen?

Ich toleriere das, aber es ist mir unverständlich. Ich weiß nicht, wie ich das bei meinen Töchtern sehen würde. Was mich bei Julie so gestört hat, war, daß sie gar nicht heiraten wollte, obwohl das Kind unterwegs war. Ich war so erleichtert, daß sie es dann doch getan hat.

Passen Sie sich in schwierigen Situationen an oder versuchen Sie, sich durchzusetzen?

Das ist etwas, was mir täglich in meinem Beruf begegnet. Darüber habe ich mir schon oft Gedanken gemacht. Ich habe mich gefragt, ob ich da nicht opportunistisch bin. Ich spüre, daß ich ohne besonderen Verlust annehmen kann, was andere bringen. Darüber gab es schon Gespräche mit meinem Mann, er ist der Meinung, daß das bei mir keine Frage von Anpassung ist, sondern mehr ein sehr breites Verständnis für die Argumentation des anderen. Ich würde diese Anpassung nicht negativ sehen, auch der Kompromiß ist für mich durchaus eine denkbare Möglichkeit. Ich kann eben nicht in Konfrontation gehen. Das habe ich auch in der Erziehung meiner Kinder immer bewußt vermittelt. Ich habe immer gesagt: Nimm Dich zurück und hör auf den anderen, versuche, ihn zu verstehen. Ob das richtig war, weiß ich nicht, doch ich denke, den anderen zu verstehen, das ist ein Zeichen unserer Menschlichkeit. Das macht es mir allerdings in Verhandlungen manchmal sehr schwer, vor allen Dingen, wenn ich mit meinem Mann einen Aktionskreis habe. Da habe ich, besonders als Frau, meine Schwierigkeiten.

Sie und Ihr Mann, Sie arbeiten ständig zusammen, gibt es Spannungen?

Nein, im Gegenteil, wir sind immer noch ein Abenteuer.

Um noch einmal auf Ihre Mutter zurückzukommen, was finden Sie an ihr positiv?

Daß sie in ihrer Erziehung sehr modern sein wollte, und daß sie zu ihrer Zeit schon Dinge durchsetzen wollte, die für die damalige Zeit sehr progressiv schienen. Sie hat mich in sehr gekonnter Weise aufgeklärt, einfühlsam und präzise. Das fand ich damals ganz enorm, ich war auch stolz auf sie. Sie wollte immer eine Freundin sein, aber ich konnte das nicht annehmen, dagegen habe ich mich gewehrt. Ich hatte den Wunsch nach einer richtigen Mutter. Ich erinnere mich, einmal trug sie einen Knoten, da habe ich gesagt: Jetzt siehst Du aus wie eine richtige Mutter. Ich mochte gar nicht gerne, wenn sie ausgelassen war. Es war an ihrem fünfzigsten Geburtstag, da hat sie getanzt und war fröhlich, da habe ich mich geschämt; ich hatte das Gefühl, daß sie sich prostituiert. Das paßte nicht zu dem Bild, das ich von meiner Mutter hatte.

Haben Sie Ihre Mutter als Konkurrenz empfunden?

Ja, ganz sicher, mit Sicherheit.

Denken Sie, daß Ihre Töchter Sie gehaßt haben?

Mit Sicherheit, besonders die Jüngste. Sie hat sich in ihren Eltern ein Feindbild aufgebaut, worüber wir sehr unglücklich waren. Wir waren bei einer Psychologin, die sollte uns helfen, weil wir nicht wußten, wie wir damit umgehen sollten. Sie hat uns tief gehaßt. Inzwischen können wir darüber reden, und das macht mich glücklich. Wenn ich sie jetzt umarme, dann ist da kein Widerstand mehr, der ist irgendwie durchlebt. Die Zeit war kurz, aber sehr hart; und irgendwie habe ich das Gefühl, daß sie mir heute zuhört. Daß meine Töchter das Haus verlassen haben, dazu muß ich sagen, daß der Zeitpunkt der richtige war. Wenn das zehn Jahre später passiert wäre, dann hätte es zum Bruch kommen können, oder zu einem Schritt, den man nicht mehr hätte rückgängig machen können.

Ihre Mutter strafte Sie mit Liebesentzug, haben Sie Ihre Töchter auch auf die Art bestraft?

Nein, jedenfalls nicht bewußt, auf keinen Fall.

Wie war das, wenn Ihre Kinder am Tisch saßen, mußten sie immer alles aufessen, was auf den Teller war?

Ja, sicher, das war eine Frage der Diziplin. Ich kann es auch heute nicht vertragen, wenn etwas auf dem Teller bleibt. Auf den Geschmack der Kinder habe ich natürlich Rücksicht genommen. Aber sie sollten lernen, sich nicht zuviel zu nehmen. Gerade in einer großen Familie gibt es den Futterneid, dann sind die Augen größer als der Magen. Ich habe immer gesagt: Wir sind keine Demokratie, wir sind eine Demokratur. Es mußte alles funktionieren. Ich habe auch streng auf die Einhaltung der Zeit geachtet, wir fingen nicht an zu essen, bevor nicht alle da waren. Der einzelne hatte sich der Allgemeinheit zu fügen, er hatte ja auch etwas davon.

Die Tochter von Christina, Julie, ist 21 Jahre alt, verheiratet und Mutter einer kleinen, acht Monate alten Tochter. Sie wohnt mit ihrer Familie in Köln.

Julie, ich möchte Dich nach Deiner Kindheit fragen und Deiner Beziehung zu Deiner Mutter.

Meine beiden Schwestern und ich sind vor ein paar Jahren von zu Hause weggezogen, besser gesagt, meine Eltern zogen nach Hannover und wir sind alle drei hier in Köln geblieben.

Warum seid Ihr in Köln geblieben?

Ich bin die Zweitälteste; und ich bin als erste ausgezogen. Im Grunde hatte ich das konfliktloseste Verhältnis zu meinen Eltern. Ich bin ein ruhiger Typ, und ich wußte auch immer, was von mir erwartet wurde. Doch mit der Zeit fühlte ich mich so festgelegt in meiner Rolle als ruhiger Typ. Es ist ja so, daß Kinder immer in eine bestimmte Richtung gedrängt werden, daß sie so eine Erwartungshaltung der Eltern auch bestätigen. Ich war ausgeglichen, nicht sehr temperamentvoll und an kreativen Sachen interessiert. Irgendwie gefiel mir das alles nicht mehr, da habe ich gesagt: Ich zieh aus. Bald darauf zog auch meine ältere Schwester aus, sie ging zunächst nach Amerika. Heute wohnt sie wieder hier in Köln, aber sie ist nie mehr nach Hause gegangen.

Die Jüngste ist dann auch ziemlich schnell abgehauen. Wir beide haben einige Zeit in Wohngemeinschaften gelebt. Im Grunde hatten wir eine schöne Kindheit, aber zu heil. Wir haben nichts mitgekriegt von dem, was Scheiße ist. Streit gab es nie, das durfte nicht sein.

Wie siehst Du Deine Probleme mit Deiner Mutter?

Die Probleme, die ich mit meiner Mutter habe? Also heute sind es die Schwierigkeiten, die meine Mutter auch hat. So Probleme mit sich selbst. Wir haben viel Ähnlichkeit im Negativen wie im Positiven. Wir haben zum Beispiel beide einen bestimmten Ehrgeiz, wir stellen unheimliche Ansprüche an uns selbst. Ich finde, das ist nicht gut, das macht unzufrieden.

Bist Du von Deiner Mutter intellektuell gefordert worden?

Eigentlich nicht so sehr. In der Schule hatte ich am Anfang Schwierigkeiten, nachher kam ich gut zurecht. Es kann natürlich sein, daß vieles von meiner Mutter auf mich übertragen wurde, unbewußt. Ausgesprochen wurde das nicht, ich erinnere mich, wenn ich gute Noten hatte, daß sie sich freute. Unsere eigentlichen Schwierigkeiten liegen mehr darin, daß meine Mutter nicht so die geborene Mutter ist. Sie hat ziemlich früh vier Kinder gehabt, als meine ältere Schwester und ich da waren, hat sie die Familie ernährt, weil mein Vater noch studierte. Erst nach dem dritten Kind hörte sie auf zu arbeiten. Doch als sie dann zu Hause blieb, hatte sie unheimliche Probleme. Sie ist heute noch immer dabei, wieder etwas Neues anzufangen. Das ist auch bei mir so, ich kann nicht bei einer Sache bleiben. Ich glaube, das war der Konflikt mit meiner Mutter, Ansprüche an sich zu stellen, aber jetzt Ehefrau und Mutter sein zu sollen. Mein Vater konnte mit den Kleinkindern nicht mehr anfangen als sie. Meine Mutter fing eine Ausbildung als Erzieherin an, während wir noch zur Schule gingen. Ich weiß noch, daß wir uns gut unterhalten konnten, aber daß sie nie Zeit hatte, ich habe das so empfunden.

Sie hat sich nicht für Deine Probleme interessiert?

Ja, wirklich, wenn ich oft von der Schule erzählte, dann merkte ich, daß sie nicht bei der Sache war.

Du hast also Zuwendung von ihr vermißt?

Ja, das ist richtig, ich war aber auch ein Typ, der nichts gefordert hat, ich war ein zufriedener Mensch, leicht zufrieden zu stellen. Meine Eltern haben mir einmal gesagt, daß sie bei mir keine Erziehungsmaßnahmen ergreifen mußten, ich hatte die Ansprüche meiner Eltern an mich integriert.

Fühltest Du Dich von Deiner Mutter bevormundet?

Ja, ich war oft unsicher, ich traue mich noch immer nicht, meiner Mutter gegenüber unsicher zu sein, weil sie dann sofort wieder Mutter wird. Ich weiß noch, als ich schwanger war, haben wir beide über entsprechende Kleidung gesprochen. Meine Mutter meinte, in der Schwangerschaft sei es besonders wichtig, daß man sich nett anzieht. Ich kam mir wieder so richtig eingefangen vor. Denn ich ziehe mich lieber ein bißchen nachlässig an. Was mich auch so gestört hat, daß meine Mutter, die gut Klavier spielt und eine wirklich schöne Stimme hat, uns eigentlich nie davon etwas abgegeben hat. Ich meine, wir haben schon Geige gespielt und so, aber sie hat uns im Grunde wenig von sich selbst vermittelt. Ich habe sie nie als einen Menschen empfunden, der bestimmte Leidenschaften hat.

Was würdest Du anders machen wollen bei Deiner Tochter?

Ich würde versuchen, ihr zu helfen, daß sie sich freier entwickeln kann. Aber ich glaube auch, daß ich eine beschützende Funktion habe; ich bin nicht dafür, sie einfach so zu lassen, das ist falsch. Ich würde versuchen, sie mehr zu integrieren, an meinem Leben soll sie teilhaben. Man sollte ein Kind mit einbeziehen, denke ich. Auch was Sexualität betrifft, würde ich meiner Tochter mehr vermitteln. Wir haben zu Hause überhaupt nichts davon mitgekriegt, ob unsere Mutter die Pille nimmt, zum Beispiel. Daß sie eine Beziehung mit meinem Vater haben könnte, war unvorstellbar. Weil ich keine Informationen hatte, war ich meiner Phantasie überlassen, so habe ich Sexualität als angstvoll erlebt. Das finde ich unheimlich gefährlich. Ich meine, Sexualität ist etwas, was ein Kind auch lernen muß. Es ist auch wichtig, es damit nicht allein zu lassen.

Akzeptierst Du Dich als Frau?

Ja, das kann ich, ich nehme mich als Frau. Ich finde mich gut, aber das war nicht immer so. Früher gefiel mir meine Brust nicht, darunter habe ich gelitten.

Bekamst Du von Deiner Mutter Zärtlichkeiten?

Daran kann ich mich nicht erinnern. Ich habe auch sehr wenig Zärtlichkeit zwischen meinen Eltern erlebt. Die waren zwar lieb zueinander, aber sie haben nie miteinander geschmust. Meine Mutter hatte mich lieb, das wußte ich, aber sie konnte das nicht so ausdrücken. Ich habe wenig Vertrauen zu ihr, ich habe ihr oft nicht geglaubt, sie hat sich viel selbst belogen. Ich kann mich an Situationen erinnern, da sagte sie, sie macht da was; und ich wußte genau, das macht sie doch nicht. Dieses sich selbst zu belügen habe ich als wenig vertrauensvoll empfunden. Aber die Grundstimmung bei uns war schon liebevoll.

Was hat Deine Mutter über ihre Kindheit erzählt?

Soweit ich weiß, war in dem Haushalt meiner Oma die Urgroßmutter dominierend, meine Oma blieb das Kind. Der Haushalt meiner Oma wurde so geführt, wie es meine Urgroßmutter für richtig hielt. Jetzt ist meine Mutter die Mutter, meine Oma ist das Kind geblieben. Meine Mutter fühlt sich für sie verantwortlich. Um ehrlich zu sein, manchmal hasse ich meine Mutter. Ich habe sie zum Beispiel gehaßt, wenn ich mit ihr einkaufen gehen mußte. Da hat sie sich immer ganz anders verhalten und mich anders behandelt. Das war so eine bestimmte Rolle, die sie annahm. Wir haben das alle so empfunden, das war ganz schrecklich. Ich haßte es, ihre Schwächen zu erleben, daß sie nicht mein Vorbild sein konnte. Ich haßte dieses verkrampfte Verhalten, daß sie gar nicht spontan war.

Du sprichst von Schwäche, dabei fällt mir Deine dominierende Urgroßmutter ein. Als Kind hat Deine Mutter ihre Mutter auch als ständig schwach erlebt.

Ja, darum wohl wollte meine Mutter immer die perfekte Mutter sein, das war etwas, was sie nicht konnte, das hat mich gestört. Mir wäre lieber gewesen, sie hätte das zugegeben, sie wäre ehrlicher gewesen.

Wurde bei Euch zu Hause über Menstruation und Verhütung gesprochen?

Nein, das war alles tabuisiert, darüber wurde nicht gesprochen.

Hast Du Deiner Mutter gegenüber Schuldgefühle?

Ja, als ich ausgezogen war, hatte ich starke Schuldgefühle. Ich wollte aber ausziehen, davon hätte mich nichts abbringen können. Meine Mutter hat unheimlich darunter gelitten, sie konnte das nicht verstehen. Sie begann, alles anzuzweifeln, was sie jemals gedacht hat. Ich konnte ihr nicht helfen, für mich war das folgerichtig, daß ich auszog. Auch heute ist es oft so, wenn wir uns treffen, daß ich merke, ich kann nicht so sein, wie sie mich möchte, das macht mich traurig. Am Anfang war ich brutaler, heute habe ich Schleichwege gefunden, wie ich etwas vermitteln kann, heute habe ich eine ganz andere Beziehung zu ihr. Sie ist eine ziemlich intellektuelle Frau. Ich könnte jetzt nicht mehr mit ihr zusammenleben, für ein paar Wochen ja. Im Grunde hatte ich nie so eine enge Beziehung, meine Mutter meinte einmal, ich wäre ihr immer etwas fremd gewesen. Aber als ich auszog, da kamen ihre ganzen Muttergefühle. Meine Mutter war, bis ich zwölf Jahre alt war, berufstätig, sie war Erzieherin und studierte noch. Da war ihr Konflikt, uns gerecht zu werden, da waren ihre Schuldgefühle.

Gleichst Du Deiner Mutter?

Ja, ich glaube, wir sind uns ähnlich. Wir haben ein Foto, darauf sind meine Großmutter, meine Mutter, meine kleine Tochter und ich, das ist ein Gesicht. Auch im Verhalten gleiche ich ihr. Das war mein Problem während der Schwangerschaft, daß ich immer dachte, ich will nicht so werden wie meine Mutter. Ich möchte nie so lügen müssen, nicht so verdrängen. Ich möchte nicht ihre Probleme haben.

Was meinst Du damit?

Sie hat Depressionen, sie hat einerseits diesen unheimlichen Anspruch, andererseits so eine Müdigkeit, eine Trägheit. Sie ist allergisch, sie hat einen Heuschnupfen, alles so psychosomatische Krankheiten. Ich hatte auch schon eine chronische Darmschleimhautentzündung. Außerdem hat meine Mutter sehr viel Kopfschmerzen.

Wie erklärst Du Dir das?

Meine Mutter ist eine starke Persönlichkeit, sie wurde jahrelang gezwungen, tagsüber eine gute Mutter zu sein und eine gute Ehefrau. In den Zeiten ist es ihr am schlechtesten gegangen.

Kannst Du Dich an Konkurrenzverhalten erinnern?

Nein, daran erinnere ich mich nicht. Das kann aber daran liegen, daß ich die Zweite war, daß ich im Schatten meiner älteren Schwester stand. Mit meiner älteren Schwester hatte meine Mutter eine unheimlich schwierige Beziehung. Meine Schwester ist emotionaler als ich, da kommt mehr raus.

Kannst Du Deine Mutter heute akzeptieren?

Ja, auch Schwächen, die ich früher nicht so akzeptieren konnte. Ich bin heute auch nicht mehr davon abhängig, mich mit ihr identifizieren zu müssen. Positiv an ihr ist, daß sie sehr flexibel ist. Ich glaube, daß sie in der letzten Zeit gefühlsmäßig offener geworden ist. Jetzt passieren so Sachen, daß sie bei meinem Vater das Kind spielt. Ich glaube, sie kann heute mehr Schwächen zeigen, sie muß nicht immer die dominierende Frau sein.

Wie wird Deine Mutter mit ihren Problemen fertig?

Ich weiß, daß sie immer unheimlich viel Pharmaka genommen

hat. Da ist noch eine Sache, mit meiner Oma. Die wird mitunter nachts um vier wach und macht sich Gedanken, und hat Kopfschmerzen. So geht es auch oft meiner Mutter und auch mir.

Leidest Du an Depressionen, an Verlassenheitsängsten?

Ja, teilweise, ich glaube, es ist viel Veranlagung. Bei meiner Mutter und mir ist es so, daß wir unsere Aggressionen nach innen richten. Seit ich meinen Unfall hatte, kann ich nicht mehr gut mit vielen Leuten in einem Raum sein. Ich bin auch nicht gerne in geschlossenen Räumen, meine Mutter auch nicht. Ich war eigentlich ganz gern allein, obwohl ich noch nie allein gewohnt habe, sondern mehr in Wohngemeinschaften. Ich glaube, daß nur einer in einer Wohngemeinschaft leben kann, der keine Verlassenheitsängste hat.

Was für einen Unfall hattest Du?

Ich bin in einem geschlossenen Raum hingefallen aufs Gesicht. Ich war alleine, ich bin gestolpert, ich war irgendwie in Gedanken, so weggetreten. Der Unfall passierte im Hause meiner Eltern. Ich kam dann ins Krankenhaus, ein Vierteljahr lang. Da stand ich kurz vor einer Prüfung. Ich denke mir, dem Ehrgeiz, den ich mit meiner Mutter gemeinsam habe, dieser Forderung an mich, habe ich mich durch diesen Unfall entzogen. Weißt Du, man vermittelt als Mutter ja sehr viel an die Tochter, ohne es zu wissen oder zu wollen. Einmal habe ich meine Tochter mit dem Namen meiner jüngsten Schwester angesprochen, und ich merkte, daß ich mich ihr gegenüber auch so verhielt.

Wie war das damals für Dich, hast Du Dich auf das Kind gefreut?

Ja, das war so ambivalent, ich meine, ich habe das Kind nicht erwartet, ich habe mich dann nachträglich entschieden, dadurch kamen natürlich Probleme. Das Kind kam zu einem Zeitpunkt, der nach den Maßstäben unserer Gesellschaft eigentlich unmöglich war. Ich war in der Berufsausbildung, wir waren nicht genügend abgesichert, auch finanziell. Ich bekam damals Arbeitslosenhilfe. Aber ich habe gesagt: Gut, ich stelle mich dem. Ich habe dann in einem Haushalt zwei Stunden täglich gearbeitet, und hatte somit noch genügend Zeit für mich, um damit fertig zu werden.

Wie war Deine Schwangerschaft?

Das war schon toll, ich habe schon so viel Liebe empfunden für das, was sich da bewegte, ich hatte einen tollen Bauch, so prall. Manchmal allerdings kam ich in einen Konflikt, das Bewußtsein, nun bin ich nicht mehr allein. Ich hatte dann den starken Wunsch, alleine zu sein. Ich habe gespürt, da ist etwas Fremdes in mir, da wächst was in mir, auf das ich keinen Einfluß habe. Manchmal hat mich das geängstigt, ich dachte, das frißt mich auf. Ich empfand meine Hilflosigkeit als Schwangere als störend. Denn ich habe immer versucht, so unabhängig wie möglich zu sein, und auf einmal war ich, ganz klar, abhängig. Ich habe versucht, meine negativen Gefühle zu verarbeiten. Weißt Du, ich war so unheimlich abgeschlossen in mir, ich konnte, während ich das Kind erwartete, wenig von außen aufnehmen. Heute bin ich wieder an vielem interessiert. Auf die Entbindung hatte ich mich gefreut, ich habe mich auch viel bewegt. Mein Mann war dabei im Kreißsaal, das hat mir zunächst geholfen, aber dann bekam ich auf einmal eine schreckliche Angst, am liebsten wäre ich aufgestanden und weggelaufen. Ich war froh, als das Kind raus war. Bei mir war so eine Grenzsituation, da lief etwas ab in meinem Körper, das wollte raus durch einen engen Paß. Ich hatte das Gefühl, ich wollte abhauen. Wenn man sich vorstellt, daß das durch so eine kleine Öffnung raus soll?

Hat Deine Mutter Dir ein positives Frauenbild vermittelt?

Ja, sie hatte nie das Gefühl, als Frau benachteiligt zu sein. Sie hatte eine Berufsausbildung, sie war es, die in den ersten Jahren die Familie ernährt hatte, das alles vermittelte mir eine gewisse Stärke. Trotzdem hatte ich eine Phase, da fand ich Männer viel besser, und ich glaubte, mich nur mit Männern intellektuell auseinandersetzen zu können. Dazu kam, daß unter den Freunden meiner Eltern die Frauen wenig zu sagen hatten. Das hat mich sicher auch beeinflußt.

Kannst Du Dir vorstellen, daß Du mit Deiner Mutter einmal Gespräche führen könntest wie mit einer Freundin?

Zum Teil kann ich das schon, ich möchte gerne mit meiner Mutter weiterkommen, das ist etwas, was auch meine Mutter möchte. Aber ich finde es auch gut, daß sie meine Mutter ist, das gibt mir Sicherheit. Ich weiß noch, als ich damals den Unfall hatte, da fand ich es unheimlich gut, daß ich nach Hause gehen konnte. Ich war dann ein paar Wochen zu Hause. Tagsüber konnte ich auf der Couch liegen, und meine Mutter brachte mir Tee. Das habe ich als sehr schön empfunden.

Christina sagt gleich zu Anfang, daß sie sich überfordern muß, um sich zu fühlen. Es ist eine unausgesprochene Forderung ihrer Großmutter, die von Christina als Über-Ich bezeichnet wird. Ihre Mutter bestrafte sie früher mit der Drohung, sie alleine zu lassen. Christina sagt: Heute entwickele ich Tendenzen, andere zu verlassen. Sie gibt die Erfahrung an andere weiter. Für Christina war irritierend, daß sie ihre Mutter wie ein Kind erlebte, denn bestimmend war die Großmutter. Auf meine Frage, ob Christina heute manchmal versucht, ihre Mutter zu bevormunden, meint sie: Ich bemühe mich, es nicht zu tun, es rutscht mir sicherlich da hinein. Christina spricht vom Harmoniedenken, das ihr wichtig ist, davon, daß sie keinen Streit und keine Konfrontation vertragen kann: Jeder war sehr diszipliniert, das kam von der preußischen Großmutter. Seit Generationen wird eine heile Walt gelebt, Christina sagt selbst, daß diese Tugenden auch Untugenden sind. Für sie und ihre Töchter war es mehr, da war es eine Katastrophe. Alle drei Töchter haben sich dieser „heilen Welt" entzogen, da war die Älteste gerade 19 und die Jüngste 15 Jahre alt. Zärtlichkeiten von der Mutter hat das Kind Christina nie erfahren. Ihre Mutter, eine ausgebildete Kindergärtnerin, vermittelte sich ihrer Tochter über ihren Beruf.

Seit ihrer Pubertät leidet Christina an Depressionen, die sie mit Hilfe von Medikamenten unterdrückt. Als Kind war sie so alleine, daß sie sich Geschwister wünschte; sie hat sich diesen Wunsch verspätet in ihren eigenen vier Kindern erfüllt. Christinas Mutter wurde Zeit ihres Lebens von ihrer eigenen Mutter unterdrückt, sie war die Älteste, darum mußte sie zu Hause bleiben und den Haushalt versorgen, während ihre beiden Schwestern einen Beruf erlernten. Die Großmutter gab weiter, was sie selbst erfahren hatte, auch sie war die Älteste, auch sie mußte den Haushalt versorgen. Als sie heiratet, zieht ihre Mutter mit in ihren Haushalt. Das wird an die Tochter weitergegeben, als die Tochter heiratet, zieht sie mit in ihren Haushalt und bestimmt, was zu geschehen hat. Christina wird vermittelt, worunter bereits ihre Großmutter und ihre Mutter litten: Man hat diszipliniert zu sein und keine Emotionen zu zeigen. Christinas Töchter haben sich diesen Zwängen entzogen. Als ich Christina frage, ob sie ihre Mutter gehaßt hat, meint sie: Nein, das konnte ich nicht, weil mir Gefühle wie Liebe und Haß nicht zur Verfügung stehen.

Die Töchter konnten sich mit der Mutter positiv identifizieren, was ihren Intellekt und ihre Stärke betrifft. Eine Vermittlung von Wärme und Geborgenheit gab es nicht. Julie bezeichnet ihre Kindheit als zu heil. Julie sagt: Ich möchte mit meiner Mutter weiterkommen, das ist etwas, was auch meine Mutter möchte. Ich denke mir, daß das ein Wunsch von allen drei Töchtern ist. Wenn sie es fertigbringen, der „Idylle" zu enkommen, diesem Ein-Herz-und-eine-Seele-sein, kann man einen Ansatz dazu finden.

10.
In der Pubertät habe ich meinen Körper mit den Augen der Werbung gesehen, da gefiel ich mir nicht wegen meiner Größe. Später habe ich den Spieß umgedreht und habe aus meiner Größe ein Schönheitsideal gemacht.

Margret ist 35 Jahre alt, unverheiratet und von Beruf Verkäuferin. Sie lebt alleine in Essen.

Was mich eigentlich immer interessiert hat, ist, wie war meine Mutter als junges Mädchen? Ich weiß zum Beispiel nichts über ihre früheren Beziehungen zu Männern. Doch ich kann sie nicht fragen, ohne ihr zu nahe zu treten. In meiner Pubertätszeit hätte ich das allerdings nicht wissen wollen, da empfand ich einen Ekel vor ihr. Was die Männer betraf, hatte ich immer den Eindruck, daß sie so eine „Heilige" gewesen wäre, weil sie mir als junges Mädchen immer so vieles verboten hat.

Sie hatte vielleicht schlechte Erfahrungen gemacht und wollte Dich davor bewahren?

Ja, das sehe ich heute auch so. Für meine Mutter kam ja noch hinzu, daß ich nichtehelich geboren war. Sie hat geheiratet, als ich etwa zwei Jahre alt war, ich glaube, daß ihre Mutter sie dazu gedrängt hat.

Kannst Du das etwas genauer erklären?

Ja, mir sind so Aussprüche meiner Oma bekannt: Ein Kind ohne Vater wird von den anderen verlacht. Oder: Kinder, die ohne Vater aufwachsen, sind zu bedauern. Meine Mutter wurde dann doch noch von meinem Vater schwanger, sie hat ihn dann geheiratet.

Ist Deine Mutter eine selbstbewußte Frau?

Nein, das ist sie sicher nicht.

Was weißt Du über ihre Kindheit?

Als sie etwa 12 Jahre alt war, muß sie sehr krank gewesen

sein, sie konnte sich lange Zeit nicht bewegen. Vielleicht hatte das einen Zusammenhang mit ihrer beginnenden Pubertät, die ja ein Einweisen in die Rolle der Frau ist? Ich erinnere mich, daß ich in meiner Pubertätszeit auch stark verunsichert war. Ich weiß noch, daß ich meine Mutter damals haßte. Zu der Zeit war mir mein Vater lieber, wenn ich mit ihm in die Stadt ging und wir trafen Kolleginnen von mir, die mich am nächsten Tag fragten, ob das mein Freund gewesen wäre, dann war ich stolz. Später hat sich das geändert, da habe ich mich mehr an meinem Bruder orientiert.

Was meinst Du damit?

Wenn ich damals Freunde hatte, dann waren sie immer im Alter meines Bruders, das heißt, sie waren entsprechend jünger als ich. Dieses Bruder-Schwester-Spiel war mir geläufig, ich wollte in einem Mann immer einen Bruder sehen.

Sprach Deine Mutter mit Dir über Menstruation und über Verhütung?

Nein, aber wir erfuhren zu der Zeit schon einiges darüber in der Schule.

Wie empfandest Du Deine Mutter in ihrem Verhalten Deinem Vater gegenüber?

Sie hatte das typische Rollenverhalten. Sie war durchaus die Frau, die auf ihren Mann wartet und ihm dann das Essen hinstellt. Beide gingen auch viel miteinander aus, einmal in der Woche zum Tanzen, das machen sie übrigens heute noch. Ich erinnere mich, daß meine Mutter einmal so ein schickes, schwarzes Kleid trug, darin habe ich sie sehr bewundert. Ich zog auch gerne Sachen von ihr an.

Ich weiß, daß Mütter mit ihren Problemen oft zu ihren heranwachsenden Töchtern gehen, war das bei Euch auch der Fall?

Ja, als ich in der Pubertät war, kam sie mit ihren Schwierigkeiten zu mir. Das war etwas, was ich als schlimm empfunden habe, sie zeigte mir ihre Schwäche; und das konnte ich nun wirklich nicht brauchen, ich wollte mich an einer starken Mutter orientieren und nicht an einer schwachen.

Du hast gesagt, daß Du als junges Mädchen immer jüngere Freunde hattest, wie ist das heute, hast Du das beibehalten?

Ja, ich habe bei Männern immer die Kumpelrolle übernommen. Ich war die ältere Schwester, und wenn ich einen Freund hatte, sagte der: Ich wünschte, ich hätte so eine Schwester, wie Du eine bist.

Aber Du hattest doch auch Verlangen nach Zärtlichkeit, bekamst Du das als„Kumpel“?

Nein, eigentlich nicht, aber ich habe wohl auch vieles verdrängt. Es kann sein, daß ich meinen Bedarf nach Zuwendung umgewandelt habe in den Konsum von Kleidern. Du darfst nicht vergessen, daß meine Oma eine wichtige und entscheidende Rolle für mich spielte. Ich erinnere mich, daß sie immer dann positiv auf mich reagierte und noch immer reagiert, wenn ich hübsch angezogen bin. Meine Oma ist übrigens die typische Rollenfrau, sie ist die angepaßte Frau, die Schmuck trägt, sich die Haare färbt, die mit ihren Krankheiten die ganze Familie erpreßt. Das Schlimme ist, sie ist dann tatsächlich krank. Geht man auf ihre Krankheiten ein, dann sind sie oft schnell wieder weg. Ich hatte immer Angst vor ihr, das heißt Respekt, was ja dasselbe ist. Meine Mutter kann zum Beispiel ganz ungezwungen mit mir umgehen, wenn wir beide alleine sind, kaum ist meine Oma dabei, dann ist sie nicht mehr sie selbst.

Dein Bruder ist zwei Jahre jünger als Du, wie war das früher, wurdest Du in eine Mutterrolle gedrängt?

Ja, alle sagten: Du bist jetzt die Große, paß schön auf Dein Brüderchen auf. Für mich war das furchtbar, aber weil ich Lob brauchte, überzog ich und schleppte ihn immer mit mir herum. Aber in Wahrheit haßte ich das, auch mein Bruder fühlte sich unbehaglich, er fühlte sich von mir bedrängt. Wir haben uns jahrelang gestritten.

Wurdest Du belohnt, wenn Du besonders lieb warst?

Nein, mein Bruder ließ sich immer mit Süßigkeiten belohnen, dafür war ich nicht zu haben; mich machte das mißtrauisch, ich hatte dann das Gefühl, daß man etwas von mir will.

Welche Einstellung hast Du Deinem Körper gegenüber?

In der Pubertät habe ich meinen Körper mit den Augen der Werbung gesehen; da gefiel ich mir nicht wegen meiner Größe. Später habe ich den Spieß umgedreht und habe aus meiner Größe ein Schönheitsideal gemacht. Heute akzeptiere ich mich, so wie ich bin.

Hast Du Verlassenheitsängste?

Ja, die habe ich. Solche Ängste bekomme ich manchmal, wenn ich mich unter vielen Menschen befinde. Man sollte meinen, die hätte man, wenn man alleine ist, aber das ist nicht der Fall.

Hattest Du früher Kontaktschwierigkeiten?

Noch vor ein paar Jahren war das sehr schlimm. Weil alle zu

Hause von mir erwarteten, daß ich mich rollenkonform verhalte. Erst in den Jahren, in denen ich in der Frauenbewegung aktiv war, habe ich gelernt, daß es möglich ist, auf dieses Rollenverhalten zu verzichten. Früher sagte meine Oma zum Beispiel: Hat die immer noch keinen? Oder sie frug: Bist Du etwa jeden Abend allein, was machst Du eigentlich immer abends? Ich habe dann alles mögliche erfunden, wo ich überall gewesen bin, im Kino, in Kursen. Wenn jemand bei mir schellte, habe ich nicht aufgemacht.

Was wünschtst Du Dir heute für Dich und Deine Mutter?

Ein räumliches Zusammenleben mit ihr könnte ich mir nicht mehr vorstellen. Ihr würde ich wünschen, daß sie in ein paar Jahren einmal all das tun kann, was sie gerne möchte.

Hat Deine Oma Dir schon einmal von sich erzählt?

Nein, sie spricht nicht von sich. Sie sagt nur, daß sie niemals, nicht einmal besuchsweise mehr dahin möchte, wo sie herkommt. Sie ist als junges Mädchen aus Ostpreußen gekommen; ich glaube, sie hat sich lange Zeit hier sehr fremd gefühlt. Wenn man sie fragt, dann fängt sie sofort ein anderes Thema an.

Kannst Du mit Deiner Mutter über ihre Mutter reden?

Nein, auch nicht.

Kannst Du Dir vorstellen, daß Deine Mutter ihre Mutter liebt?

Nein, das kann ich mir nicht vorstellen, warum sollte sie ihre Mutter lieben, die ihr nie etwas Gutes getan hat. Meine Mutter hat noch zwei Brüder, sie sind beide verheiratet. Meine Oma sagt immer, die Schwiegertöchter wären schlecht, die hätten ihre Männer verdorben. Meine Mutter mußte auch immer im Haushalt helfen, ihre Brüder nie.

Wie war das bei Euch, mit Dir und Deinem Bruder?

Ich durfte Staub wischen, das mußte mein Bruder nicht. Er spielte draußen, ich durfte das nicht, aber ich hatte auch kein Bedürfnis danach, mich mit den Kindern auf der Straße herumzuschlagen. Die waren mir alle zu gewalttätig, ich blieb lieber zu Hause.

Kannst Du es vertragen, wenn man Dich kritisiert?

Ich gebe mir zumindest den Anschein, als könne ich es vertragen. Es kommt darauf an, wer mich kritisiert, ich glaube, eine konstruktive Kritik fände ich gut. Aber das ist stimmungsabhängig bei mir.

Hast Du Deiner Mutter gegenüber Schuldgefühle?

Ja, ich weiß nicht. ... Da war zum Beispiel etwas in der letzten Woche. Ich war mit meinem Vater verabredet, um mit ihm einen Kunden zu besuchen. Als ich kam, lag da ein Zettel, auf dem stand, daß meine Mutter schon selbst mitgefahren ist. Das war mir sehr unangenehm, ich empfand das als Vorwurf.

Was bedeutet Sexualität für Dich?

Wenn Du Sexualität sagst, dann denke ich an Koitus, an die Penetration, daran, daß es ein Rollenspiel ist zwischen Mann und Frau, eine Pflichtübung. Das verstehe ich als Leistung. Ich muß sagen, daß ich die Eigenart meines Geschlechtes erst kennenlernte, als ich aufhörte, mit Männern zu schlafen. Eine Frau, die mit einem Mann zusammenlebt und mit ihm diese „Pflichtübung" praktiziert, beachtet oft nicht, daß ihr Körper einem bestimmten Zyklus unterworfen ist. Wie wir wissen, ist die Frau an drei Tagen, zwischen den Blutungen, empfänglich. Was mich betrifft, muß ich sagen, habe ich bei mir festgestellt, daß ich das „Fortpflanzungsgefühl", also den Wunsch, mit einem Mann zu schlafen, nur etwa zwei- bis dreimal im Jahr habe.

Woran merkst Du das?

Ich kann natürlich nur von mir ausgehen, wie das bei anderen ist, das weiß ich nicht. Bei mir glaube ich festgestellt zu haben, daß ich in dieser Zeit eine aktive Phase habe, daß ich auch ziemlich unruhig bin. Leider sind wir heute für solche Körpersignale kaum noch empfänglich.

Du hast mir erzählt, daß Du gerne ein Kind gehabt hättest?

Das ist richtig, doch dazu müßten die äußeren Umstände günstiger sein, ich meine, auch die finanziellen, damit ich mich dem Kind die ersten Jahre intensiv widmen könnte. Dazu kommt, daß ich ein Kind alleine haben möchte, ohne den Vater. Ich finde – und das ist zumindest in unserer Kultur so – daß der Mann auf das Kind irritierend wirkt. Durch das Zusammenleben mit dem Vater bekäme das Kind wieder ein Rollenklischee vermittelt. Das Kind sollte mich haben, nicht ich das Kind, das ist ein Anspruch, den ich so nicht akzeptieren kann. Man müßte auch einen Beruf haben, der einem genügend Zeit ließe für das Kind. Das alles ist in unserer Gesellschaft schwer durchzusetzen. Ich möchte es auch nicht mehr immer in Windeln packen müssen.

Wie meinst Du das?

Ich denke, daß wir alle unserem Körper so entfremdet sind, weil man uns immer so eingepackt hat. Der Genitalbereich ist doch für ein Kind überhaupt nicht vorhanden, später wird es an der Erfahrung gehindert, weil daran Schuldgefühle gekoppelt werden. Wenn ein Kind etwas macht, dann wird das sehr schnell weggetragen, weil es angeblich etwas Ekelhaftes ist. Diese ganze Geheimnistuerei finde ich schlimm. Ich stelle mir vor, das Kind hätte Lust, mit dem eigenen Kot zu spielen, und ich würde es zulassen; dann könnte es sein, daß man mich in die Psychiatrie steckt. Man würde es guten Gewissens damit begründen, daß es für das Kind besser ist, wenn es in ordentliche Hände kommt. Dazu kommt, daß ich mich frage, wie stabil ich bin, ob ich das durchhalten kann, weil ich doch ganz anders erzogen worden bin. Wenn meine Familie sagen würde, daß ich mich dem Kind gegenüber falsch verhalte, dann würde mich dieser Vorwurf treffen, und indirekt auch das Kind.

Du sagst Deine Familie, aber Du meinst Deine Oma?

Ja, sicher, das ist ja mein Hauptproblem. Selbst wenn sie nicht mehr leben würde, wäre sie immer noch für mich vorhanden als eine Instanz in mir, als mein schlechtes Gewissen. Du darfst nicht vergessen, sie hatte immer das Sagen, das hat sie noch, meine Mutter war da nie so bestimmend. Noch heute verfügt sie über meine Mutter. Du mußt nur mal sehen, wie sie den Garten bearbeitet, wo immer sie Unkraut sieht, da muß das weg. An ihren Gummibäumen poliert sie die Blätter, es muß eben alles seine Ordnung haben. Ihr Vater war Gutsinspektor, der inspizierte die Landarbeiter, meine Oma inspiziert uns.

Bezeichnend für Margret ist ihr Ausspruch: Ich gefiel mir nicht, da habe ich den Spieß einfach umgedreht. Als Margret zwei Jahre alt ist, wird sie gezwungen, ihre Mutter mit einem „fremden" Mann zu teilen. Sie bekommt noch einen Bruder, das heißt, sie muß noch einmal teilen. Sicher wurde der Bruder von der Mutter stolz vorgeführt, im Gegensatz zu Margret, die nichtehelich geboren ist.

Margret ist eine intelligente Frau, doch da sie keine Anerkennung erfuhr, fehlt ihr das notwendige Selbstvertrauen. Um mit den ihr aufgezwungenen Bedingungen leben zu können, hat Margret, was ihre Verdrängung betrifft, Erstaunliches geleistet, sie hat nicht nur Unangenehmes verdrängt, sie wandelt zusätzlich negative Situationen in positive um. Als sie klein war, mußte sie auf ihren Bruder aufpassen, dazu sagt sie: Aber weil ich Lob brauchte, überzog ich und schleppte ihn immer mit mir herum. Sie erzählt: Er spielte draußen, ich durfte das nicht, aber ich hatte auch kein Bedürfnis danach, mit den Kindern auf der Straße zu spielen, die waren mir alle zu gewalttätig. Heute ist Margret 35 Jahre alt, man hat bei ihr den Eindruck, daß sie noch immer wünscht, die vor 33 Jahren entstandene Situation würde sich endlich wieder zu ihren Gunsten ändern. Margret kann sich nicht lösen von ihrer Mutter, denn die Mutter ist ihr bis heute die Anerkennung schuldig geblieben. Margret ist bereit, alles für sie zu tun. Margret hat weder von ihrer Mutter noch von ihren späteren Partnern, denen sie immer nur „Kumpel" war, zuwenig Zuwendung erhalten. Sie sagt, daß sie ihren Bedarf an Zuwenung umgewandelt hat in den Konsum von Kleidern. Nach der neuesten Mode gekleidet zu sein, gibt ihr Selbstbewußtsein.

Als ich Margret frage, ob sie sich vorstellen kann, daß ihre Mutter die Oma liebt, meint sie: Nein, das kann ich mir nicht vorstellen, warum sollte meine Mutter ihre Mutter lieben, die ihr nie etwas Gutes getan hat? Wenn Margret so sicher ist, wie kann sie dann annehmen, daß ihre Mutter sie liebt, die doch so vieles von der Oma hat, wie sie sagt. Margrets Mutter bekam vor 36 Jahren ihre Tochter nichtehelich, das war damals eine Katastrophe. Ihre Mutter macht ihr Vorwürfe: Kinder, die ohne Vater aufwachsen, sind zu bedauern. Zum „Glück" findet sie einen Mann, der sie heiratet. Sie bekommt noch einen Sohn und ist nun rehabilitiert. Dieser Sohn ist heute Akademiker, hat Frau und Kind, er ist angepaßt, auf ihn ist die Mutter stolz. Nicht aber auf ihre Tochter, die keine Karriere gemacht hat, sondern „nur" Verkäuferin ist. Sie hat keinen „anständigen" Mann geheiratet, ist unverheiratet und lebt alleine. Sie lebt nicht der Norm entsprechend. Margret und ihre Mutter wissen, Frauen sind minderwertig, denn die Oma sagt. Die Schwiegertöchter verderben meine Söhne. Wenn eine Frau erst einmal weiß, daß sie der schlechtere Mensch ist, dann sieht sie auch ein, daß sie keinen Anspruch darauf hat, wie ihr Bruder behandelt zu werden. Wenn eine Frau das berücksichtigt, dann muß sie anerkennen, daß einem Mann ein Mehr an Zuwendung und beruflicher Karriere zusteht. Mit dieser Lebenslüge mußte bereits Margrets Oma leben. Nicht umsonst meidet sie jedes Gespräch über ihre Kindheit. Margrets Mutter hat zwei Brüder, auch sie mußte im Haushalt helfen, während ihre Brüder spielen durften. Margrets Oma hat gelernt, sich über den Mann zu definieren. Auch Margrets Mutter bezieht ihr Selbstbewußtsein über Leistungen ihres Mannes und ihres Sohnes. Die Tochter gilt als minderwertig, weil sie dem eigenen minderwertigen Geschlecht angehört. Das ist etwas, was der Mutter gleichzeitig Schuldgefühle verursacht. Die Schuldgefühle sind es, die Mütter und Töchter aneinander binden. Wenn Margret die Zuneigung ihrer Mutter will, dann müßte sie ihren Bruder übertrumpfen, doch das geht nicht. Woran Margret leidet, ist die Diskrepanz zwischen ihrer realen Lebenssituation und dem, was sie glaubt, ihrer Oma und ihrer Mutter bieten zu müssen. Margret müßte sich zu ihrer Rolle bekennen, dazu, daß sie wider besseres Wissen in einem Spiel mitspielt, dessen Regeln sie im Grunde nicht anerkennt. Sie sagt: Wenn eine Tochter das Spiel nicht mehr spielt, kann es die Mutter allein auch nicht mehr spielen.

11.

Es ist so, der Kontakt mit der Umgebung, der fällt durch diese Internatserziehung weg. Schließlich muß ich hier leben und habe meine Freunde ganz woanders.

Cäcilie, Gräfin von G. ist 58 Jahre alt, sie ist Witwe. Sie hat einen Sohn und eine Tochter und lebt alleine in Lüttich.

Ich möchte Sie fragen, wie war Ihre Beziehung zu Ihren Eltern und besonders zu Ihrer Mutter?

Dazu muß ich sagen, wir, meine Schwester und ich, hatten eigentlich kein Vaterbild, denn mein Vater starb, als ich vier Jahre alt war. Wir Schwestern hätten, glaube ich, wenn meine Mutter die Absicht gehabt hätte, wieder zu heiraten, versucht, diesen Mann zu vergraulen. Ich erinnere mich, daß da einmal einer war mit einem Blumenstrauß, und ich weiß noch, daß wir uns überlegten, was wir dagegen tun könnten.

Wieviel Geschwister hatten Sie?

Wir waren fünf Töchter, meine älteste Schwester war sechs Jahre älter als ich, sie hat früh geheiratet. Ich weiß noch, daß unsere Kinderfräulein ziemlich häufig gewechselt haben. Wenn uns eine nicht paßte, haben wir sie herausgegrault. Ich entsinne mich, daß wir in den Ferien immer zu meinen Großeltern, den Eltern meiner Mutter, fuhren. Sie führten ein großes Haus, sie waren eine lebhafte, große Familie. Bemerkenswert war, daß in unserer Familie das Weibliche so dominierte. Ich sagte bereits, daß ich vier Schwestern hatte. Auch meine Mutter hatte viele Schwestern und nur einen Bruder. Die zentrale Figur war meine Großmutter. Ich erinnere mich, daß immer viele Tanten da waren, die Schwestern meiner Mutter, dann waren da meine Großmutter und meine Mutter.

Sie sagten, daß Ihr Vater früh starb. Hat Ihre Mutter Sie

alleine großgezogen?

Nein, als mein Vater gestorben war, wollte meine Mutter zu ihrer Familie zurück. Ihre Familie lebte in Lausanne, da gab es auch die besten Schulen. So kam es, daß wir einen sehr großen Teil des Jahres im Schloß meiner Großeltern verbrachten. Wir waren, wenn wir alle zusammen kamen, etwa zwanzig Leute, das Haus war immer voll. Ich habe das alles sehr schön in Erinnerung. Ich habe versucht, es meinen Kindern auch so schön zu machen, aber mein Mann war nicht so, er wollte keine Leute sehen.

Ihre Mutter hat nicht wieder geheiratet?

Nein, das hat sie nicht. Kürzlich hörte ich noch, daß es mit dem Mann mit dem Blumenstrauß doch ernster war, als wir dachten. Ich hörte, er hätte sich immer gefreut, wenn er mich gesehen hätte; das hieß doch, daß er ernste Absichten hatte?

Waren Sie und Ihre Schwestern eifersüchtig auf den Mann?

Ach, eigentlich weniger auf ihn, wir waren vielmehr eifersüchtig auf die Arbeit meiner Mutter. Sie war sehr viel unterwegs, arbeitete im katholischen Frauenbund und im Fürsorgeverein, das waren alles ehrenamtliche Tätigkeiten. Das war so die Erziehung, die ihr mitgegeben war. Von Hause aus war sie streng katholisch, mein Großvater legte Wert darauf, daß sie regelmäßig zur Kirche ging.

Ihre Mutter war nicht eigentlich Ihre Bezugsperson?

Nein, in unserer Schicht ist es üblich, die Kinder einer Kinderfrau zu übergeben. Die Kinderfrau ist die eigentliche Bezugsperson, sie ist im Grunde die Mutter.

Wie haben Sie Ihre Mutter in Erinnerung, war sie streng?

Nein, streng überhaupt nicht. Sie konnte gar nicht recht mit uns fertig werden. Ich muß sagen, daß wir doch sehr viel Zuwendung von ihr bekamen. Das war etwas, was ich später in meiner angeheirateten Familie vermißt habe, da war das nicht so.

Hat Ihre Mutter Sie alle gleich behandelt?

Vielleicht war ich ein bißchen eifersüchtig auf meine jüngere Schwester, die meinem Vater ähnlich sah, und die, jedenfalls empfand ich das damals so, irgendwie mehr bekam. Was aber nicht stimmen konnte, denn ich war sehr viel krank, und meine Mutter saß immer an meinem Bett.

Wir wissen heute, daß die Schwierigkeiten zwischen Müttern und Töchtern kulturbedingt sind. Da möchte ich Sie fragen, da Sie die Beziehung zu Ihrer Mutter doch sehr positiv schildern, gab es nicht doch Schwierigkeiten zwischen Ihnen, gab es nicht

Momente, in denen Sie Ihre Mutter gehaßt haben?

Doch sicher, das habe ich, das muß ich zugeben. Doch wenn man später eine Schwiegermutter hat, die man mit der eigenen vergleicht, dann weiß man erst, was man an der Mutter gehabt hat. Ich erinnere mich an eine Begebenheit, die meine Schwester betraf. Sie sollte schneidern lernen nach ihrem Abitur. Nun gab es hier keine geeignete Schule dafür, darum ging meine Schwester nach Berlin. Nach etwa vier Wochen kam ein Anruf an meine Mutter, die alleine lebte, zwar mit Köchin und Mädchen, aber eben doch alleine: Zieh bitte sofort nach Berlin, denn ich kann hier nicht wohnen. Die Leute, bei denen sie wohnte, prüften, ob sie angerufen wurde, ob sie zu Hause war; das war etwas, das waren wir bei unserer Mutter nicht gewohnt.

Aber war es denn nicht so, daß Töchter zu Ihrer Zeit äußerst behütet aufwuchsen, daß man sie ohne Aufsicht kaum aus dem Haus ließ?

In etwa schon, meine Mutter wurde von ihrer Familie damit aufgezogen, daß sie sich wie eine Glucke verhielt, die Enten ausgebrütet hat. Ich habe mich kürzlich noch mit meiner Schwester über unsere Mutter unterhalten. Meine Mutter war eigentlich sehr bescheiden. Meine jüngste Schwester, die schon damals emanzipiert war, meinte, sie solle doch auch einmal so viel Geld für sich ausgeben, für das Tennisspiel – sie spielte so gerne Tennis – wie sie für uns, für die Internate ausgab. Da ist noch eine Geschichte, die sich mir eingeprägt hat. Meine Mutter fuhr mit meiner Schwester und mir, sparsam wie sie war, in der Bahn dritter Klasse. Meine Schwester ging auf den Gang und wurde prompt von einem Amerikaner angesprochen, der sie in den Speisewagen einlud. Ich sehe das noch vor mir, sie ging einfach mit diesem Mann an unserem Abteil vorbei.

Wie reagierte Ihre Mutter?

Gar nicht, sie fand das nur komisch. Meine Mutter ist übrigens früh gestorben, mit 56 Jahren an den Folgen eines Verkehrsunfalls. Mir fällt noch ein, wenn meine Mutter mit uns ins Theater ging, dann hat sie uns immer vorher alles eingehend erklärt. Mütter meinen ja immer, die Töchter wären noch nicht so groß, um alles zu verstehen. Was übrigens bei meiner Tochter zutrifft, die nicht einmal einen Fahrplan lesen kann.

Wie sind Ihre Erinnerungen an Ihre Großmutter, der Mutter Ihrer Mutter?

Mit meiner Großmutter kam ich eigentlich besser zurecht als

mit meiner Mutter. Ich war manchmal ein halbes Jahr bei meinen Großeltern. Mit meinen Vettern und Cousinen zusammen erhielt ich Unterricht. Für uns war es immer eine Auszeichnung, wenn wir bei meiner Großmutter im Schlafzimmer schlafen durften. Das war eine ganz besondere Auszeichnung. Es störte uns auch nicht, daß sie schnarchte. Obwohl es natürlich nie Süßigkeiten von der Großmutter gab, mochten wir sie sehr.

Ist Ihnen bekannt, ob Ihre Mutter mit der Großmutter Schwierigkeiten hatte?

Nein, die hatten keine Schwierigkeiten. ... Es war ein sehr lebhaftes Haus, mein Großvater trat kaum in Erscheinung, er war immer beschäftigt. ... Schwierigkeiten? Ich glaube, das wurde nicht an die große Glocke gehängt. Da fällt mir noch eine hübsche Geschichte ein, die meine Mutter betraf. Als meine Mutter etwa 14 oder 15 war, wurde sie von ihrem Bruder gefragt, was denn wohl das Schlimmste für sie wäre, wenn kein Geld mehr da wäre. Da soll sie gesagt haben: Nicht mehr erster Klasse fahren zu können. Sie hätte sagen müssen, daß sie dann nichts Gutes mehr tun könne. Sie mußte zu Weihnachten ihr Kleid, das sie geschenkt bekommen hatte, verschenken, weil man sich von dem, was man gern hat, trennen können muß. Sie wurde zu Opfern erzogen, was es heute nicht mehr gibt. Später, als wir Kinder da waren, wurde sie eigentlich nie recht mit uns fertig. Wir waren so wild. Sie hat dann eine alte Tante, eine Cousine meines Vaters, zu sich genommen, sie sollte auf uns achtgeben. Ich erinnere mich, als ich aus dem Internat nach Hause kam, traf ich meine Mutter total erschöpft an. Meine kleinen Schwestern hatten die alte Tante oben aufs Sofa gesetzt und unseren Hund davor, und dann sagten sie: So Tante, jetzt kannst Du Dich nicht mehr rühren. Einmal sind sie mit der Tante zum Drachenfels gegangen, quer über Stock und Stein und haben der alten Tante gesagt, da geht kein anderer Weg zum Drachenfels rauf. Sie ließ sich alles gefallen, sie gehörte zu den Menschen, die immer tyrannisiert werden. ... Meine Mutter hatte eine Gesellschafterin, die war, als sie zu uns kam, 27 Jahre alt. Sie spielte mit meinen Schwestern Tennis, damit sie beschäftigt waren. Zu dieser Frau haben wir heute noch Kontakt.

Erwartete Ihre Mutter von Ihnen in der Schule Leistung?

Nein, von mir nicht, sie sagte immer: Das Kind war so oft krank, sie braucht nicht so viel zu lernen.

Wie war das für Sie, als Sie ins Internat kamen, fühlten Sie sich weggeschickt?

Nein, ... doch, als ich das erste Mal ins Internat kam, bin ich schwer krank geworden. Aber das hatte eigentlich nicht direkt damit zu tun. Später habe ich mich eigentlich recht wohl gefühlt im Internat.

Würden Sie von sich sagen, daß Sie kontaktfreudig sind?

Das weiß ich nicht, ... ja, ich habe gerne Menschen um mich. Wenn man in so einer Großfamilie aufgewachsen ist wie ich, dann ist man an diese Familie gewöhnt. Was ich bei der Familie meines Mannes so vermißte, war diese Herzlichkeit, wie ich sie als Kind kennengelernt hatte.

Wurden Sie auf die Ehe, auf Sexualität, auf Ihre Menstruation vorbereitet?

Nein, das gab es damals nicht. Mir hat nur einmal eine Ordensfrau im Internat gesagt, der größte Fehler wäre, daß man Mädchen beibringen würde, mit der Ehe wäre alles gut, wäre alles erledigt, und daß wir auf die Ehe selbst nicht vorbereitet würden. Für mich war das besonders schwer, weil ich keine Ehe aus der Nähe erlebt hatte, mein Vater starb ja, als ich vier war.

Wie war das mit Ihrer Menstruation und mit Ihrem Klimakterium, hatten Sie damit Schwierigkeiten?

Nein, überhaupt nicht, ich bekam allerdings mit 42 Jahren die Gebärmutter operiert. Interessanterweise hatte ich meine Menstruation viel früher als meine Tochter, bei mir war das schon mit 12 Jahren der Fall, bei ihr erst mit 16 Jahren.

Haben Ihre Schwangerschaften Sie geängstigt?

Nein, gar nicht, ich war das gewohnt aus dem Hause meiner Großeltern. Meine Tanten hatten sehr viele Kinder, eine hatte elf Kinder. Zum Entbinden gingen sie in das Haus ihrer Mutter, da habe ich das oft miterlebt. In dem Schloß meiner Großeltern war es üblich, daß nicht nur die eigenen Töchter da ihre Kinder bekamen, sondern auch alle anderen, im Hause beschäftigten Frauen.

Waren Ihre Entbindungen schwer?

Nein, ich bekam meine Kinder zu Hause, mein erstes Kind kam ganz schnell, auf dem Bett der Kinderschwester.

Eine andere Frage, strafte Ihre Mutter Sie?

Ich weiß nicht. Einmal habe ich eine Ohrfeige von ihr bekommen, aber daran war ich selbst schuld. Ich sollte einen Rosenstrauß binden, und dann sagte ich: Für die ist das ja nun wirklich nicht nötig. Da hat meine Mutter ganz impulsiv reagiert.

Was ich bei meiner Mutter nicht leiden konnte, das war, wenn sie französische Vokabeln abhörte. Das konnte ich bei ihr nie, im Internat ging es dann.

Wie ist Ihre Einstellung zu lesbischen Beziehungen?

Ich würde sie tolerieren, obwohl es mir immer leid tut, denn es gibt in den Beziehungen mehr Schwierigkeiten als in anderen Beziehungen, auch was die Eifersucht betrifft. Da sind vor allem wirtschaftliche Schwierigkeiten. Ich weiß das, weil es in meiner Verwandtschaft auch einige Fälle gibt.

Wie war Ihre Beziehung zu Ihrem Mann?

Er war in seiner Art anspruchsvoll, weil er schwach war. Er hat mich mehr beansprucht als die Kinder, er war die letzten 15 Jahre seines Lebens krank.

Glauben Sie, daß Ihre Tochter Sie liebt?

Ich glaube schon.

Können Sie sich spontan umarmen?

Nein, wir haben lieber einen gewissen Abstand, aber das kommt, glaube ich, aus der anderen Familie. Mit meiner Tochter habe ich schon Schwierigkeiten.

Wie erklären Sie sich das?

Sie ist anders als ich.

Schmerzt Sie diese Tatsache?

Ja, ja. ... Ich mische mich nie ein in ihr Leben, nur, wenn die Enkelkinder zu kurz kommen. Sie kann sich auch so schlecht in andere Menschen hineinversetzen, da gehe ich ihr schon lieber aus dem Wege. Ich muß immer sehr vorsichtig sein bei ihr, sie ist so schnell auf den Schlips getreten. Ich habe eine kleine Enkeltochter, die ist 16 Jahre alt. Das Kind hat bestimmt genügend Zuwendung bekommen, aber mit ihr haben wir wirklich Probleme. Sie ist hochintelligent und sie lernt auch gut, das ist es nicht. Aber sie schläft lange und abends zieht sie los. Um ihre Mutter zu erschrecken, bleibt sie aus. Sie fangen auch schon so früh an mit der Sexualität, das können diese Kinder doch noch gar nicht psychisch verkraften. Sie machen es nicht aus Liebe, sondern aus Neugier. Meine Tochter möchte sie gerne nach England geben. Manchmal denke ich, für eine Mutter ist eine Tochter viel problematischer als ein Sohn, weil sie das auch irgendwie selbst ist.

Wie sehen Sie heute Ihre Internatserziehung, finden Sie es gut, ein Kind in ein Internat zu geben?

Ja und nein, möchte ich sagen. Mein Sohn zum Beispiel

hatte beim Militär, eben durch diese Internatserziehung, keine Schwierigkeiten. Er hat gesagt, die Abiturienten, die aus Elternhäusern kamen, wo die Mütter alles hinterher räumten, hätten sich schwer getan. Was mich betrifft, muß ich sagen, der Kontakt mit der Umgebung, der fällt durch diese Internatserziehung weg, schließlich muß ich hier leben und habe meine Freunde ganz woanders.

War Ihre Mutter eine selbstbewußte Frau?

Ja. Wir haben sie eigentlich schlecht behandelt, wenn sie im Nebenzimmer saß und ihre Reden übte, dann mußten wir immer lachen, aber sie hat uns das nicht übel genommen.

Gleichen Sie Ihrer Mutter?

Ich glaube schon, im Äußeren, im Wesen. Sie war eine Frau ohne Egoismus, das ist beim heutigen Menschen nicht mehr der Fall. Ihre frühere Gesellschafterin gehen wir mitunter besuchen, sie sagt uns dann immer, was wir für eine gute Mutter gehabt hätten.

Akzeptieren Sie sich so, wie sie sind?

Nun, jeder Mensch hat Fehler, man versucht, es besser zu machen. Aber wie mein Leben nun einmal war, ich mußte mich immer sehr auf meinen Mann einstellen, der ja lange krank war.

Glauben Sie, daß Sie Ihren Sohn Ihrer Tochter vorgezogen haben? Frauen in unserer Kultur sehen ja in den Söhnen oft etwas Besonderes.

Nein, ich sah ja meinen Mann auch nicht als etwas Besonderes an. Es kann natürlich sein, daß ich mich nicht so intensiv um meine Kinder gekümmert habe, dazu war die alte Kinderschwester da. Aber man kann ja nicht alles machen, den Besitz zusammenhalten und sich um die Kinder kümmern. Es kann sein, daß die Kinderschwester eines der Kinder vorgezogen hat. Bei mir früher war das so, ich weiß noch, daß unsere Kinderfrau meine jüngere Schwester vorgezogen hat, das hat mich damals sehr geschmerzt.

Leiden sie manchmal an Depressionen, an Ängsten?

Nein, das kenne ich nicht; nein, eigentlich nicht. Ich hatte allerdings früher Allergien, ich hatte Asthma. Interessanterweise hörte das mit meinem 13. Lebensjahr auf und kam wieder, als ich mein erstes Kind bekam. Es hörte erst wieder auf, als ich mit meinem Mann getrennte Schlafzimmer hatte. Er rauchte immer so stark, noch heute kann ich nicht den Geruch einer Zigarette vertragen. Im Krieg war das furchtbar, da mußte ich ständig

Asthma-Mittel nehmen. Ich habe eine Cousine, bei der ist es so schlimm, daß sie es jetzt einmal mit Akupunktur versuchen will.

Konnten Sie mit Ihrem Mann nicht vereinbaren, daß er, wenn er rauchen wollte, in andere Räume ging?

Nein, um Gottes Willen, das ging nicht.

Haben Sie bei sich und Ihrer Tochter schon einmal ein Konkurrenzverhalten festgestellt?

Ich weiß nicht, da war mal ein Ausspruch meiner Schwiegermutter, als ich mich beschwerte, daß meine Tochter mir meine Sachen aus dem Schrank klaute: Warum ziehst Du Dich auch so jugendlich an? Damals sah man ältere Frauen immer nur in Schwarz oder Grau.

Sind Sie in schwierigen Situationen geneigt, Ihre Meinung durchzusetzen oder neigen Sie mehr zu Kompromissen?

Bei schwerwiegenden Sachen mache ich Kompromisse, wenn es sich aber um Entscheidendes für mich handelt, mache ich keine.

Waren Sie in Ihrer Ehe eifersüchtig?

Dazu hatte ich ganz sicher Grund. Eifersüchtig war ich auf die äußeren Einflüsse, denen mein Mann ausgesetzt war. Schwache Männer geraten leicht unter fremden Einfluß.

Sie fanden bei ihm nicht die Geborgenheit?

Nein, das kann man von einem schwachen Mann nicht erfahren.

Sind Sie gerne eine Frau oder wären Sie lieber ein Mann?

Das ist aber eine schwierige Frage. Früher habe ich oft gedacht, ich wäre lieber ein Mann. Weil früher alles viel schwieriger war für eine Frau. Aber heute bin ich damit zufrieden, eine Frau zu sein. Ich sehe auch, daß Männer viel schneller altern, sie sind im Alter vertrottelter. Das hat man besonders bei den Vertreibungen im Krieg erlebt, daß Frauen wesentlich mehr aushielten.

Sehen Sie sich selbst als einen ordentlichen Menschen?

Nein, leider nicht, aber das läßt sich in einem Schloß-Haushalt auch nicht machen.

Was halten Sie von der Frauenbewegung?

Die Frauenbewegung sehe ich ganz positiv. Denn es hat sich ja immer noch nichts geändert, was die Benachteiligung der Frau betrifft, zum Beispiel auch bei den Löhnen.

Sie sagten, daß Sie hier alleine leben. Fühlen Sie sich einsam oder macht Ihnen das Alleinleben nichts aus?

Im Grunde kann ich gut alleine sein, ich beschäftige mich viel mit dem Archiv und mit meinen Büchern. Wenn ich Ihr Tonband gerät sehe, dann denke ich, daß ich mir auch eines zulegen möchte. Ich würde gerne meine Lebensgeschichte auf Band sprechen, um sie so besser aufschreiben zu können. Ich beschäftige mich sehr viel mit meiner Familie.

Die Tochter von Cäcilie, Maximiliane, ist 35 Jahre alt, geschieden und hat einen Sohn und eine Tochter. Sie lebt alleine in Genf.

Nach dem Gespräch mit Ihrer Mutter habe ich den Eindruck von ihr, daß sie als Frau eigentlich nicht gelebt hat.

Läuft das Ding schon? Das ist ja furchtbar. ... Es war nur ein Scherz von mir. Was Sie da eben von meiner Mutter sagten, das ist richtig. Mami hat für den Betrieb gelebt und für uns.

Wo kommen Ihrer Meinung nach Ihre Ängste her, eine Angst, die Sie vorhin, im Zusammenhang mit dem Tonband zum Ausdruck brachten?

Ich habe keine Angst, das war nur Theater von mir.

Das haben Sie mir nur vorgespielt?

Ja, das ist richtig.

Wo sehen Sie Ihre Schwierigkeiten mit Ihrer Mutter? Wie haben Sie sie empfunden, als Sie ein kleines Mädchen waren?

Ich hatte eigentlich ein engeres Verhältnis zu meinem Vater, bis ich merkte, daß er krank wurde, und daß er dann Mami schlecht behandelte, da hat sich bei mir das Blatt gewendet. Zu der Zeit, als ich verlobt war, hatte ich eine sehr enge Bindung an meine Mutter; ich war viel bei ihr. Aber nach zwei Jahren Ehe war ich überhaupt nicht mehr glücklich, weil ich merkte, daß mein Mann mich aus wirtschaftlichen und gesellschaftlichen Gründen geheiratet hatte. Mein Mann war ein großer Egoist, er war nie zärtlich, er spielte immer den starken Mann, der er nie war. Ich stelle das hier bei den deutschen Männern oft fest, da sind mir die amerikanischen Männer lieber, sie bleiben alle irgendwie die großen Jungen.

Sind Sie eine emanzipierte Frau?

Nein, ich bin überhaupt nicht emanzipiert, ich halte mich nicht dafür. Ich habe gerne einen Mann im Hause, der mir sagt: Jetzt mach mal das und das.

Suchen Sie bei einem Mann Schutz und Geborgenheit?

Ja sehr, das ist etwas was ich brauche.

Was bedeutet für Sie der Koitus? Ist es das, was Sie bei einem Mann suchen, oder ist es mehr die Suche nach Zärtlichkeit?

Och, beides, der Koitus ist auch wichtig, schließlich haben wir alle einen Fortpflanzungstrieb. Aber mehr vielleicht doch noch Zärtlichkeit.

Worauf führen Sie Ihr Verlangen nach Zärtlichkeit und Geborgenheit zurück? Könnte es sein, daß Sie von Ihrer Mutter zuwenig Zuwendung bekamen?

Ja, denn Mami hatte immer viel Arbeit, und dazu kamen die Schwierigkeiten mit meinem Vater. Mein Vater hatte Tuberkulose, er war ein Jahr nicht zu Hause. Mami mußte immer alles alleine machen. Die ganze Arbeit mit dem Riesengut, das hat sie alles alleine gemacht. Sie ist eine starke Persönlichkeit. Papa verlangte von Mami immer sehr viel. Sie mußte immer für ihn da sein. Aber mehr im Kinderzimmer war Papa. Er las uns jeden Abend etwas vor, bis wir einschliefen. Dann war da noch unsere Kinderfrau, sie war 40 Jahre bei uns, sie hat mit uns geknutscht. Sie war schon dabei, als wir geboren wurden. Mami hat ihre Kinder zu Hause bekommen, da waren dann die Hebamme und die Kinderfrau dabei. In dem Moment, wo das Kind da war, war für die Kinderfrau die Mami totale Nebensache, da war nur das Kind wichtig.

Die Kinderfrau war also Ihre Bezugsperson?

Ja, das war eigentlich die Mutter. Zu meiner Mutter habe ich heute ein gutes Verhältnis; nur als Kind, da war der Papa für uns da. Papa starb im Krieg, weil es damals keine Medikamente gab für ihn, das wäre heute anders. Dieser Krieg, das war überhaupt eine schlimme Zeit. Meine Großeltern wurden damals evakuiert, wir blieben da. Es mußte ja jemand da sein; und die Pächter blieben auch. Die Leute sagten, wenn die Gräfin bleibt, dann bleiben wir auch. Mami mußte alles organisieren, unsere Bilder kamen ins Museum. Für uns war die Kinderfrau da.

Konnten Sie mit Ihrer Mutter zärtlich sein?

Nein, weil die Mami von ihrer Mami auch nicht geknutscht worden ist, konnte sie das natürlich nicht. Ich weiß nicht, ich bin natürlich anlehnungsbedürftig, aber ich sterbe nicht dafür. Ich denke, selbst wenn Mami anders gewesen wäre, würde ich trotzdem gerne mit Männern zusammen sein.

Sie sagten, daß Ihre Mutter von Ihrer Großmutter auch keine Zärtlichkeit erhielt. Wissen Sie etwas über die Beziehung Ihrer

Großmutter zur Urgroßmutter?

Ja, meine Uroma machte so soziale Sachen, zwei- oder dreimal in der Woche fütterte sie die armen Leute in Lausanne. Sie kümmerte sich mehr um die anderen Leute, glaube ich.

Dieses soziale Engagement ist bei Ihrer Tochter auch wieder da? Sie sagten mir, daß Ihre Tochter Kinderkrankenschwester werden möchte.

Ja, im Moment arbeitet sie zwei Tage in der Woche in einem Kinderkrankenhaus. Die übrige Zeit arbeitet sie im Reitstall, sie füttert die Pferde und reitet sie auch. Ich hatte auch solche sozialen Ambitionen, als ich verheiratet war, damals war ich in der Altenpflege tätig. Aber ich habe keine rechte Lust, mich in der Weise zu bestätigen.

Wie ist Ihre Beziehung zu Ihrer Tochter?

Meine Tochter verlangt sehr viel und gibt wenig. Der Junge ist da ganz anders. Die Briefe meiner Tochter sind so gehalten, daß sie mir kürzlich schrieb: Ich wünsche Dir alles Gute zum Geburtstag; und daß Du endlich mehr Verständnis für die Gefühle anderer hast. Das ist eine Unverschämtheit, auf einen solchen Brief antworte ich nicht. Ich will damit sagen, daß es schwer ist, wenn man wenig bekommt. dann viel zu geben. Was wollte ich sagen? Ich wollte etwas ganz anderes über meine Tochter erzählen.

Sind Sie sich ähnlich, gleicht sie Ihnen?

Ja, das tut sie, auch in ihrem Willen, wenn sie etwas durchsetzen will.

Glauben Sie, daß Ihre Mutter Sie liebt?

Ja, aber mehr bin ich von meinem Vater geliebt worden, ich bin eigentlich immer von Männern geliebt worden. Auch von meinem Großvater, der jeden Morgen mit mir zwei Stunden ausritt. Mein Vater hat mir, als ich 12 Jahre alt war, drei Pferde gegeben; und einen Pferdepfleger, um mich zu trainieren. Von meinem Mann bin ich nicht verwöhnt worden, aber sonst bin ich von Männern immer irrsinnig verwöhnt worden. Ich weiß noch, als mein Großvater starb, da war ich 13, das war damals ein großer Schock für mich.

Sind Sie Ihrer Mutter ähnlich?

Vielleicht in den Bewegungen? ... Ich kann das nicht sagen. Ich habe ganz andere Interessen als sie. Sie interessiert sich zum Beispiel für alte Schriften, sie kann Tage im Archiv zubringen, da könnte ich keine zwei Stunden sein, das ist mir zu trocken. Sie macht die ganzen Steuersachen, das könnte ich nie, diesen trockenen Kram machen.

Sind Sie lieber draußen?

Ja, auf jeden Fall. Deshalb haben wir nichts, über was wir streiten könnten. Wir haben uns früher nur über Kleinigkeiten gestritten. Einmal hat sie drei Tage nicht mit mir geredet, weil ich ihre heiße Hündin zum Rüden in die Box getan hatte. Da mußte die Hündin eine Abtreibungsspritze bekommen, damals war Mami sehr böse auf mich. Das war zu einer Zeit, als ich zu Papa nicht mehr diese Beziehung hatte, er war schon krank und hat Mami zu der Zeit sehr tyrannisiert.

Welche Einstellung haben Sie zu lesbischen Frauen?

Ja, das toleriere ich sehr, auch bei Männern. Homosexuelle Männer sind viel lieber als die anderen.

Hat Ihre Mutter Sie gelobt?

Das habe ich immer sehr vermißt bei der Mami, das hat sie nie getan. Allen anderen hat sie erzählt, was ich Tolles gemacht habe, aber nie mir selbst.

Hatten Sie als Kind Ihrer Mutter gegenüber Schuldgefühle?

Nein, außer, wenn ich eine Sechs geschrieben hatte. Meine Mathematiklehrerin sagte einmal zu mir: In Mathe hast Du eine Fünf, aber in der Zeitung steht, daß Du wieder ein Turnier gewonnen hast. Ich ließ meine Mitschülerinnen auf meinem Pony reiten, dafür durfte ich abschreiben. ... Jetzt fällt mir ein, was ich die ganze Zeit von meiner Tochter sagen will. Sie hat da einen Freund, der paßt uns nicht, er ist auch nichts für sie. Nun hat sie mir einen Brief geschrieben, in dem sie mich fragt, wie ich jetzt zu ihm stehe und ob ich meine Meinung geändert habe, oder ob sie, wenn sie 18 wird, einfach, ohne mich zu fragen, zu ihm hinfahren soll. Das ist auch so ein Brief, auf so etwas antworte ich nicht. Mein Bruder, an dem ich sehr hänge, hat gesagt, ich soll ihr einen Kreis malen, den Kreis soll ich dritteln; und einen Kreis soll ich wieder teilen, da kommen die Kinder rein, ein Drittel ist mein Privatleben, ein anderes Drittel ist meine Arbeit. Sie soll wissen, daß es auch noch etwas anderes gibt in meinem Leben. Aber ich habe das dann doch nicht getan, es erschien mir sehr hart. Mami hat ihr einen Brief geschrieben, daß es sehr schwer für sie ist, daß sie gegen den Willen der Familie und gegen den Willen ihrer besten Freundin zu einem Mann ziehen will, der so ganz anders ist als sie. Abgeschlossen zu sein von der Welt, in der sie lebt, das kann eine Frau kaum schaffen.

Hatten Sie genügend Zeit für sie, als sie klein war?

Ja, ich habe mir immer Zeit genommen, aber ich hatte auch sehr viel Arbeit. Nach der Scheidung habe ich sie sofort mitgenommen, da war sie vier. Sie glaubt immer, alle anderen bekommen mehr als sie, dabei nimmt sie sich, was sie bekommen kann. Sie ist sehr egozentrisch. Ich war immer mit ihr zusammen, bis sie zwölf war. Wir beide sind wochenlang zusammen Ski gelaufen. Wir lieben uns sehr, und wenn wir zusammen sind, geht es die ersten acht Tage gut, dann gibt es einen Machtkampf zwischen uns. Wir sind beide stark, wir sind uns sehr ähnlich. Ich glaube, daß sie auch einmal einen Mann heiraten wird, der nicht so stark ist wie sie, und daß sie sich dann wieder scheiden läßt. Ich liebe sie sehr, ich weiß nicht, ob ich genauso stark bin wie sie, sie jedenfalls ist irrsinnig stark. Sie erreicht immer, was sie will. Aber sie kann nicht verlangen, daß ich diesen Mann akzeptiere, er ist so anders als wir. Es ist eine reine sexuelle Abhängigkeit, sie ist schon sehr lange mit diesem Mann zusammen.

Ich möchte noch einmal auf Ihre Kindheit zu sprechen kommen, wurde Ihr Bruder Ihnen vorgezogen?

Nein, ich wurde sehr verwöhnt, von mir dachte man, als ich geboren wurde, ich würde ein Sohn. Man hatte schon die Kanone aufgestellt auf dem Schloß mit den Böllerschüssen.

Haben Sie mit Puppen gespielt?

Nein, ich hatte immer einen Bahnhof, der mit allem eingerichtet war.

Welche Art von Problemen hat Ihre Mutter Ihrer Meinung nach?

Ihre Probleme sind immer die mit den Kindern. Jetzt leidet sie darunter, was mit ihrer Enkeltochter geschieht, sie liebt sie sehr.

Wissen Sie etwas darüber, was Ihre Mutter gerne getan hätte?

Mami hätte gerne studiert, Geschichte oder Archäologie. Gelernt hat sie aber Gartenbau oder etwas ähnliches. Sie hat auch schneidern gelernt. Ich bin da ganz anders, ich bin die erste in der Familie, seit fünfhundert Jahren, die körperlich arbeitet.

Warum konnte Ihre Mutter nicht lernen, was sie wollte?

Zu Hause hatte sie nicht die Möglichkeit, meine Großmutter hatte nicht viel Geld. Mein Großvater starb früh, er war Rittmeister gewesen. Mami hätte gerne in der Ehe studiert, aber das ging auch nicht.

Sind Sie eifersüchtig in Ihren Beziehungen?

Maßlos, ich bin eifersüchtig, wenn ich einen Mann liebe, und wenn ich weiß, da ist jemand anders. Ich bin eifersüchtig, solange ich die Person nicht kenne. Wenn ich sie kenne, und es ist nicht weiter erwähnenswert, dann bin ich meiner Sache wieder sicher. Ich glaube, daß Männer sowieso nicht treu sind.

Denken Sie, daß Sie alleine leben könnten?

Ich könnte nicht alleine leben, ich wäre dann einsam.

Sind Sie mit Ihrem Aussehen zufrieden?

Nein, ich gefalle mir nicht, ich habe einen Hängebusen, seit ich die Kinder gestillt habe. Und dann bin ich zu dick, das gefällt mir nicht.

Wie waren Ihre Schwangerschaften?

Die waren gut, außer, daß ich Krampfadern hatte. Meine Tochter kam vierzehn Tage darüber, da bin ich auf dem Trecker gefahren, damit sie kommt. ... Haben Sie solche Fragen auch Mami gestellt?

So ähnlich, vielleicht habe ich etwas anders formuliert. Wir sprachen vorhin über Emanzipation. Wie ist Ihre Meinung über die Frauenbewegung?

Also, das mit den Frauenhäusern, das finde ich gut. Aber insgesamt, meine ich, schürt es den Haß gegen die Männer noch mehr. Die Liebe zwischen Mann und Frau wird dadurch nicht größer. Die Machtkämpfe zwischen Eheleuten sind ja entsetzlich. Für den § 218 würde ich sofort auf die Straße gehen.

Leiden Sie an Depressionen, haben Sie Ängste?

Wenn ich betrieblich überarbeitet bin, wenn dann noch Privates dazukommt, wenn meine Tochter Schwierigkeiten macht, das ist dann einfach alles zuviel für mich.

Schminken Sie sich gerne, machen Sie sich gerne zurecht?

Ja, das mache ich sehr gerne, ich gebe viel Geld für Kosmetik aus. Das liegt aber daran, daß ich die ganze Woche draußen in Jeans herumlaufe. Wenn ich ausgehe, mache ich mich gerne hübsch.

Hatten Sie sich eine Tochter gewünscht?

Ja, ich wollte eine Tochter, ich wollte sie nur ein paar Jahre später.

Haben Sie mit Ihrer Tochter über Menstruation gesprochen?

Doch, das habe ich getan, wir hatten ja überhaupt ein sehr gutes Verhältnis, bis dieser schreckliche Mann kam.

Erinnert Ihre Tochter Sie manchmal an Ihre Mutter?

Ja, in ihrem Briefstil, sie schreibt wie Mami. Ihr Lachen und ihre Augen sind die von Mami.

Ihre Mutter lebt ganz alleine, glauben Sie, daß sie das gut kann?

Doch, sie kann das. Im übrigen ist Ostern und Weihnachten das Haus immer voll. Jetzt zu Ostern will sie wegfahren, sie sagt, sie kann das nicht mehr, diese vielen Menschen ertragen. Ich habe auch Schwierigkeiten, mit ihr zu reden. Über Pferde und Eishockey kann ich nicht mit ihr sprechen, sie interessiert sich nicht für Sport.

Gehen Sie heute zu ihr, wenn Sie Schwierigkeiten haben?

Nein, da gehe ich lieber zu meinem Bruder.

Können Sie sich vorstellen, daß Ihre Tochter Sie manchmal haßt?

Ja, wenn ich ihr etwas verbiete.

Haben Sie Ihre Mutter schon einmal gehaßt?

Ja, da fällt mir etwas ein. Mein Vater war sehr krank, da wollte er gerne eine Zigarette haben, aber meine Mutter hat das nicht erlaubt. Ich war damals der Meinung, daß es ihm nicht mehr hätte schaden können, und daß man ihm das lassen sollte. Wie finden Sie übrigens meine Mutter? Finden Sie nicht, daß sie zu stolz ist? Ich finde, sie ist zu stolz. Sie kann mit den Leuten, die auf dem Hof arbeiten, nicht so gut umgehen wie ich.

Ich finde nicht, daß sie zu stolz ist, es ist einfach ihre Erziehung, die ihr da im Wege ist, und es ist auch etwas, was sie einsam macht. Mir hat Ihre Mutter sehr gut gefallen, mir ist nur aufgefallen, daß sie eigentlich sehr alleine ist.

Sie hat doch ihre Interessen, ihre Bücher, das Theater. Ist das jetzt alles noch drauf? ... Das können wir jetzt lassen.

Bei gemeinsamen Freundinnen treffen wir uns. Friederike, siebzehn Jahre alt, ist die Tochter von Maximiliane. Friederike war bis vor wenigen Wochen in England. Nun soll sie die nächsten zwei Jahre zu Hause bleiben, um ihr Abitur zu machen. Friederike möchte nach dem Abitur zurück nach England, es hat ihr dort gefallen. Wie sie sagt, hat sie dort Freunde gefunden.

Ist es recht, wenn wir Du sagen, ich denke, es spricht sich leichter?

Ja, das können wir.

Ich möchte Dich einiges fragen, was Dich und Deine Beziehung zu Deiner Mutter und zu Deiner Großmutter betrifft.

Ja, ich weiß, Mami und Oma haben mich bereits darüber informiert, als ich noch in England war.

Deine Mutter sagte mir, Du würdest ihrer Mutter ähnlich sehen, Du hättest ihre Augen und ihr Lachen. Siehst Du das auch so?

Also meine Freundinnen und meine Freunde meinen alle, ich würde Mami gleichen, aber meine Mami meint, ich sähe der Oma ähnlich. Ich denke, mein Bruder gleicht der Mami, ich habe die Art von der Oma. Sie ist so neugierig, und das bin ich auch, ich möchte alles wissen, was die Familienverhältnisse betrifft. Meine Mami ist nicht neugierig.

Liebst Du Deine Mutter?

Ja, ich liebe Mami.

Mir wurde von einem Brief erzählt, den Du an Deine Mutter geschickt hast, da sollst Du geschrieben haben, Du würdest Dir wünschen, daß sie etwas mehr Rücksicht auf Deine Gefühle nimmt. Da fühltest Du Dich offensichtlich nicht von ihr verstanden?

Ja, das kann sein. Es ist ja kein Mensch ohne Fehler, auch meine Mami nicht.

So viel ich weiß, hat sie Dich nach England geschickt, hast Du ihr das damals übel genommen?

Doch, am Anfang fühlte ich mich weggeschickt, aber im Nachhinein finde ich es gut. Ich konnte meine Sprachkenntnisse verbessern, und ich habe an Menschenkenntnis gewonnen. Ich konnte mich auch viel mit Pferden beschäftigen.

Wenn Du Dir vorstellst, Du hättest eine Tochter, was würdest Du anders machen?

Das ist eine schwierige Frage. Also was Mami früher oft getan hat, daß sie vor meinen Freundinnen mit mir geschimpft hat, das würde ich nie machen.

Warum schimpfte sie mit Dir?

Weil ich manchmal von der Schule nicht nach Hause kam, oder wenn ich einen Brief von der Lehrerin hatte oder schlechte Zensuren.

Findest Du, daß Deine Mutter selbstbewußt ist?

Die Mami ist sehr selbstbewußt. Wenn sie verunsichert ist, dann nur bei meinem Onkel, ihrem Bruder, mit dem sie zusammen den Hof hat. Er tritt sehr selbstbewußt auf, das verunsichert sie.

Kannst Du mit Deiner Mutter über Deine Probleme reden?

Hat sie Dich aufgeklärt?

Ja, das kann ich. Sie hat mich aufgeklärt, da war ich noch ein kleiner Spatz. Sie hat mir gezeigt, wie ein Fohlen geboren wird, und wie ein Pferd gedeckt wird.

Hört sie Dir zu, wenn Du Schwierigkeiten hast?

Ja, sie hört mir zu, sie sagt zwar, das wäre dummes Zeug, aber sie hört mir zu.

Kannst Du auch mit Deiner Großmutter solche Gespräche führen?

Nein, das geht nicht, sie ist eine andere Generation. Meine Mami ist heute mit mir und meinen Feundinnen und Freunden jung, sie lädt sie ein und bewirtet sie. Meine Oma ist da anders, für sie würde eine Welt zusammenbrechen.

Wie siehst Du die Beziehung zwischen Deiner Mutter und Deiner Großmutter?

Zwischen ihr und Mami ist ein Wahnsinnskampf. Eine weiß immer alles besser als die andere. Sie streiten sich oft. Mami hat ihre Mami auch kaum gesehen, als sie klein war, da war die Kinderfrau und später das Internat. Ich war eigentlich mehr mit meiner Mami zusammen.

Hattest Du keine Kinderfrau mehr?

Doch, das schon, aber ich habe meine Mami ziemlich oft gesehen.

Möchtest Du so werden wie Deine Mutter?

Auf diese Frage habe ich gewartet. Nein, das möchte ich nicht. Meine Mami ist ein anderer Typ als ich. Ich bin mehr hausfraulich, ich bin für Ruhe und Romantik. Meine Mami ist mal hier, mal da. sie hat gerne viele Leute um sich, das mag ich zwar auch, aber nicht immer. Oder wenn ich zum Beispiel früher etwas nicht richtig gemacht hatte, dann schrie sie mich an, oder sie verbot mir, zu einem Kindergeburtstag zu gehen oder zu einem Picknick im Walde. Das würde ich nie machen.

Wurde Dein Bruder Dir vorgezogen?

Ja, er wird auch jetzt noch vorgezogen. Mami kümmert sich mehr um ihn als um mich. Sie rennt den ganzen Tag hinter ihm her und sagt: Mach mal dies und mach mal das. Ich war immer eifersüchtig auf ihn. Er kommt jetzt nur noch zum Wochenende nach Hause. Die Hunde und die Pferde gehen auch immer vor, das ist so bei meiner Mami.

Kennst Du Deine Mutter?

Nein, Mami kenne ich nicht. Es ist ja so, jeder Mensch kennt sich selbst viel besser, als man andere Leute kennt. Man kann sich in anderen Leuten oft sehr täuschen. ... Es ist schwer, manchmal weiß ich nicht, wie die Mami ist.

Würde es Dich interessieren, mehr über sie zu wissen?

Nein, eigentlich nicht.

Magst Du Deinen Vater lieber?

Nein, ich mag ihn nicht. Meine Eltern sind geschieden. Ich sehe meinen Vater immer zum Wochenende, ich muß sagen, er ist total verklemmt. Wenn ich zum Beispiel mit ihm reden will, dann muß ich mit ihm einen Termin in seinem Büro ausmachen, das finde ich schlimm.

Hast Du schon einmal unbestimmte Ängste gehabt, von denen Du nicht weißt, wo sie herkommen?

Ängste habe ich schon, aber ich weiß immer, wo sie herkommen. Wenn mich zum Beispiel mein Bruder ärgert, wenn er sagt, ich wäre zu dick.

Was hältst Du von Emanzipation, von der Frauenbewegung?

Nichts, weil ich persönlich es schöner finde, mit einem Mann zusammen zu sein als mit Frauen. Freundinnen sind oft so albern. Obwohl ich einiges akzeptiere, was die Frauenbewegung fordert, zum Beispiel sollte man im Haushalt alles zusammen machen. Ich finde auch nicht gut, daß Frauen im Beruf benachteiligt sind.

Möchtest Du einmal heiraten und Kinder haben?

In den nächsten zehn Jahren bestimmt nicht. Aber ich möchte schon heiraten und viele Kinder haben.

Was hast Du für Berufswünsche? Deine Mutter sagte, Du würdest gerne Kinderkrankenschwester? Oder ist dieser Wunsch bereits überholt?

Der ist überholt, ich möchte lieber etwas mit Pferden machen und mit behinderten Kindern. Aber mich interessieren auch Sprachen.

Wenn Du mit Deiner Mutter alleine bist, spricht sie dann mit Dir über ihre Probleme? Belastet Dich das?

Nein, als Belastung empfinde ich das nicht, wenn sie mit mir über ihre Schwierigkeiten spricht. Sie hat ja sonst niemanden, mit dem sie darüber reden kann.

Hast Du manchmal das Gefühl, Du wärst Ihre Mutter?

Ja, zum Beispiel, wenn sie in der Küche nicht aufräumt, meine Mami ist eine schlechte Hausfrau, obwohl sie gut kochen kann. Wenn sie Fenster putzen will, dann zeige ich ihr, wie sie das machen muß; dann denke ich, ich bin ihre Mutter. Oder wenn sie albern ist, dann sage ich: Du bist wie ein kleines Kind.

Wie reagiert sie darauf?

Sie lacht.

Hast Du Vertrauen zu ihr?

Nicht immer, manchmal erzählt sie ihrem Bruder, meinem Onkel, was ich ihr gesagt habe, das finde ich nicht gut.

Leidest Du an Ängsten? Hast Du Minderwertigkeitsgefühle?

Nein, die habe ich nicht. ... Du glaubst mir wohl nicht? Ich sehe das an Deinem Gesicht.

Ich bin da allerdings etwas ungläubig, weil es in unserer Gesellschaft relativ selten vorkommt. Weißt Du, wenn Frauen unsicher sind, dann hat das gesellschaftliche Ursachen, davon sind alle Frauen mehr oder weniger betroffen. Kommen wir zu meiner nächsten Frage, haßt Du manchmal Deine Mutter?

Ich war schon wütend auf sie, aber hassen kann ich sie nicht, weil Haß ein Teil von Liebe ist, Haß ist Gefühl. Wütend bin ich, wenn sie zum Beispiel in mein Zimmer kommt und mich kritisiert, weil ich zu laut bin. Dann werfe ich etwas auf den Boden und dann fahre ich weg. Unterwegs denke ich darüber nach, rede vielleicht mit einer Freundin darüber und fahre wieder nach Hause. Früher bin ich immer zu Mony gerannt, Mony hat damals viel mitgemacht mit mir, ich war sehr oft bei ihr. ... Was sagt denn meine Mutter zu der Frage, ob sie mich haßt?

Das habe ich Deine Mutter nicht gefragt, mich hat interessiert, ob sie ihre Mutter haßt. ... Ich habe Deine Großmutter und Deine Mutter gefragt, ob sie alleine leben können. Deine Großmutter meinte, sie könnte das, es machte ihr nichts aus. Aber Deine Mutter sagte mir, sie würde sich einsam fühlen, und das könnte sie nicht ertragen. Wie ist das bei Dir?

Bei mir ist das noch schlimmer als bei der Mami. Wenn ich alleine zu Hause bin, dann telefoniere ich, damit ich mit jemanden sprechen kann. Ich kann es nicht ertragen, alleine zu sein.

Hast Du zur Zeit einen Freund?

Ja, ich habe einen Freund, er ist zwar etwas jünger als ich, aber das stört mich nicht. Wir sind in der gleichen Klasse. Er ist sehr schüchtern. Ich lernte ihn kennen, als er mich auf dem Schulhof ansprach und mich frug, ob ich mit ihm Pommes essen gehe.

Ich frage deshalb, weil ich hörte, daß Du einen Freund hast, den Deine Mutter nicht billigt. Aber das ist wohl nicht der, von dem Du sprichst?

Nein, das war vorher, da kannte ich jemanden, da war ich erst sechzehn, da war ich noch dumm. Ich bin da so reingerutscht.

Hast Du Deiner Mutter erzählt, daß wir beide ein Protokoll machen?

Ja, ich habe ihr gesagt: Da ist eine Tante, die will mit mir reden. Da meinte Mami: Sie hat mit mir auch schon gesprochen und mit der Oma. Ich sagte ja schon, ich wußte es bereits, als ich noch in England war, weil sie mir das geschrieben hatten. ... Wieviel Familien hast Du denn jetzt?

Insgesamt zwölf Familien. Ich habe versucht, Frauen aus verschiedenen sozialen Schichten anzusprechen. Da gibt es eine Wissenschaftlerin, eine Politikerin, eine Heilpädagogin, eine Lehrerin. Da ist eine Arbeiterin und da sind Angestellte.

Was möchtest Du mit dem Buch erreichen?

Ich hoffe, Denkanstöße geben zu können. Ich möchte, daß Frauen beginnen, über sich selbst nachzudenken, darüber, warum sie verunsichert sind, woher das kommen kann; und wie man das vielleicht auflösen kann. ... Du willst sicher nach Hause?

Ja, aber erst gehe ich noch zu Mony in die Küche, sie soll mir einen Sprudel geben.

Für die Gräfin und ihre Tochter war die Kinderfrau die Mutter. Eine Mutter, die Nestwärme vermittelte, die keine „Rollen-Mutter" war. Es hat den Anschein, als ob hier das Kleinkind mit mehr Wärme und Zuwendung aufwächst, als es in anderen Schichten unserer Gesellschaft der Fall ist. Die Kinderfrau kann sich über einen Zeitraum von mehreren Jahren ganz auf das Kind konzentrieren, sie muß das Kind nicht fordern, sie muß ihm keine Leistung abverlangen, sie kann dem Kind völlig wertfrei Liebe geben. Doch nach der Geborgenheit der ersten Jahre folgt ein Schock: Das Kind kommt in ein Internat.

Als ich Frau Cäcilie frage, ob sie eifersüchtig war als Kind, daß vielleicht ein Mann kommen könnte, der ihr die Mutter nimmt, sagt sie: Eigentlich weniger auf einen Mann, wir waren vielmehr eifersüchtig auf die Arbeit meiner Mutter; sie war viel unterwegs. Etwas später frage ich sie, ob sie in ihrer Ehe eifersüchtig war, sie antwortet: Eifersüchtig war ich auf die äußeren Einflüsse, denen mein Mann ausgesetzt war. Sie litt als Kind darunter, daß die Mutter ihr wenig Zuwendung gab, daß sie diese Zuwendung anderen Menschen schenkte. Das wiederholt sich später bei ihrem Mann. Auch hier ist sie nicht eifersüchtig auf eine andere Frau, sondern

darauf, daß er Interessen nachgeht, die außerhalb ihrer Person liegen. Ich frage Frau Cäcilie, ob sie ihre Mutter manchmal gehaßt hat, sie weicht erst aus mit ihrer Antwort, doch dann meint sie: Sicher, aber wenn man später eine Schwiegermutter hat, die man mit der eigenen Mutter vergleicht, dann weiß man erst, was man an der Mutter gehabt hat. Als ich ihrer Tochter Maximiliane die gleiche Frage stelle, sagt sie: Ja, das habe ich. Friederike, Maximilianes Tochter antwortet: Ich war schon wütend auf sie, aber hassen kann ich sie nicht, weil Haß ein Teil von Liebe ist, Haß ist Gefühl.
Glaubt Frau Cäcilie, daß ihre Tochter sie liebt? Sie antwortet: Ich glaube schon? Wir haben lieber einen gewissen Abstand. Ich mische mich nie in ihr Leben ein. Ich gehe ihr aus dem Wege. Ich muß immer vorsichtig sein bei ihr, sie ist so schnell auf den Schlips getreten. Ihre Tochter Maximiliane sagt: Ich interessiere mich für Sport, dafür hat Mami kein Interesse, sie hat ihre Bücher, ihr Archiv, den ganzen trockenen Kram. Friederike auf meine Frage, ob sie so werden möchte wie ihre Mutter: Auf diese Frage habe ich gewartet. Nein, das möchte ich nicht. Meine Mami kenne ich nicht, es ist ja so, man kennt sich selbst viel besser, als man andere Leute kennt. Da ist die Mutter, die sich nach der Tochter sehnt, aber die „ist so schnell auf den Schlips getreten". Da ist die Tochter, die sich von der Mutter nicht verstanden fühlt, denn diese „hat ganz andere Interessen". Die Enkeltochter kennt ihre Mutter nicht, weil man ja „andere Leute" selten kennt. Als ich Frau Cäcilie frage, ob ihr Schwierigkeiten zwischen ihrer Mutter und der Großmutter bekannt sind, meint sie: Nein, die hatten keine Schwierigkeiten, ich glaube, es wurde damals auch nicht darüber gesprochen, es wurde nicht an die große Glocke gehängt. Damit sagt sie, daß die Probleme verdrängt wurden. Auch Frau Cäcilie hat sie verdrängt, nun sind sie wieder da, das heißt, sie sind noch da. Jahrelang litt sie unter psychosomatischen Beschwerden.
Es gibt auch Übereinstimmungen zwischen Maximiliane und ihrer Tochter. Beide können nicht alleine sein, das könnten sie nicht ertragen. Friederike möchte lieber wie die Oma sein: Ich habe die Art von meiner Oma, sie ist so neugierig, und das bin ich auch. Meine Mami ist nicht neugierig. Frau Cäcilie, nach ihrer Kindheit gefragt, sagt: Mit meiner Großmutter kam ich eigentlich besser zruecht als mit meiner Mutter.
Im Gegensatz zu anderen Frauen unserer Gesellschaft wurde Frau Cäcilie ausschließlich für ihre Schicht erzogen. Sie findet das ihr anerzogene Verhalten nur in einem relativ kleinen Kreis. Das ist etwas, was sie isoliert: Es ist so, der Kontakt mit der Umgebung, der fällt durch diese Internatserziehung weg. Schließlich muß ich hier leben und habe meine Freunde ganz woanders. Ihre Tochter Maximiliane versucht, sich dem zu entziehen. Sie erzählt mir stolz, daß sie, in fünfhundert Jahren, die erste ist, die körperlich arbeitet. Seit Generationen wird diesen Frauen vermittelt, daß man über Probleme nicht spricht. Die wichtigsten Tugenden sind: Demut, Bescheidenheit und Disziplin. Von den Frauen wird erwartet, daß sie ihre

Kinder an die Kinderfrau abgeben, kaum daß sie geboren sind, und daß sie sie später in Internate geben. Eine künstlich hergestellte Entfremdung zwischen Mutter und Tochter. Eine Entfremdung, die für unsere Kultur typisch ist, die hier noch durch die Erziehung verstärkt wird. Wie ihre Mutter sich durch Arbeit ihren Töchtern entfremdete, so entfremdet sich Frau Cäcilie ebenfalls von ihrer Tochter. Heute sagt sie: Man kann ja nicht alles machen, den Besitz zusammenhalten und sich um die Kinder kümmern. Am Schluß unseres Gespräches weist sie auf das Tonband hin und meint: Wenn ich Ihr Tonband sehe, dann denke ich, daß ich mir auch eines zulegen möchte. Ich würde gerne meine Lebensgeschichte auf Band sprechen, um sie so besser aufschreiben zu können. Wenn die Großmutter, die Mutter und die Tochter sich endlich näherkommen möchten, dann sollten sie anfangen, miteinander zu reden. Denn im Grunde haben sie noch nie miteinander gesprochen, jedenfalls nicht über sich selbst.

12.
Meine Tüchtigkeit ist ein Leidensdruck.

Petra Sp. ist 40 Jahre alt, sie ist verheiratet und wohnt mit ihrem Mann in Stuttgart. Von Beruf ist Petra Wissenschaftlerin. Sie lehrt an der Universität in Straßburg. Ihre Mutter ist 72 Jahre alt, sie ist Witwe. Außer Petra hat sie noch eine Tochter und einen Sohn. Sie lebt alleine in Wiesbaden.

Du fragst mich nach meiner Kindheit, weißt Du, ich bin nicht hier im Westen geboren, wir kommen aus Schlesien. Ich erinnere mich, in der Zeit zwischen meinem fünften und zehnten Lebensjahr wurde ich manchmal, um besser aufgepäppelt zu werden, bei anderen Leuten umgebracht, ach ich meine, untergebracht. Das war eine echte Freudsche Fehlleistung. Das war so eine gute, bürgerliche Familie, nach allen äußeren Kriterien hätte es mir da gut gehen müssen. Trotzdem habe ich damals eine panische Angst ausgestanden, ich dachte, wenn ich bleibe, dann ist meine Mutter mit den anderen Geschwistern inzwischen weg. Ich habe diese Leute belogen, und habe gesagt, ich müßte früher weg, dann bin ich wie um mein Leben gerannt, um nach Hause zu kommen und zu sehen, ob meine Mutter noch da ist. Ich kann mich an vieles erinnern, was ähnlich war.

Kann man sagen, daß Du zu Deiner Mutter kein Vertrauen hattest?

Nein, es ist nicht so, ich hatte Vertrauen zu ihr, ich will es erklären. Ich hatte diese Verlassenheitsängste nicht, daß ich dachte, daß meine Mutter mich verläßt, sondern, daß Umstände eintreten könnten, die uns trennen würden. Das hing auch mit den Bedingungen der Flucht zusammen. Wir sind in der Zeit sehr viel umgezogen, unsere Flucht dauerte insgesamt fünf Jahre. Als ich Abitur machte, da habe ich überlegt, was ich studieren soll. Ich habe dann die Soziologie gefunden, die ja etwas anderes ist als die Psychologie. Ich kann mein Leben mit der Soziologie erklären, daß sehr viel auf allgemeine Umstände und Bedingungen zurückzuführen ist. Das ist etwas, das in meinem Leben auch wirklich eine große Rolle spielt. Ich habe zweimal die Sprache gewechselt, vom Polnischen zum Deutschen. Ich habe oft die Schulen wechseln müssen.

Trotzdem hattest Du gute Zensuren?

Ich habe sehr gute Zensuren gebraucht. Als deutschsprachiges Kind kam ich in eine polnische Schule, das war überhaupt kein Problem für mich, das weiß ich noch. Ich ging einmal mit meinem Zeugnis in der Hand nach Hause, da traf ich unterwegs eine deutschsprachige Frau, die mit mir sprach und mein Zeugnis sah. Mir ist noch deutlich in Erinnerung, daß sie sagte: Was hast Du für ein gutes Zeugnis. Ich hatte das gar nicht realisiert, ich wußte das gar nicht. Als ich nach Hause kam und es meiner Mutter zeigte, da sagte sie nichts. Als ich ihr das von der Frau erzählte, sagte meine Mutter nur: Ja, ja. Eigentlich war es meiner Mutter nicht recht, daß ich an einer polnischen Schule eine gute Schülerin war. Sie hatte nicht für Polen optiert, sie wollte nach Deutschland, in den Westen. Sie hatte Angst, wenn wir Kinder so gut polnisch sprechen würden, daß wir von den Deutschen entsprechend empfangen würden. Als ich dann in die deutsche Schule kam, da hatte ich Schwierigkeiten. Ich war von Polen ein gutes Schulsystem gewohnt, das nicht auf Leistung aufgebaut war. Ich war eine gute Schülerin, aber das war in Polen nicht so wichtig. Hier in Deutschland bekam man für Leistung Prämien, das gab es in Polen nicht. Hier mußte man, wenn man ein Diktat machte, aufzeigen, wieviel Fehler man gemacht hatte, das kannte ich nicht. Ich wurde mal ausgeschimpft, weil meine Schwester und ich uns gegenseitig unsere Fehler korrigiert hatten, wir bekamen von der Klasse schlimme Sanktionen, das war eine schlechte Erfahrung für mich.

Eine Frage zu Deiner Mutter, ist Dir bekannt, ob Deine Mutter ihrer Mutter gegenüber schon einmal Schuldgefühle geäußert hat.

Nein, aber ich habe meiner Mutter gegenüber Schuldgefühle. Meine Mutter hat mir ein so priviligiertes Leben ermöglicht, und ich lasse sie so allein zurück. Ich weiß, daß sie verbittert und traurig ist. Ich denke mir, daß meine Mutter gehofft hat, daß sie in ihrem Alter von ihren Kindern nicht verlassen wird.

Sprichst Du von Dir alleine oder von Euch Geschwistern?

Mein Bruder und meine Schwester haben eine ganz ähnliche

Entwicklung gemacht wie ich. Wir haben alle diese Schuldgefühle, wir meinen, wir müßten uns ihr mehr zuwenden. Wahrscheinlich wird meine Mutter in das Haus ziehen, das mein Bruder sich baut.

Denkst Du, daß Deine Mutter in ihrer Ehe glücklich war?

Nein, das glaube ich nicht. Sie mußte damals nicht heiraten, ich meine, sie war nicht schwanger, aber sie mußte heiraten, weil sie keine ökonomische Existenz hatte. Sie war 28, als sie geheiratet hat, es war eigentlich höchste Zeit für sie. Aber wir haben alle das Gefühl, daß es keine Liebesheirat war, eher eine Vernunftehe.

Ihr Leben als Ehefrau und Mutter hat sie nicht ausgefüllt?

Ja und nein, für sie als Tochter eines Volksschullehrers gab es, standesgemäß, nicht so viel Auswahl. Sie ist ja in einem winzigkleinen Dorf aufgewachsen. Ich glaube, Kinder wollte sie schon, aber vielleicht nicht unbedingt drei, aber sie hatte keine Ahnung von Empfängnisverhütung.

Hat sie mit Euch darüber gesprochen, wie ihre Schwangerschaften waren?

Sie hat mit uns darüber gesprochen, aber mehr über die äußeren Umstände. Sie erzählte uns, daß eine Nachbarin gesagt haben soll, als sie mit meinem Bruder schwanger war, sie bekäme einen Jungen, weil sie damals so einen spitzen Bauch hatte. Die Nachbarin hatte gesagt, das könnte man daran erkennen, denn ein Junge hätte breitere Schultern als ein Mädchen.

Du hast mir erzählt, daß Dein Vater gefallen ist. Sie war dann mit den drei Kindern alleine, trotzdem scheint sie ihr Leben ganz gut gemeistert zu haben?

Ja, trotz der schlechten Zeit. Wir haben, als wir noch in Polen waren, von Landarbeit gelebt. Dann wohnten wir etliche Zeit in dem Dorf, in dem mein Großvater zwanzig Jahre lang ein sehr beliebter Dorfschullehrer war. Da haben uns die Leute in diesem Dorf sehr geholfen. Hier im Westen ging es uns nicht gut, meine Mutter bekam nur eine kleine Kriegerwitwenrente. Aber sie ging nicht arbeiten, sie ist bei ihren Kindern geblieben. Sie hat uns nicht allein gelassen.

Hast Du Ähnlichkeit mit Deiner Mutter?

Doch, ich bin ihr ähnlich, auch im Wesen, meine Schwester gleicht meinem Vater. Diese kühle Distanziertheit ist so ein Mangel an entfalteter Gefühlskultur. Ich glaube, meine Mutter hätte mehr vom Kopf her gefordert werden müsssen, aber sie wurde künstlich, als älteste Tochter und einzige Tochter, zur Frau gemacht, im traditionellen Sinne.

Ist Dir bekannt, ob Deine Mutter unter psychosomatischen Beschwerden litt?

Ja, sie hatte immer Gallensteine, viele Brustoperationen, auch Blasenoperationen. Sie sagt selbst heute, daß das psychisch bedingt ist. Sie hat mir einmal gesagt, daß sie sich mitunter schon als 14jähirge wie eine alte Frau gefühlt habe.

Es muß ihr sehr schlecht gegangen sein, wenn ihr Körper mit solchen Krankheiten reagiert?

Das weiß ich nicht, ich habe sie immer nur als Mutter wahrgenommen. Ich habe sie auch immer unglaublich gefordert, zu ihr als Mensch und als Frau habe ich eigenlich keine Ebene gefunden.

Ich würde das gerne aufgreifen, was Du gerade gesagt hast. Ich sage das jetzt als Mutter, ich wehre mich dagegen, immer nur als eine Instanz gesehen zu werden. Ich habe die Hoffnung, daß Töchter einmal begreifen, daß auch wir nur Frauen sind, mit allen Schwächen.

Es stimmt, was Du sagst, ich habe meine Mutter immer nur als Instanz wahrgenommen. Als wir sie dann nicht mehr brauchten, als wir sie verlassen haben, da waren wir noch so grausam und haben gesagt: Jetzt nimm einmal Dein eigenes Leben in die Hand und denke nicht immer nur für die Kinder. Das war ihr doch gar nicht möglich, sich anders zu definieren als über ihre Kinder, das heißt über ihr Mutter-Sein.

Du sagst, Deine Mutter lebt alleine. Denkst Du, daß sie das gut kann oder fühlt sie sich einsam?

Meine Mutter hat immer gesagt, sie kann gut alleine leben. Sie hat nach meinem Vater, der ja im Krieg gefallen ist, nie wieder einen Mann gehabt. Aber trotzdem denke ich, daß sie sich einsam fühlt.

Ist Deine Mutter kontaktfreudig?

Nein, das ist sie nicht. Aber sie lebt auf, wenn sie unter Menschen ist. Doch es muß eine Gesellschaft sein, die ihr über ihre Kinder vermittelt wurde, sie selbst kann keine Kontakte herstellen. Sie definiert sich im Grunde immer noch über uns. Aber sie hatte eine Phase, als wir alle von zu Hause weg waren, da hat sie sich ganz stark in der katholischen Kirchengemeinde engagiert, sie war Vorsitzende des Frauenkreises und hat eine Altentagesstätte eingerichtet. Sie hatte einen Kreis von Frauen, da organisierte sie kleine Vorträge. Wir haben sie in der Zeit sehr bewundert, da ging es ihr auch wesentlich besser als heute. Dann trat etwas ein, was sie sehr katastrophiert hat, man legte ihr nahe, sich eine kleinere Wohnung zu suchen, ihre Wohnung wäre für sie alleine zu groß. Da sagte sie: Ich bleibe hier nicht mehr, ich ziehe in die Stadt, in der meine Kinder wohnen. Sie kam dann her und hat nie wieder einen Außenkontakt aufgenommen. Heute lebt sie ganz alleine.

Gehst Du mit Deinen Schwierigkeiten zu ihr?

Nein, dann gehe ich zu meinen Geschwistern oder zu Freunden, aber nicht zu meiner Mutter. Das tue ich nicht, das habe ich auch noch nie probiert. Ich kann mich meiner Mutter nicht schwach zeigen.

Du willst ihr gegenüber die gute Schülerin bleiben?

Das ist richtig.

Mußtest Du im Haushalt helfen?

Ja, das mußten wir alle, auch mein Bruder. Wenn etwas war, dann haben wir drei uns immer gegen meine Mutter verbündet, da waren wir stärker als sie.

Würdest Du gern mehr von Deiner Mutter wissen?

Ja, heute würde es mich interessieren, ich möchte heute etwas daran tun. Ich denke, daß ich meiner Mutter sehr ähnlich bin, gefühlsmäßig und verstandesmäßig, auch von den Fähigkeiten her. Sie war eine gute Mutter. Aber daß ich diesen intellektuellen Weg gegangen bin, das hängt, so glaube ich, damit zusammen, daß ich mir immer gesagt habe: Das Leben, das meine Mutter geführt hat, darf mir nicht passieren. Ich habe keine Kinder, weil ich mir gesagt habe, ich will erst dann Kinder haben, wenn ich meine eigene ökonomische Unabhängigkeit habe. Meine Identität ist sehr stark beruflich festgelegt.

Möchtest Du mehr über Dich wissen?

Ja. Daß ich so engagiert in der Frauenbewegung bin, das hängt auch damit zusammen. In der Frauenbewegung habe ich mich erstmals als Person und als Frau wahrgenommen, das war früher nicht, früher war ich keine Frau in dem Sinne. Obwohl ich eigentlich als Frau ganz wenig Schwierigkeiten hatte, beruflich.

Kannst Du etwas konkretisieren, wo Deine Schwierigkeiten mit Deiner Mutter liegen?

Ja, das will ich gerne beantworten. Meine Schwierigkeiten mit meiner Mutter liegen einmal darin, daß ich ihr meine positiven Gefühle nicht zeigen kann, die ich ihr gegenüber habe. Ich bin eher bereit, sie zu kritisieren, ziemlich viel Negatives zu zeigen. Wir streiten uns öfter. Als ich meine Mutter als Großmutter erlebte, als ich sah, wie sie mit ihren Enkelkindern umging, so warmherzig und sensibel, da hatte ich das Gefühl, daß sie zu uns, als wir klein waren, auch so war. Sie hat uns auch gehen lassen, sie hat uns nicht erdrückt. Das habe ich bei den Auseinandersetzungen mit ihrer Mutter erlebt. Meine Großmutter kritisierte sie, wie sie ihre Kinder erzog, da waren wir aber schon etwas größer. Es ging darum, daß meine Mutter der Meinung war, daß wir alle das Abitur machen sollten, um einmal studieren zu können. Da hat sich meine Mutter mit ihrer Mutter gestritten, meine Großmutter sagte: Du wirst schon sehen, was Dir das bringt, was Du aus Deinen Töchtern machst, aus Deinen studierten Töchtern. Aber meine Mutter hat sich nicht davon beirren lassen, sie war immer bemüht, daß wir alle eine gute Ausbildung bekamen.

Wie erklärst Du Dir das bei Deiner Mutter?

Meine Mutter war die Älteste von fünf Kindern, sie war das einzige Mädchen. Ich hatte immer den Eindruck, daß sie sich sehr zurückgesetzt fühlte gegenüber ihren Brüdern. Alle vier Söhne haben studiert, dafür haben sich meine Großeltern krumm gelegt. Sie kamen in entsprechende Internate, meine Mutter aber blieb zu Hause, sie hatte nur ein Jahr eine hauswirtschaftliche Ausbildung bekommen. Wenn ihre Brüder vom Internat nach Hause kamen, dann mußte sie deren Wäsche waschen und ihre Koffer packen. Ich glaube, sie hat sich geschworen, daß sich das bei ihren Töchtern nicht wiederholen soll.

Was für eine Frau war Deine Großmutter?

Meine Großmutter war auch die Älteste zu Hause, da waren sieben Kinder. Ihre Eltern hatten eine Gastwirtschaft. Ich habe sie als eine schöne Frau in Erinnerung, sie war stark, eine starke Persönlichkeit, meine Großmutter hat sich nicht untergeordnet. Ich glaube, daß meine Mutter und meine Großmutter sehr große Spannungen hatten, sie haben sich viel gestritten. Meine Mutter stand in gewisser Weise im Schatten ihrer Mutter, das war keine gute Beziehung. Meine Mutter wollte immer von ihrer Mutter Anerkennung, das weiß ich.

Sind Deine Großeltern damals im Osten geblieben?

Als mein Vater starb, das war 1942, ist meine Mutter mit ihren drei Kindern zunächst zu ihren Eltern gezogen. Sie mußte die Wohnung räumen, das war eine Dienstwohnung, mein Vater war ja auch Lehrer. Nach einiger Zeit bekam sie wieder eine eigene Wohnung im selben Dorf, in dem meine Großeltern wohnten. Dann gab es Auseinandersetzungen zwischen meiner Mutter und ihrer Mutter. Meine Großmutter hat gesagt, sie geht mit ihrem Mann in den Westen: Sieh zu, wie Du zurechtkommst. Sie sind schon 1946 in den Westen gegangen, meine Großmutter schrieb immer an meine Mutter, wie gut es ihnen ginge im Westen; und uns stand damals das Wasser bis zum Hals. Ich glaube, meiner Großmutter waren ihre Söhne wichtiger als ihre Tochter.

Glaubst Du, daß Deine Mutter ihre Mutter gehaßt hat?

Meine Mutter? Ganz sicher, sogar ganz stark.

Hat sie später noch von ihr gesprochen, als sie tot war?

Nein, nie.

Hast Du einen Mangel an Zuwendung?

Ja, ich glaube, in der Kleinkindphase. Dann gibt es eine Veränderung, so in der Schulphase, da gab es so einen körperlichen Rückzug von meiner Mutter, den habe ich damals empfunden. Sie vermittelte mir, daß ich ihr den Vater und den Mann ersetzen sollte, während meine Schwester die weibliche Zuschreibung bekam, sie ist auch viel sanfter als ich. Meine Mutter hat mir Verantwortung aufgebürdet, mich hat sie gefordert. Ich habe mich ihrer Erwartung entsprechend verhalten. In meiner Pubertät habe ich mich abgenabelt, ich nenne das jetzt mal so; da begann mein bewußter Kampf gegen meine Mutter. Ich hatte den Eindruck, daß sie mich in eine Rolle zwingen wollte. Ich war 17, da bin ich von zu Hause weggegangen.

Versuchst Du manchmal, Deine Mutter zu bevormunden?

Nein, ich sage ihr immer, Du mußt selber leben. Ich denke, daß meine Mutter heute daran leidet, daß sie eigentlich alles für ihre Kinder getan hat. Als wir was geworden sind, da haben wir sie allein gelassen.

Liebst Du Deine Mutter?

Ja, ich kann es nur nicht zeigen.

Wie wurdet Ihr bestraft?

Sie hat uns so gut wie überhaupt nicht bestraft. Sie hatte eine schlimme Methode, wenn wir etwas tun sollten und wir wollten nicht, dann sagte sie: Dann mache ich das selber.

Wie kommt es, daß Du Dich ständig überforderst? Daß Du keine Schwäche zeigen kannst?

Ich war schon immer sehr ehrgeizig, ich bin ehrgeizig, weil

ich mich mit meinem Kopf retten konnte. Dann habe ich als Kind auch sehr viel Gewalt erlebt. Da war diese Flucht, diese Toten. Drei Brüder meiner Mutter sind gefallen. Dann diese Lager, nichts zu essen, wir waren so unglaublich arm. Die zerstörten Städte, die Baracken, in denen wir untergebracht waren. Mit meiner Erziehung hatte ich insofern Glück, als mich meine Mutter mit ihrem jüngsten Bruder verglich, er war so ein kluger Mann, darauf war ich stolz. Du fragst, warum ich keine Schwäche zeigen kann? Ich wollte immer eine gute Tochter sein. Ich weiß nur, ich wollte ihr keine Schwierigkeiten machen. Noch heute kann ich mit meinen Problemen nicht zu meiner Mutter gehen. Ich glaube, daß es eine ungeheure Kränkung für sie ist, wenn ich Fehler mache. Ich glaube nicht, daß sie mich mit meinen Problemen zurückweisen würde, aber ich tue es trotzdem nicht, ich muß immer unglaublich stark sein. Ich erinnere mich, daß ich als Kind von meiner Mutter verantwortlich gemacht wurde für die Schwächen meiner Geschwister, mein Bruder war eine Zeitlang ein schlechter Schüler. Ich denke, daß meine Mutter mich nur akzeptiert, wenn ich stark bin. Vielleicht möchte sie mich doch einmal schwach erleben? Es ist ja unmöglich, daß jemand immer nur stark ist? Neulich hat sie mir gesagt, das betraf den Mann meiner Schwester: Aber der ist Dir überlegen, den kriegst Du nicht unter.

Kann es nicht sein, daß Du das nur so interpretierst?

Ich möchte das so sagen: Ich habe das Gefühl, daß meine Mutter mich stark haben will, aber eigentlich auch einmal schwach. Ich denke, ihr meine Schwäche zu zeigen, das würde mich ihr sicher menschlich näher bringen? Doch da ist noch etwas. Ich erinnere mich, daß ich meine Mutter phasenweise dafür verachtet habe, daß sie schwach war, daß sie so abhängig war. Es machte sie wehrlos, daß sie sich keine eigene Existenz aufbauen konnte. Ich habe sie auch dafür verachtet, daß sie nichts als Mutter war. Ich weiß, das klingt schlimm. Ich habe meine Mutter sehr früh als von mir abhängig erfahren; wenn Entscheidungen zu fällen waren, und wenn etwas zu tun war.

Wenn Du eine Tochter hättest, was würdest Du anders machen?

Ich würde ... ich weiß nicht, ob ich vieles anders machen würde? Vielleicht würde ich dem Kind mehr Gefühle zeigen? Aber das ist zu abstrakt. Ich würde gerne einmal über Sexualität sprechen. Ich kann mich an sehr frühe, kindliche Sexualität erinnern. Mit anderen Kindern, aber auch mit meinen Geschwistern, haben wir unsere Geschlechtsteile berührt. Wir hatten ein intensives, kindliches Sexualleben. Auf dem Dorf ist das ja leicht möglich, auf der Wiese oder so. Mein Bruder hat mich oft zwischen meinen Beinen berührt. Einmal waren wir bei einem Jungen, dessen Mutter nicht da war. Sie kam aber dann und sie sah, was wir machten. Sie ist zu meiner Mutter gegangen und hat gesagt: Das ist eine unglaubliche Schweinerei. Ich kann mich noch erinnern, daß meine Mutter da sehr geschimpft hat, von da an war es auch für uns etwas ganz Schlimmes. Ich habe auch früh onaniert, da dachte ich, das weiß meine Mutter nicht. Zu der Zeit war meine Mutter sehr religiös, und die katholische Kirche hatte Sexualität als Sünde der Eva bezeichnet. Meine Mutter erzählte uns davon. Ich habe sie eigentlich immer als asexuell empfunden. ... Dieses Onanieren war für mich eine sehr wichtige Erfahrung. ... Meine Mutter wurde eigentlich religiös, als sie etwa 35 Jahre alt war, da begann sie, in die Kirche zu gehen. Ich glaube, sie wurde religiös, um sich am Leben zu erhalten. Heute trennt sie sich wieder von der Kirche.

Wie war das mit Deinem ersten Mann?

Das war eigenartig, da habe ich keine Erinnerung an Blut oder Schmerzen. Ich hatte nur immer Angst vor Schwangerschaft, wir haben eigentlich ganz viele sexuelle Erfahrungen gehabt ohne Penetration. Ich glaube, wie soll ich sagen, meine sexuelle Aktivität und Empfindsamkeit ist sehr abhängig von meinen Belastungen. Mein Mann geht sehr auf mich ein, was meine Bedürfnisse angeht. Mein Mann und ich, wir schlafen oft zusammen draußen in der Natur, da haben wir sehr intensive Beziehungen sexueller Art.

Bist Du gern eine Frau?

Ich wollte immer lieber ein Mann sein, ich dachte, die Jungen haben es viel besser. Der einzige Grund, warum ich lieber ein Mädchen war, ich brauchte nicht in den Krieg. Das Gefühl, daß das schön ist, eine Frau zu sein, habe ich erst in der Frauenbewegung bekommen.

Was hätte Deine Mutter zu einem unehelichen Kind gesagt?

Es war mir immer klar, daß mir das nicht passieren würde. Meine Mutter war immer der Ansicht, daß mir das nicht passiert. Manchmal denke ich, daß sie Angst vor mir hat? ... Ich mußte immer so gut angepaßt sein, weil ich dachte, dann kann ich mir mehr erlauben. Eine Überanpassung an bestimmte Normen war für mich auch die Möglichkeit von Freiheit. Wenn man eine gute Schülerin ist, dann kann man frecher sein. Wenn die Erwachsenen mir etwas sagten, dann konnte ich sagen: Das weiß ich besser. Ich erinnere mich, daß ich als Kind so richtige Allmachtsphantasien hatte, ich dachte immer, die Erwachsenen sind doof. Ich habe natürlich auch Minderwertigkeitsgefühle.

Was sind das für Gefühle?

Das sind so Sozialängste, ich habe auch Angst vor Gruppen. In kleinen Gruppen kann ich mich verständigen. Ich wollte auch noch sagen, warum ich so kalt bin. Ich habe als Kind nicht geweint, das gab es nicht. Da war auch wenig Freude, es war immer alles sehr kühl und ungeheuer diszipliniert. Meine Mutter habe ich zum ersten Male weinen sehen, da war sie sechzig. Obwohl sie sicher Grund genug hatte zum Weinen in ihrem Leben. Ich kann gar nicht weinen, manchmal wünsche ich mir, weinen zu können. Ich möchte tagelang heulen, aber ich kann nicht, ich habe das nicht gelernt.

Wie wirkt sich das für Dich aus?

Ja, ich kann dann nicht schlafen, ich habe unheimliche Schlafstörungen. Ich habe auch psychosomatische Beschwerden mit dem Magen, dem Herzen und im Rücken, aber mein Symptom sind die Schlafstörungen. Ich werde jede Nacht wach und wandere durch die Zimmer. Jetzt denke ich, ich muß mit meiner Mutter sprechen. Da sind so bestimmte Ängste aus meiner Kindheit, es sind Verlassenheitsängste, es sind Todesängste, Existenzängste, die Angst, überrollt, ausgelöscht zu werden. Diese Ängste hatte ich während meiner ganzen Schulzeit, während meiner Studienzeit. Ich konnte zum Beispiel nicht mit dem Gesicht zur Gruppe etwas sagen, ich hatte immer das Gefühl, die Gruppe schlägt über mir zusammen. Ich mußte die Klassenbeste sein, dadurch hatte ich das Privileg, daß ich mich vor Referaten drücken konnte. Im Mündlichen hatte ich schon Schwierigkeiten, wenn ich mich gemeldet hatte und ich wurde angesprochen. Ich sollte dann etwas sagen und konnte nicht. Ich habe das lieber spontan gemacht, da ging das.

Hat Deine Mutter Dich damals gewollt?

Ich kann mir gut vorstellen, daß sie mich nicht gewollt hat, nicht so schnell jedenfalls. Als sie meinen Bruder erwartete, ist sie weinend zu ihrer Mutter gegangen und hat gesagt, daß sie schon wieder schwanger ist. Mein Bruder ist mir auch sehr ähnlich. Sie war auch enttäuscht, daß ich ein Mädchen war, das weiß ich.

Wie ist Deine Schwester? Kann sie Schwäche zeigen?

Bei meiner Schwäche ist das anders, sie kann sich Schwäche erlauben. Meine Schwester hat spät geheiratet. Sie hat immer gearbeitet, sie hat auch ihrem Mann zur Ausbildung verholfen. Trotzdem sie ein Kind hat, hat sie sich von ihrem Mann getrennt, sie ist heute geschieden und lebt mit einem anderen Mann zusammen. Sie arbeitete hier im öffentlichen Dienst, das hat sie alles aufgegeben, jetzt ist sie nichts. Ich überlege, warum meine Schwester sich so ganz anders entwickelt hat als ich. Eine Interpretation: Ich weiß nicht, ob das stimmt. Ich habe die Vorstellung entwickelt, daß meine Schwester und ich, jede auf ihre Weise, die unterdrückten Bedürfnisse meiner Mutter verwirklichen. Ich die ihr verwehrte Berufsausbildung, ökonomische Unabhängigkeit und Selbständigkeit, und meine Schwester ihre nicht gelebte Gefühlswelt. Wir beide sind das Leben meiner Mutter, das sie nicht gelebt hat. Ich habe das in einem der wenigen gemeinsamen Familiengespräche so gesagt, da hat meine Schwägerin, eine sehr sensible Beobachterin, gesagt: Ihr seid alle gleich. Das stimmt auch, wir haben alle die Radikalität, auch die Einseitigkeit. Es ist zum Beispiel schwierig, in unsere „Scherergruppe" hineinzukommen. Meine Schwägerin kommt aus einer großen Familie, da sind die Eltern und sieben Kinder. Sie ist die Älteste und sagt: Bei uns waren die Eltern viel unsicherer. Ihr macht das alles so sicher, Ihr könnt keine Fehler zeigen, Ihr könnt nicht zurückstecken.

Leidest Du manchmal an Depressionen?

Nicht so klassische Depressionen, aber ich habe so Phasen von konzentrierter Tätigkeit und Phasen, wo mir das Ausfüllen einer Postanweisung Schwierigkeiten macht. ... Meine Tüchtigkeit ist ein Leidensdruck.

Was hältst Du von lesbischen Beziehungen?

Ich hatte schon sehr früh ein tolerantes Verhältnis zu männlichen Homosexuellen. Ich bin aber nicht darauf gekommen, daß es das bei Frauen auch geben könnte. In der Frauenbewegung habe ich die Beobachtung gemacht, daß wir Frauen das brauchen. Es ist für mich eine Bestätigung dafür, daß Frauen sich auch hier völlig autonom verhalten können. Für mich sind die Lesbierinnen die Avantgarde der Frauenbewegung. Eine Lesbierin muß ja ein unmittelbares Interesse daran haben, sich selbst ernähren zu können, weil sie sich ja nicht über einen Mann definiert. Aber es gibt da etwas, was mich beunruhigt. Wenn Frauen sich jetzt so aufeinander beziehen, da merkt man, daß durch diese Zentrierung ungeheuer viel Negatives frei wird, sehr viel Destruktives wie Neid und Mißgunst. Ich denke mir, daß diese Spaltung einen direkten Bezug hat zum Mutter-Tochter-Verhältnis. Ich denke, daß wir die „gute" und die „böse" Mutter nicht zugleich akzeptieren können. Wir machen daraus immer zwei Personen, wir sagen, diese Mutter ist schlecht und diese Mutter ist gut. Die Schlechte ist immer die eigene Mutter und die Gute die der anderen Töchter. Wir sehen in der eigenen Mutter nicht beide. Wir sehen sie auch nicht in jeder anderen Frau und nicht in der Frauenbewegung insgesamt. Wir machen aus diesem Grunde immer neue Gruppen. Es entstehen immer neue Spaltungen. Wir bringen es einfach nicht zusammen. Natürlich konnten wir nicht erwarten, nur das Gute zu sehen, es mußte auch das Schlechte zutage treten. Der Haß, der in den Frauengruppen hochkommt, dieses Destruktive, das die Frau freisetzt, das muß noch ausgelebt werden. Was da für mich wichtig geworden ist, ist, daß ich, die ich mich ja intellektuell akzeptieren, endlich lerne, mein Gefühl zu benutzen. Das brauche ich für meine Mutter, damit wir endlich zusammenkommen.

Ich besuche Petras Mutter in Wiesbaden. Sie ist eine Frau von 72 Jahren, der man anmerkt, daß sie unglücklich darüber ist, nicht mehr gebraucht zu werden. Ihre Lebensaufgabe waren die Kinder, doch die sind jetzt unabhängig von ihr, sie gestalten ihr Leben selbst. Frau Leni hat nie gelernt, auch nie Gelegenheit dazu gehabt, nur für sich zu leben, für sich etwas zu tun.

Ihre Kinder sind alle etwas geworden, der Sohn ist Arzt, Petra ist Wissenschaftlerin, Ihre andere Tochter war im öffentlichen Dienst. Ich muß sagen, es ist erstaunlich, wie sie das alles mit wenig Geld aus Ihren Kindern machen konnten, als Kriegerwitwe, mit wenig Geld, aber umso mehr Verantwortung. Wie war das mit den Zärtlichkeiten, da kamen sie wohl alle etwas zu kurz, ist das so?

Ich gebe meinen Kindern keinen Kuß. Ich staune immer, wenn mein Schwiegersohn seine Mutter besucht, dann küssen sie sich ab.

Wie war das früher bei Ihnen zu Hause?

Ich war die Älteste zu Hause, dann kamen noch vier Brüder. Im Haushalt mußte ich nicht so viel helfen, weil wir ein Mädchen hatten, aber ich mußte die Küche übernehmen. Ich erinnere mich, wenn wir Besuch hatten, dann saß meine Mutter im Wohnzimmer mit dem Besuch, und ich saß in der Küche. Meine Mutter kam nie in die Küche, das weiß ich noch. In der Haushaltsschule habe ich Kochen gelernt. Aber das war ja selbstverständlich. Ich weiß noch, wir hatten in der Küche einen extra Kindertisch, die Erwachsenen aßen im Wohnzimmer. Jetzt kommen die kleinen Kinder schon mit an den Tisch, das war bei uns nicht.

Was haben Sie für Erinnerungen an Ihre Kindheit? Wie war Ihre Mutter, war sie zärtlich mit Ihnen?

Das weiß ich nicht. Ich weiß nur, daß ich öfter bei meinem Vater auf dem Schoß saß. Ich kann mich überhaupt nicht an meine Mutter erinnern. Ich erinnere mich an die Hitler-Zeit, da war mein Vater nicht dafür; meine Brüder waren nach dem Abitur arbeitslos. Kürzlich sagte mein Sohnzu mir: Die Arbeitslosigkeit war der beste Nährboden für Hitler. 1918 war der Kommunismus in Rußland, und da wußte jeder, was da los war. Da haben sie gesagt, da sind die Nazis noch besser. Zum Schluß haben sie gute Miene zum bösen Spiel gemacht. Ich weiß noch, als meine Eltern Silberhochzeit hatten, da kam die ganze Verwandtschaft, das waren 32 Personen. Der Bruder meiner Mutter war ein großer Nazi, der Bruder von meinem Vater war das Gegenteil. Da hat meine Mutter gesagt: Kein Wort über Politik, darüber wird kein Ton geredet.

Sie haben sich schon immer viel mir Politik befaßt?

Erst in letzter Zeit, früher hat mich Politik nicht interessiert. Heute bin ich alleine, heute beschäftige ich mich damit.

Sie sagen, Sie sind alleine, haben Sie keinen Bekanntenkreis?

Nein, hier nicht. Vor einigen Jahren, da habe ich in der Altenpflege gearbeitet. Ich war die Leiterin, ich habe Vorträge ausgearbeitet. Wir waren manchmal etwa 150 Leute, das hat mir damals Freude gemacht. Ich konnte das machen, weil meine Kinder schon versorgt waren. Als die Kinder noch klein waren, hatte ich genug mit ihnen zu tun. Ich hatte auch einen großen Garten, den ich bearbeitet habe. Damals stand ich finanziell sehr schlecht, ich bekam eine Pension von 187 Mark, davon zahlte ich noch 20 Mark Schulgeld.

Was haben Sie früher gelernt?

Ich war in der Haushaltsschule und habe eine Zeit in einem Polizeibüro gearbeitet. Meine vier Brüder waren alle in Internaten. Mein Vater war Lehrer, er wollte, daß seine Söhne alle etwas lernen sollten. Daß ich etwas lernte, das war damals nicht üblich für ein Mädchen. Nachher habe ich mich darüber geärgert. Ich weiß noch, als ich in dem Polizeibüro arbeitete, da kam einmal ein Mann, ein Forstrat, der selbst ein Büro hatte und eine Schreibkraft suchte. Er meinte, so eine Kraft wie mich könnte er brauchen. Das hätte mir damals mehr Freude geamcht, als in diesem Polizeibüro zu arbeiten, aber meine Eltern erlaubten es nicht.

Was glauben Sie, woher Petra diesen Ehrgeiz hat?

Ich weiß auch nicht, woher sie das hat. Ich glaube, das ist mehr von meiner Mutter. Von meiner Mutter Seite haben auch alle studiert, das ist so familienbedingt. Meine Mutter war auch sehr ehrgeizig.

Haben Sie Ihre Großmutter noch gekannt, die Mutter Ihrer Mutter?

Doch, die kannte ich noch, ich glaube, sie war so wie meine Mutter. Ich erinnere mich, als ich einmal sagte, daß ich möchte, daß meine Kinder alle studieren, da hat meine Mutter gesagt: Ihr habt kein Geld, aber alle sollen studieren.

Haben Sie Ihre Mutter als dominierend in Erinnerung?

Nein, sie hat sich mehr diplomatisch durchgesetzt.

Hat Ihre Mutter Sie früher aufgeklärt?

Nein, das war nicht üblich, sie hat wohl angedeutet, wie das mit Kindern ist. Das wurde damals nicht so hochgespielt wie heute.

Können Sie sich an Ihre Schwangerschaften erinnern?

Ja, ich habe immer viel gebrochen, das war aber meine eigene Schuld, ich hatte immer so einen Heißhunger, und dann aß ich viel.

Hat Ihnen Ihre Mutter während dieser Zeit geholfen?

Nur bei meiner Ältesten, da war sie da, aber bei Petra nicht, da hatte gerade die Mutter meiner Mutter Geburtstag. Meine Mutter fuhr übrigens jedes Jahr einmal zu ihrer Mutter.

Ich frage mich, wie Sie das alles mit Ihren Kindern geschafft haben?

Wissen Sie, wir lebten in einem kleinen Dorf, da hatten die Kinder keine Ablenkung, die haben immer nur gelesen. Wenn ich wollte, daß sie mir helfen, mußte ich ihnen das Buch aus der

Hand reißen. Aber mein Sohn hat ebenso im Haushalt geholfen wie meine Töchter. Nur beim Essen, da bekam mein Sohn immer das größere Stück Fleisch. Die Mädchen sagten dann, sie wollten genauso viel Fleisch haben wie ihr Bruder, aber ich habe gesagt: Er ißt fünf Kartoffeln, da bekommt er auch mehr Fleisch. Ihr eßt nur eine Kartoffel, dann bekommt Ihr auch weniger Fleisch. Aber Kompott haben alle gleich bekommen. Meine Kinder haben aufgewaschen, sie haben jeder ihre Schuhe geputzt. Das mußten wir schon bei uns zu Hause, obwohl wir ein Mädchen hatten. Aber meine Mutter sagte immer, sie ist nicht Euer Schuhputzer, da war meine Mutter streng. Ich habe das bei meinen Kindern ebenso gemacht.

Wie sind Ihre Erinnerungen an Ihre Großmutter?

Meine Großmutter kam direkt von der Grenze, sie sprach nicht gut Deutsch, aber sie war sehr nationalbewußt. Sie hatte sieben Kinder, davon war meine Mutter die Älteste. Aber von meiner Mutter weiß ich wenig, ich kann mich mehr an meinen Vater erinnern. Er hat uns immer Antwort gegeben, wenn wir ihn etwas gefragt haben, und wenn er es einmal nicht wußte, dann hat er im Lexikon nachgesehen. ... Sie haben mich gefragt, wie ich mich bei meinen Kindern durchgesetzt habe? Ich war immer konsequent, wenn ich nein sagte, dann hieß das auch nein, da war ich nicht umzustimmen.

Hatten Sie nie die Absicht, wieder zu heiraten?

Nein, als ich in den Westen kam, da war ich schon aus dem Schneider raus. (Sie lacht.)

Ich finde es gut, daß Sie Humor haben.

Aber ich bin nicht immer so aufgelegt. Ich habe oft Depressionen, manchmal bringt mich eine Kleinigkeit zum Weinen, das hatte ich früher nicht. Was mich sehr getroffen hat, das war, daß meine älteste Tochter sich hat scheiden lassen. Mir hatte das niemand erzählt, das hat mich wütend gemacht. Sie sagten, sie hätten mich nicht aufregen wollen. Sie werfen mir noch heute vor, ich wäre so radikal gewesen, aber das mußte ich doch sein.

Sie sagten, Sie leiden an Depressionen, wie erklären Sie sich das?

Wir sprachen ja eben davon, daß ich vor einigen Jahren in der Altenpflege tätig war. Da hatte ich etwas, was mich ausfüllte. Ich zog dann hierher nach Wiesbaden. Ich muß sagen, diese Umstellung hat mich sehr mitgenommen. Hier habe ich keine Aufgaben, keine Kontakte, heute fehlt mir der Antrieb, das Interesse. ... Ich wundere mich, daß ich jetzt so reden kann, das konnte ich schon lange nicht mehr. Das Alleinsein, das macht mir nichts, ich war schon immer gern allein. Ich weiß noch, als ich ein junges Mädchen war, da wäre ich immer gerne mit meiner Mutter ausgegangen, aber sie nahm mich nie mit, sie schämte sich, daß sie schon eine so große Tochter hatte. Früher hat mich das sehr getroffen, aber dann habe ich mich daran gewöhnt, später wollte ich nicht mehr. Wissen Sie, ich war ein hübsches Mädchen. Es gefiel mir nicht, daß die Männer mich so belästigten, dazu kam, daß die anderen Mädchen mich ablehnten, weil sie eifersüchtig waren. Mein Vater war immer sehr stolz auf mich. Er begutachtete mich, bevor er mit mir ausging. Ich bin auch gerne Tanzen gegangen. Als ich dann verheiratet war, da war das vorbei, denn mein Mann tanzte nicht gerne.

Was Ihnen heute Kummer macht, ist, daß Sie keine Aufgabe mehr haben. Was ist mit Ihren Kindern und Enkelkindern?

Das ist es ja. Meist sind die Kinder der Grund, warum ich mich aufrege. Da ist die Scheidung meiner Ältesten. Dann mache ich mir Sorgen, weil mein Sohn sich so ein teures Haus baut. Petra macht mir Sorgen, weil sie sich so übernimmt und sich kein Privatleben gönnt. Meine Kinder sind auch so unzuverlässig, manchmal sagen sie, wir kommen um 18 Uhr, dann sind sie schon um 12 Uhr da, oder sie sagen, wir kommen um 12 Uhr, dann kommen sie abends um 18 Uhr. Ich bin nicht mehr so flexibel, wie ich da früher einmal war. Das wollen meine Kinder nicht verstehen. Die sagen immer, ich müßte gefordert werden. Die denken immer, ich kann das noch alles.

Es liegt wohl daran, daß Ihre Kinder sie immer als eine aktive Frau erlebt haben, und daß es Ihnen schwerfällt zu verstehen, daß das Alter Grenzen setzt. ... Ich stelle mir vor, Sie wären heute eine junge Frau, was wäre wohl aus Ihnen geworden?

Dann wäre ich eine Feministin. Ich finde, daß es ungerecht ist, daß Frauen im Beruf nicht die gleichen Chancen haben wie die Männer. Aber eines muß ich doch sagen, unterdrückt wurde die einzelne Frau nie. Ich kenne nur Frauen, die zu Hause die Hosen anhaben. Meine Schwiegertochter hat auch die Hosen an. Die Frau von heute will nicht mehr die Verantwortung für ihre Kinder übernehmen, sie will, daß der Mann daran teilhat. Sie möchte im Beruf bleiben, sie möchte ein Kind haben, und sie möchte heiraten. Ich glaube, sie will heute zu viel. Ich bin der Meinung, es ist die Wirtschaft, die daran schuld ist. Sie hat die

Frau im Krieg und im Aufchwung gebraucht. Jetzt haben wir die Arbeitslosen, jetzt brauchen sie die Frau nicht mehr, nun machen sie ihr wieder den Kochtopf schmackhaft. Als sie die Frau brauchten, haben sie den Hausfrauenberuf madig gemacht, da hieß es, sie werde als Huasfrau unterdrückt. Inzwischen ist der Hausfrauenberuf so abgewertet worden, jetzt wollen die Frauen nicht mehr zurück. Daß der Mann die Frau in den Parteien nicht hochkommen läßt, liegt daran, daß er weiß, daß sie ihm überlegen ist, und davor hat er Angst.

Gleich zu Anfang kommen wir darauf zu sprechen, wie das Vertrauensverhältnis zwischen Petra und ihrer Mutter war, gab es eine Basis? Petra erzählt: Ich bin gerannt wie um mein Leben. Wenn ich als Kind zu meiner Mutter Vertrauen habe, dann renne ich nicht um mein Leben, denn ich weiß, meine Mutter wird mich, selbst unter extremsten Umständen, nicht verlassen. Im Laufe des Gesprächs sagt Petra: Ich glaube, meine Mutter hatte Angst vor mir. Frau Leni weicht mir während des ganzen Gesprächs aus, wenn ich etwas über ihre Mutter erfahren will: Von meiner Mutter weiß ich wenig. Sie sagt, daß die Großmutter eine starke Persönlichkeit war. Kann es sein, daß sie die Angst ihrer Mutter vor der Großmutter übernommen hat? Eine Angst, die sie heute auf ihre Tochter Petra überträgt? Frau Leni muß so sehr an ihrer Mutter gelitten haben, daß sie alles verdrängt hat. Was muß geschehen, wenn aus einem lebenslustigen Mädchen eine Frau wird, von der ihre Tochter Petra sagt, sie habe sie nie weinen sehen. Petra sagt: Ich habe sie immer nur als Mutter wahrgenommen, zu ihr als Mensch und als Frau habe ich eigentlich keine Ebene gefunden. So ähnlich hätte vielleicht Frau Lenis Mutter antworten können: Ich habe meine Tochter immer nur als Tochter wahrgenommen. Die Frau in unserer Gesellschaft wird immer nur in ihrer Funktion wahrgenommen, nicht als Mensch.
Töchter unserer Kultur wollen eines nicht: Sie wollen nicht so werden wie ihre Mutter. Petra. Das Leben, das meine Mutter geführt hat, darf mir nicht passieren. Petra hat keine sieben Kinder, aber sie muß sich beruflich überfordern: Meine Tüchtigkeit ist Leidensdruck. Die Forderungen, die von den Müttern unserer Kultur an die Töchter weitergegeben werden, sind so hart, daß Töchter ihre Mütter hassen, obwohl sie sie lieben möchten. Petra: Ich kann mich bei meiner Mutter nicht schwach zeigen. Mir hat sie die Verantwortung aufgebürdet. Mütter aber müssen so sein, das ist eine Forderung der Gesellschaft, damit die Tochter eine ebenso gut funktionierende Mutter wird. Eingeprägt wird das alles mit dem „schlechten Gewissen“ und dem „Schuldbewußtsein“. Das ist die Programmierung.

13.
Ich habe oft gesagt:
Lieber Gott, laß sie ruhig sterben, sie ist böse zu mir. Ich bekam dann Schuldgefühle. Ich sah die Wolken am Himmel an und dachte, aus den Wolken da oben kommt jetzt die Rache auf mich zu.

Maria „aus dem Osten" ist Politikerin. Sie lebt mir ihrer Tochter und ihrem jüngsten Sohn in Berlin. Maria ist 61 Jahre alt. Sie ist geschieden.

Wie ich Ihnen bereits am Telefon gesagt habe, interessiert mich besonders die Tatsache, daß Sie so eine hohe Position erreicht haben. Damit meine ich, daß Frauen unserer Gesellschaft im allgemeinen unsicher und ängstlich sind, daß sie sich als minderwertig betrachten und sich nichts zutrauen.

Da kann ich gleich eine Antwort geben. Auch ich hatte Komplexe, hatte Schwierigkeiten, mich zu entwickeln. Gewisse Minderwertigkeitsgefühle, schon darum, weil ich ein Landei bin. Ich komme aus einer ländlichen Kleinstadt, beide Eltern waren Arbeiter. Die Schulbildung war nicht so gesichert wie bei anderen, weil ja früher Schulgeld gezahlt werden mußte. In der Kleinstadt gab es keine Oberschule, ich habe dann aufgrund einer Freistelle in einem Internat, das 250 Kilometer von zu Hause entfernt war, mein Einjähriges erworben. Ich hatte bis auf Betragen, in nahezu allen Fächern eine Eins. Ich bin von meinen Lehrern sehr gefördert worden, das muß man sagen. Trotzdem, die Armut meiner Eltern war so groß, daß ich mit sechzehn Jahren die Schule abbrechen mußte. Nicht einmal Fahrgeld und Kleidung war von meinen Eltern zu erbringen, weil Vater arbeitslos wurde. Ich hatte zwar die besten Zeugnisse, ich gab sogar Nachhilfeunterricht, aber ich mußte die Schule verlassen, weil ich meinen Eltern finanziell nichts mehr abfordern konnte. Ich mußte also sehr früh eine eigene Entscheidung treffen, das habe ich getan, ich habe mich von der Schule abgemeldet. So ein jugendlicher Entwicklungsprozeß weist schon darauf hin, daß man kritisch wird gegen sich selbst, aber auch kritisch gegen die Umwelt, die einem sehr früh weniger Chancen bietet als den anderen.

Wir gehören beide der gleichen Generation an, mir ist die Arbeitslosigkeit, von der Sie sprechen, noch ebenso bewußt wie Ihnen. Hat diese damals gemachte Erfahrung Ihr politisches Bewußtsein geprägt?

Ja, es war meine Sehnsucht nach Gerechtigkeit, weil ich erleben mußte, daß Leute, die sich so quälen mußten, die so wenig vom Leben hatten, früh krank wurden, wie meine Eltern. Ich habe aber auch erleben können, daß mein Vater, der Facharbeiter war, das alles schon vor fünfzig Jahren gewußt hat, denn er hat immer gesagt, mein Mädchen soll eine Ausbildung erhalten. Das hat mein Vater klar gewußt, daß ich keine schlechteren Chancen haben sollte als mein Bruder. Das war ganz, ganz wesentlich für mich. Vater war gewerkschaftlich organisiert. Er erzählte zu Hause oft, wie stolz er auf seine Arbeit wäre, er war in seinem Beruf erfinderisch. Mutter, eine sehr fromme Frau, hat mir den Begriff der Freiheit des Christenmenschen beigebracht. So haben zwei unterschiedliche Formen nach Freiheitssuche mein Wesen geprägr.

Sie deuteten am Telefon an, daß Sie als Kind gerne gelesen hätten. Sie lasen alles, was Ihnen unter die Finger kam. Mußten Sie das heimlich tun, wurde Ihnen das Lesen verboten?

Nein, das war mir nicht verboten. Meine Mutter schickte mich, Dinge zu besorgen aus der Bodenkammer, aus einem kleinen Zimmer, aus einem Schuppen oder sie schickte mich zu meinem Onkel, der etwa zwei Kilometer entfernt wohnte, etwas holen. Ich kam nicht zurück, ich griff etwas Gedrucktes, was da rumlag, ging in die Hocke und las. Ich mußte dann geholt werden. Oder ich half meiner Mutter, einen Schrank auszulegen. Da wir kein Geld hatten für Schrankpapier, nahmen wir alte Zeitungen. Ich nahm das Zeitungspapier und fing an zu lesen. Ich war ein Leseteufel. Nur einmal erlebte ich, wie meine Tante mir etwas, was ich las, wegnahm. Ich war eingeladen zu einem Geburtstag. Ich hatte wieder etwas zum Lesen gefunden und ging in die Gartenlaube und las. Da eilte meine, auch sehr fromme, Tante hinter mir her und entriß mir den Liebesroman, den ich nicht einmal verstanden hatte.

Ich erinnere mich, es gab früher so einen Spruch: Viel Wissen macht dumm.

Nein, den Spruch kenne ich nicht, meine Eltern haben selbst gelesen. Meine Mutter las die Bibel. Sie hatten schon einen Standpunkt, der eigentlich ein alter Sozialdemokratenstandpunkt ist: Wissen macht frei. Was Sie da erwähnten, halte ich für einen Unterdrückungsmechanismus: Wer lesen kann, ist unbequem.

Mit wem verstanden Sie sich als Kind besser, mit dem Vater oder mit der Mutter?

Mit dem Vater. Ich begriff noch nicht, wie schwer das Leben meiner Mutter war, und daß ihre Zerquältheit und ihre Unruhe durch das harte Leben gegeben war. Da hat man manchmal ihr Verhalten als schroff empfunden, obwohl das gar nicht gegen das Kind gerichtet war, sondern nur zeigte, wie müde und erschöpft sie war. Das habe ich später begreifen gelernt.

Brachte Ihre Mutter Ihnen Vertrauen entgegen?

Ja, sie hat mir vertraut. Sie hat das einmal in ihrer schlichten Art formuliert. Man könnte mir alles in meinem Gesicht ablesen, und an meinen Augen wäre zu sehen, wenn ich ein schlechtes Gewissen hätte. Sie war ein ganz redlicher und wirklich gläubiger Mensch. Da gab es keine Verstellung und keine Lüge zwischen uns.

Fühlten Sie sich manchmal von Ihrer Mutter abgelehnt?

Nicht abgelehnt, aber gegängelt und bevormundet. Sie korrigierte mich in kleinen Dingen. Ich erinnere mich, wenn ich die Betten machen sollte, kam sie sofort hinterher und hat die Betten dann ganz glatt geklopft. Sie hat viel an mir herumgenörgelt. Meine Tante Maria, die ich sehr liebte, nach der ich auch benannt bin, bedeutete sie einmal: Laß sie doch in Frieden.

Lebte diese Tanten bei Ihnen?

Nein, aber sie kam oft zu Besuch, sie war meine Patentante. Sie hatte eine, auch bei mir vorzufindende, umverteilende Attitüde. Wenn sie für ihre eigene Tochter etwas einkaufte, hat sie immer für mich mit eingekauft. Sie hat immer zwei Paar Handschuhe gekauft, für ihre Tochter und für mich. Ich bekam von ihr Verständnis, Wärme und Zuwendung, die sich natürlich auch im materiellen Bereich zeigte. Sie lebte in einer etwas entspannteren Situation als meine ernste Mutter. Ihre Mutter, meine Großmutter, hatte sieben Kinder. Der Mann starb, als das kleinste Kind zwei Jahre alt war. Da wurde meine Mutter weggetan zu einer Tante. Dieses sehr frühe Weggeschickt-werden aus der

Familie hat meine Mutter bitter gemacht. Nun, als Kind konnte ich diese Tragik noch nicht begreifen. Das Wertvolle im Wesen meiner Mutter, ist mir, je älter ich werde, klar geworden. Meine tiefe Zuneigung und mein hoher Respekt vor ihr haben sich aus dem Erkennen ihres schweren Lebens ergeben. Sie starb, als die ersten Strafbatallione der Russen bei uns einmarschierten. Sie verhungerte auf der Landstraße bei einem Schneesturm. Ich war damals 23 Jahre alt. Mein Mann war gefallen, und ich hatte schon ein Kind an der Hand. Ich habe die Heimat verloren, die Verwandten, auch das bißchen, was man sich erspart hatte, die Handarbeiten, es war alles weg. Ich blieb übrig mir einem Rucksack auf dem Rücken und einem kleinen Kind. Ein typisch deutsches Schicksal.

Wenn Sie an Ihre Mutter zurückdenken, haben Sie sie als eine selbstbewußte Frau in Erinnerung?

Nein, keineswegs. Als ein früh gebrochener Mensch ist sie in meiner Erinnerung. Stark im Glauben, lutherisch, stark in der Bereitschaft, trotz der eigenen Bedrängnis anderen Partner und Helfer zu sein. Die nachbarschaftliche Hilfe, die sie geleistet hat, entzog der Familie viel Zeit, auch das mußten wir erst begreifen lernen. Sie war oft sehr verzweifelt und fühlte sich wohl allein gelassen. Ihre anderen Schwestern waren besser versorgt.

Wann sind Sie von zu Hause weggegangen?

Ich ging sehr früh, mit 13 Jahren kam ich in das Internat. Als ich mit 16 die Schule verließ, ging ich zurück ins Elternhaus, gerade noch rechtzeitig, um meinen Vater beim Sterben zu erleben. Meine Mutter war mit 42 Jahren Witwe. Sie bekam damals 40 Mark Rente im Monat. Sie hat mit Stricken und Landarbeit versucht, unser Überleben zu sichern. Sie war da schon schwer herzkrank. Ich habe mir dem wenigen, was ich verdiente, mitgeholfen, daß wir einigermaßen leben konnten. Daß wir in der Familie so füreinander da waren, das war selbstverständlich.

Wie hat Ihre Mutter Sie bestraft?

Man fing eine Backpfeife ein. Aber wir haben eigentlich darüber gesprochen. Sie hat versucht, mir klar zu machen, was Unrecht ist.

Hatten Sie Angst vor ihr?

Nein, vor Mutter nicht, vor Vater ab und zu.

Wenn Sie etwas geleistet hatten, wurden Sie dann gelobt?

Wenig, ich kann mich erinnern, daß sie auch ein gutes Wort fand, aber mir kam es als zu wenig vor. Wir lebten sehr nüchtern.

Meine Mutter war ein typisch östlicher, ländlicher Mensch, sehr karg in der verbalen Äußerung. Das Loben war nicht so sehr ihre Art. Mir liegt das mehr.

Wie war Ihre Großmutter, die Mutter Ihrer Mutter, haben Sie sie als stark empfunden?

Ja, ja, das war Oma Berta. Die mußte ihre sieben Kinder, weil sie keine Rente erhielt, mit Landarbeit ernähren. Stellen Sie sich das einmal vor. Ihre Arbeitsstelle war kilometerweit entfernt von der Kleinstadt, in der sie lebte. Der älteste Sohn mußte das kleinste Kind zum Füttern aufs Feld bringen. Als meine Mutter einmal große Wäsche hatte, bat sie meine, inzwischen nicht mehr arbeitende, Großmutter, an diesem Tag zu kommen, um auf ihre beiden kleinen Kinder aufzupassen. Da hat meine Großmutter gesagt: Wasch man, ick ben och wascht un met eenem Been weegt. Das hat meine Mutter so hart getroffen, daß sie über diese Geschichte oft sprach. Sie blieb die „Weggegebene". Meine Großmutter hat immer das Kind ihres Sohnes bevorzugt, nicht die Kinder ihrer Tochter.

Übte Ihre Großmutter auf Sie einen starken Einfluß aus?

Ja, sehr, wir kamen gut miteinander aus. Ich habe sie mit Respekt betrachtet. Sie hatte klare blaue Augen, sie ist bis ins hohe Alter eine schöne Frau geblieben. Ein altes verarbeitetes Gesicht hat ja seine Schönheit. Ich hielt diese Frau für den stärksten Menschen in der Familie.

Gab es in Ihrer Kindheit Situationen, in denen Sie Ihre Mutter haßten?

Ja, ich habe oft gesagt: Lieber Gott, laß sie ruhig sterben, sie ist ganz böse zu mir. Ich habe mich dann sehr schlimm gefunden und hatte dann Schuldgefühle. Ich habe die Wolken am Himmel gesehen und gedacht, aus den Wolken da oben kommt jetzt die Rache auf mich zu. Das hat sich noch ein paarmal wiederholt, daß ich dachte: Du siehst sie nicht mehr an.

Aufgeklärt wurden Sie damals sicher nicht? Wenn Sie ein uneheliches Kind gehabt hätten, wie hätte Ihre Mutter reagiert?

Sie hätte sich als wirkliche Christin erwiesen, sie hätte mich nicht allein gelassen. Aber sie hätte es sicher als Sünde betrachtet.

Als Sie Ihr erstes Kind bekamen, wußten Sie da, was mit Ihnen vorging, oder waren Sie unsicher?

Ich hatte eine Hebamme, eine sehr kluge Frau, bei der war ich schon zur Beratung gewesen. Meine Mutter hatte mir den Vorgang als etwas sehr Schlimmes, Bedrohendes dargestellt. Ich habe erlebt, daß meine Mutter mich sehr bewundert hat, wie ich mit dieser Situation fertig wurde. Ohne Schreien, obwohl die Geburt sehr lange dauerte. Ich hatte mir das Kind gewünscht, ich freute mich auf das Kind. Ich habe das nicht als traumatisch erlebt. Zum erstenmal in meinem Leben bekam ich von meiner Mutter Respekt bezeugt. Das werde ich nie vergessen. Sie war ganz stolz auf mich. Ich habe auch alle meine Kinder gestillt.

Möchten Sie so sein wie Ihre Mutter?

Ich möchte so dienen wie meine Mutter und so viel Geduld und Toleranz haben wie sie. Trotz Ärmlichkeit sich niemals messen an denen, die viel mehr haben, da war sie mir immer Beispiel. Zufrieden sein mit dem Vorhandenen, und dies noch teilen mit jemand, der weniger hat. Da gab es eine wundervolle Predigt von ihr, ohne Worte: Das Betteln an der Haustüre war damals üblich. Mutter hat immer gegeben, ein Stückchen Brot, ein wenig Wurst, manchmal einen Teller Suppe. Einmal kam eine Zigeunermutter mit ihren zwei kleinen Kindern. Mutter hatte nichts im Haus und mußte sie wegschicken. Plötzlich krakelte eine Henne. Da hat sie das noch warme Ei in ein Körbchen getan und meinen Bruder und mich gebeten: Geht hinterher und gebt ihr das Ei. Wir sind zu dem Zigeunerlager gelaufen, haben die Frau gefunden und ihr das Ei gegeben.

Haben Sie Ihrer Mutter gegenüber heute manchmal Schuldgefühle?

Ja, mein Erinnern ist nur, hätte sie doch noch gelebt, wie ich mich entwickeln konnte, wie glücklich wäre sie gewesen. Ich hätte mit ihr teilen können, wie schön könnte sie es haben. Sie hätte sich freuen können über meine Kinder und mein Enkelkind. Aber das ist uns nicht vergönnt gewesen.

Erinnert Ihre Tochter Sie manchmal an Ihre Mutter?

Eigentlich wenig.

Entdecken Sie Eigenschaften von sich an Ihrer Tochter? Negative Eigenschaften, die sie aggressiv machen?

Nein, das macht es nicht. Mir gegenüber bin ich kritisch, aber an Christine finde ich vieles wieder, was an Gutem bei einigen Familienmitgliedern vorfindbar war. Ich habe sie Christine genannt, in Erinnerung an meine Mutter, weil sie Christ war, und ich Mutter in diesem Bereich immer Kummer gemacht habe. Ich habe mir gedacht, der Name soll Ausdruck geben, wie stark ich Mutter in diesem Bereich akzeptiere. Und Christine findet ihren Namen schön.

Leiden Sie an Ängsten?

Ja, ich habe Schwierigkeiten mit zu sehr gefüllten Aufzügen, und ich kann keine Rolltreppe runter gehen, nur rauf. Aber das kann auch kreislaufbedingt sein.

Wenn Sie alleine sind, gibt es da Momente der Angst?

Ja, Ängste selbstverständlich, aber Ängste, meinen Aufgaben nicht gerecht zu werden, die mir gestellt sind.

Können Sie alleine leben?

Ich kann sehr gut alleine leben, ich bin nie einsam. Ich habe so viele Hobbys. Ich lese gerne Gedichte, ich koche sehr gerne, ich liebe Blumen. Ich habe so viele Verpflichtungen zur Arbeit und so viele Möglichkeiten, mit Freunden zu sprechen. Ich habe viele Freunde, vom Trödler und Händler bis zum Schauspieler und Filmregisseur; dem Schriftsteller in der DDR und die Nachbarin, eine ganz schlichte Frau, junge Menschen, Kinder. Das Kind auf der Straße, das sagt: Haste was für mir?

Ich kenne Menschen, die haben eine Todesangst bei dem Gedanken, alleine leben zu müssen.

Ich habe keine Todesangst, ich habe dem Tod mehrfach ins Gesicht sehen müssen. Ich habe ein langes Leben gelebt und bin der Meinung, in diesem Leben ist viel mehr geschehen, als ich erwarten durfte als hinterpommerisches Kleinstadtkind. So viel Bereicherung durch Männer und Frauen. Ich würde sagen, ich habe mein Leben gelebt.

Wie erklären Sie sich Ihre Motivation, etwas erreichen zu wollen?

Ich wollte beteiligt sein am Verändern der Welt, auf dem Platz, wo man gebraucht wird. Mir haben Menschen immer bedeutet: Ich werde gebraucht. Dies dann richtig zu machen, das war mein Wunsch, und ein Glücksgefühl zu haben, wenn es gelungen ist.

Fühlen Sie sich immer für alles verantwortlich?

Es ist leider so.

Woran kann das liegen?

Ich denke, schon sehr früh sollten junge Menschen zur Verantwortung gebracht werden. Ich meine, daß Gemeinschaft nur geschehen kann im Nehmen und Geben. Im Geben ist Verantwortung, aber auch Nehmen kann von Verantwortung getragen sein. Das halte ich für eine ganz wichtige Erziehungsnotwendigkeit. Daß man nicht immer alles auf Rahmenbedingugen zurückführt, auf Betonhochhäuser, weil da keine menschlichen Beziehungen entstehen. Wir haben jetzt einen Punkt erreicht in den westlichen Demokratien, der den höchsten Zumessungsgrad von Mündig-Sein bietet. Da muß der Mensch bereit sein, Verantwortung zu übernehmen. In dem Bereich, in dem der Mensch lebt, hat er seine Verantwortung für diesen Bereich zu akzeptieren, sonst wäre er ja dauernd ein Nehmender. Sein Selbstwertgefühl wird verringert, wenn er sich selbst immer nur als ein Nehmender begreift.

Ich möchte noch etwas über Ihre Tochter wissen. Hat sie sich nie eingeengt gefühlt von einer Mutter, die ihre Stärke so demonstriert, wie Sie es tun?

Sie müßten das meine Tochter selbst fragen. ... Aber ich denke, man sollte ehrlich zugeben, daß es solche Zeiten gegeben hat. Je reifer Christine wurde, je mehr sie selbst ein Erwachsener ist mit sehr klaren Erfolgen, mit klaren Arbeitsfeldern – sie ist Nachrichtenredakteurin in Berlin – desto besser konnte sie sich abgrenzen. Wir beide haben übrigens sehr ähnliche Neigungen und Hobbys. Wir wählen Schuhe aus und stellen dann fest, daß wir den gleichen Geschmack haben. Die Ähnlichkeit ist immer stärker geworden. Ich erlebe mit großer Freude, daß sie sich darüber freut, wenn jemand sagt, wir sähen uns ähnlich.

Gab es nie Zeiten, in denen Ihre Tochter Schwierigkeiten hatte, sich mit Ihnen zu messen?

Vielleicht hat sie sich nicht immer gemessen. Wir wissen doch auch, daß Jugendliche in einem gewissen Alter Bezugsgruppen haben, an die sie sich angleichen. Sicher, meine Kinder, ich habe noch zwei Söhne, haben es nicht ganz leicht gehabt, weil wir eine geschiedene Ehe bewältigen mußten. Es ist, wie immer zwischen Müttern und Töchtern, nicht die absolute Harmonie. Aber wenn ich jetzt sehe, daß sie freiwillig weiter bei mir wohnen möchte, obwohl sie eine eigene Wohnung bekommen konnte. Sie sagt: Ach Mutter, muß ich die Wohnung nehmen, kann ich nicht weiter bei Dir wohnen, wirfst Du mich raus? Und ich sage: Aber Mädchen, ich werf Dich doch nicht raus. Das zeigt, daß hier Gemeinsamkeitsformen entwickelt werden konnten, die nicht unter dem Aspekt Mutter-Tochter-Komplex stehen. Ich glaube, das haben wir in die richtigen Bahnen lenken können. Mein Schwiegersohn ist Offizier, er kommt nur zum Wochenende nach Hause. Das funktioniert hervorragend. Sie hat einen guten Partner gewählt, er bewegt sich in unserer Familie, als wäre er ein Sohn.

Waren Ihre Söhne für Sie unkomplizierter?

Das kann ich so nicht sagen. Der Älteste hat das Flüchtlingsproblem mit bewältigen müssen. Er hat sich in der Heimat sehr stark emotional an die dort lebenden Verwandten gebunden. Wir lebten getrennt, ich ging nach Berlin und konnte ihn nicht mitnehmen, er mußte eine Weile dableiben. Das war auch nicht immer unproblematisch. Während der jüngste Sohn sich ganz stark mit der Mutter identifiziert hat. Er arbeitet für mich, er ist sehr viel in Wahlkämpfen mit mir unterwegs, er erledigt meine Telefongespräche, er verwaltet mein Geld. Er wohnt auch bei mir.

Haben Sie sich für die Probleme Ihrer Tochter interessiert?

Ja, die Probleme meiner Kinder sind auch meine Probleme. Wenn das Kind 90 ist und die Mutter 110, ist es immer noch ein Mutter-Kind-Verhältnis. Ein Bild dazu: Als Christine heiraten wollte, da habe ich mir viele Gedanken über ihre Hochzeit gemacht. Ich habe gesagt: Das wollen wir doch in Bayern machen. Wir besitzen in Bayern ein Ferienhaus. Das habe ich raffiniert angefangen mit dem Haus, damit die Kinder in den Ferien immer bei mir sind. Das funktioniert auch, in den Ferien sind sie bei Muttern. Dann habe ich die Hochzeit erfunden: Polterabend in der Burgruine mit dem ganzen Dorf, standesamtliche Trauung in einem vor dem dreißigjährigen Krieg erbauten Rathaus, eine ökumenische Trauung mit einem evangelischen und einem katholischen Pfarrer, in einem Kirchlein, das mitten im Feld steht. Das hat Christine akzeptiert. Das wird sie mir wohl mein Leben lang nicht vergessen, daß ich ihr eine so schöne Hochzeit arrangiert habe. Und Mutter hat den Brautkranz noch besorgt. Das hat unsere Harmonie ausgedrückt in einer Form, wie sie nicht mehr zurückdrehbar ist. Es war der Höhepunkt unserer Mutter-Tochter-Beziehung.

Glauben Sie, daß Ihre Tochter Sie früher manchmal gehaßt hat?

Ich denke schon, ich bin auch immer sehr in sie gedrungen. Wir hatten Probleme.

Sie sind Politikerin und viel unterwegs. Haben Ihre Kinder Ihnen das nie übelgenommen?

Moment mal, ich habe keinen Schritt getan, ohne das vorher mit meinen Kindern abzusprechen. Ich wäre niemals Rektor geworden, wenn die Kinder nicht gesagt hätten: Mach das nur, wir helfen dann mehr zu Hause.

Gab es zwischen Ihnen und Ihrer Tochter zeitweise ein

Konkurrenzverhalten?

Nein, dazu ist der Altersunterschied zu groß. Nein, ich fand Christine immer viel schöner. Ich akzeptiere auch mein Älterwerden. Als ich nach Bonn kam, habe ich mit meiner Assistentin geübt, in Kneipen zu gehen, wir wollten das mal durchprobieren. Ich trainiere immer einfach Dinge, die mir schwierig vorkommen.

Es ist schade, daß es so wenige Frauen in unserem Alter gibt, die so aktiv sind wie Sie.

Davon gibt es nicht so wenig. Sie sollten mal Frauen in der SPD und in der Arbeiterwohlfahrt sehen. In Berlin, da können Sie mich reihenweise erleben. Es gibt viele wunderbare Frauen, in Berlin gibts ne Menge Wuchtbrummen in unserem Alter. Schreiben Sie doch mal ein Buch über Frauen unserer Generation. Wir sind doch stark, wir sind die Alleingebliebenen, wir haben Hunderttausende von Kriegswaisen allein großgezogen. Wir habe ihnen eine Ausbildung ermöglicht. Es gibt darüber Statistiken, die das beweisen.

Wären Sie in Ihrem Leben lieber ein Mann gewesen?

Zunächst ja, als ich nicht mehr Fußball spielen durfte, ich war eine begeisterte Spielerin. Dann war ich auch empört darüber, mit wieviel Schmerzen ich meine Menstruation zu erleben hatte. Aber in dem Augenblick, als ich merkte, welche Vorzüge eine Frau hat, daß sie Kinder kriegen kann, wollte ich nie wieder ein Mann sein. Ich möchte immer wieder als Frau zur Welt kommen. Die Frau bekommt die Kinder. Der Mann wird dazu zwar gebraucht, aber er kann sie nicht kriegen. Daran kann man ermessen, wie Männer die Welt umgedreht haben. Im Grunde werden sie nicht unbedingt alle gebraucht, dazu brauchen wir nur, wie es Frank T. beschrieben hat, ein paar. Leben weitergeben heißt doch, nicht nur in einer Dimension zu leben. Ich lebe gerne, also möchte ich auch Leben weitergeben. Aber ich möchte das nicht wie eine Glucke machen, die ihre Kinder unter sich schart, sondern ich will eine Möglichkeit der Partnerschaft auch für mich. Ich beklage nur, daß es den Männern gelungen ist, diese wichtige Funktion der Lebenserhaltens- und -weitergabe gesellschaftlich niedrig zu beschreiben. Es nicht als Leistung zu sehen, sondern als ein Nebenbei. Wenn dann nicht unbedingt die gesellschaftliche Norm erfüllt wird, dann wird das auch noch moralisch diskriminiert. Obwohl sie immer mitbeteiligt sind, ist die „amoralische" Situation bei ihnen überhaupt nicht beschrieben, sie wird gar nicht besprochen, es wird der Frau alleine überlassen. Deshalb bin ich sehr, sehr stolz über die Politik der Sozialdemokraten.

Wie gefallen Sie sich, sind Sie mit Ihrem Aussehen zufrieden?

Nein, ich gefalle mir überhaupt nicht. Wenn ich mir ein Kleid kaufe, dann finde ich es an mir nicht schön, und wenn ich es an einer anderen, zum Beispiel an meiner Cousine, sehe, bin ich hell begeistert. Ich fand meine Cousine immer schöner als mich. Ich habe mich nie voll akzeptiert, weil ich immer hohe Maßstäbe setzte. Aber ich war nie unglücklich, ich war immer unterwegs. Ich bin ein wenig Nomade, ich habe nomadische Strukturen. Im Erfüllen dessen, was ich sein wollte, empfand ich mich immer auf dem Wege dahin.

Können Sie mit Ihrer Tochter zärtlich sein?

Ja durchaus, wir können zusammen weinen vor Freude. Wir stellen uns etwas auf den Tisch, sie mir Blumen und ich ihr Obst.

Haben Sie zu ihr Vertrauen?

Ja, ja. Natürlich haben wir auch Probleme, wir sind ja Menschen. Ich habe sie nicht so beglückt wie Mütter, die zu Hause nichts haben, als ihr Kind zu verwalten. Weil man keine anderen Lebensinhalte hat, muß man sich an das Kind klammern. Das war bei uns nicht so. Sicher, es gab schon herrscherliche Formen, die zur Frustration des anderen beitragen, die gibt es in jedem Menschen. Aber dies auf eine vernünftige Form zu bringen, das scheint uns einigermaßen gelungen.

Mich würde interessieren, wie Sie mit Ihren Politiker-Kollegen klarkommen. Ich weiß aus Erfahrung, daß Männer vor Frauen, die aktiv sind, Angst haben?

Das ist nicht mein Problem. Ich traf jetzt im Flugzeug einen Bekannten, einen 40jährigen Staranwalt aus Berlin. Er wollte mir Angenehmes sagen und meinte: Na die paar Jährchen, die Sie älter sind als ich. Ich sagte: Na, Söhnchen.

Wie soll ich Sie nennen? Soll ich schreiben, wir hätten uns in Straßburg statt in Bonn getroffen?

Nennen Sie mich Maria, ich liebe diesen Namen. Straßburg brauchen Sie nicht zu nehmen, sagen Sie ruhig Bonn. Bonn hat ein bestimmtes Klima. Sie wollten eine Politikerin, und da meine ich, daß es auch in Bonn handfestes Weibervolk gibt, das sollte schon zum Ausdruck kommen. Was sollte daran anonym sein, es ist ja alles vertretbar, was ich sagte.

Gut, dann schreibe ich einfach: Maria.

Ja, Maria aus dem Osten.

Maria ist zu Recht stolz darauf, daß sie als Arbeitertochter aus einer Kleinstadt eine so hohe Position erreicht hat. Sie ist eine kluge Frau mit Humor und Selbstkritik, eine Frau, die trotz ihres täglichen Umgangs mit der Politik ihre Menschlichkeit bewahrt hat. Da ist der Vater, ein politisch aktiver Mann. Von ihm übernimmt sie das Interesse an politischem Handeln. Aber um diese Interessen durchsetzen zu können, braucht sie einen Antrieb. Da ist die Mutter, von der Maria sagt: Sie war eine sehr fromme Frau. Sie erscheint dem Kind bedrohlich: Ich habe oft gesagt, laß sie ruhig sterben, sie ist ganz böse zu mir. Ich habe mich dann schlimm gefunden und hatte Schuldgefühle. Es sind die Schuldgefühle, mit denen einem Kind unserer Kultur Verhaltensnormen einprogrammiert werden. Es ist der Wunsch nach Anerkennung, der ein Kind zwingt, dem erwarteten Verhalten zu entsprechen.
Schon Marias Mutter hatte mit der eigenen Mutter Schwierigkeiten, sie fühlte sich von ihr abgelehnt. Als einziges von sieben Kindern wurde sie von ihrer Mutter weggegeben. Diesen Schmerz setzt sie um in Hilfe für andere. Schwachen Personen zu helfen, wurde für sie lebenswichtig, daraus bezog sie ihr Selbstwertgefühl, aber auch ihr Mitgefühl und Verständnis für die Probleme anderer Menschen.
Maria sagt über ihre Mutter: Ich möchte so dienen können wie meine Mutter. Maria spricht von ihrer Mutter wie von einer Heiligen. Aber eine Heilige zu sein ist nicht menschlich, es ist unmenschlich. Ich denke, Marias Mutter war eine einsame Frau, der Zuwendung fehlte. Was sie selbst nie erhielt, konnte sie auch ihrer Tochter Maria nicht geben. Maria: Wir lebten sehr nüchtern. ... Das Loben war nicht ihre Art. Das Sich-um-andere-sorgen, das ihr die Mutter vorlebte, vermittelt, sich ihr als Verantwortung. Maria fühlt sich immer für alles verantwortlich: Es ist leider so. Kann Marias Tochter Christine darum nicht ausziehen, weil sie sich noch nicht von ihrer Mutter gelöst hat? Maria selbst ist ja noch an ihre Mutter gebunden. Ihr fehlt die Anerkennung der Mutter, die ist sie ihr schuldig geblieben. Maria: Hätte sie doch noch erlebt, wie ich mich entwickeln konnte, wie glücklich wäre sie gewesen.
Die Loslösung der Tochter von der Mutter ist für die Frau unserer Gesellschaft lebenswichtig. Es wird Zeit, daß die Frau erwachsen wird, damit sie ihrem Sohn und ihrer Tochter eine Mutter sein kann, und nicht mehr „Mutter" spielen muß.

Nachwort

All den Frauen, die mir ihr Vertrauen schenkten, die offen über sich und ihre Probleme sprachen, möchte ich herzlich danken. In meiner eigenen Betroffenheit hat mir jedes der Gespräche ein wenig weitergeholfen. Es wäre schön zu wissen, daß es auch der einzelnen Frau etwas gegeben hat.

Mein besonderer Dank gilt Ulrike. Wir haben in vielen gemeinsamen Gesprächen das Mutter-Tochter-Problem behandelt. Ihr habe ich Denkanstöße zu verdanken, die mir geholfen haben, meine Schwierigkeiten, die ich mit meiner Tochter habe, nicht nur aus der Sicht der Mutter zu sehen, sondern vor allem aus der Sicht meiner Tochter.

Dieses Buch habe ich für Margarethe geschrieben. Margarethe war meine Mutter. Sie war eine intelligente Frau mit einem stark ausgeprägten Gerechtigkeitsgefühl. Sie kannte keine Angst, wenn es darum ging, gegen Unrecht zu anzukämpfen. Während des Krieges ernährte sie ein älteres jüdisches Ehepaar von unseren Lebensmittelkarten mit. Juden bekamen keine Lebensmittelkarten, sie sollten verhungern. Sie ging in jüdischen Geschäften einkaufen (solange es sie noch gab), obwohl vor der Türe SA-Schläger standen. Für russische Kriegsgefangene, ausgemergelte kranke Gestalten, die in Arbeitskolonnen arbeiten mußten, hatte sie immer Brote und Zigaretten in der Tasche.

Kein Bettler verließ unser Haus unbeschenkt, kein Tier ließ sie liegen. Sie litt, wenn ein Baum gefällt wurde, wenn Blumen ausgerissen wurden. All dies machte sie einsam, isolierte sie von den anderen. Für die Nachbarn war sie eine Verrückte, vor allem darum, weil sie sich weigerte, die Hausfrauenrolle zu spielen.

Mich lehnte sie ab, mir vermittelte sie keine Zuwendung, keine Geborgenheit. Wir hatten starke Berührungsängste voreinander. Ich durfte sie nie anfassen, das hat mich sehr gedemütigt. Ihre

Verunsicherung sich selbst gegenüber übertrug sie auf mich. Erst als ich etwa 12 Jahre alt war, wurde ich ihre Gesprächspartnerin. Sie redete mit mir über Politik, über gesellschaftliche Zusammenhänge, über Philosophie, kurz, über Gott und die Welt. Intellektuell erkannte sie mich an, aber als Mensch und als Frau verachtete sie mich, so wie sie sich selbst verachtete.

Ihr Leben lang war sie einsam und allein gelassen. In der kleinbürgerlichen Umgebung, in der sie lebte, wurde sie gemieden, sie wurde beschimpft. Sie litt an chronischen Blasenschmerzen und chronischer Migräne, psychosomatischen Krankheiten. Sie schrie oft, sie schrie und schrie, dafür haßte ich sie. Heute weiß ich, daß ihr Schreien Ausdruck ihrer Verzweiflung war. Verzweiflung darüber, daß es ihr unmöglich war, ihre Lebenssituation zu ändern. Ich habe noch ihre Worte im Ohr, als sie sagte: Du wirst auch eines Tages erkennen, daß Du mir Unrecht getan hast.

Heute wäre sie sicher eine engagierte Feministin. Doch noch immer wird ihr nachgesagt, sie wäre eine böse Frau gewesen, dabei war sie nur unglücklich. Aus bürgerlichen Verhältnissen stammend, war sie eine soziale Absteigerin, die ihrer Umwelt immer eine Fremde blieb. Die Zeit, in der sie lebte, arbeitete gegen sie. Der erste Weltkrieg, die Deflation, Massenarbeitslosigkeit, Faschismus, der zweite Weltkrieg, in dem wir durch die Bombardierung alles verloren, was wir besaßen. Immer wenn sie einen Schritt nach vorne tat, fiel sie zwei zurück.

Ich habe sie nie verstanden, sie war für mich eine Instanz, die ich fürchtete. Ich habe sie nicht als Menschen wahrgenommen und nicht als Frau. Heute erst lerne ich sie kennen. Ich sehe das kleine Mädchen, um das sich niemand kümmerte, das von der Mutter abgelehnt wurde.

Das junge Mädchen, das im Gegensatz zu den Geschwistern unversorgt zurückblieb, weil der Vater nach dem ersten Weltkrieg sein Vermögen verloren hatte. Ich sehe die junge Frau, die voller Sehnsucht ist nach Zuwendung und nach Geborgenheit, und die glaubt, das bei ihrem Mann zu finden. Sie weiß nicht, daß er ihr das nicht geben kann, denn er selbst ist auf der Suche nach einer Mutter, nach mütterlicher Zuneigung. Sie wird Mutter, obwohl sie noch gar nicht gelebt hat. Mit dem Kind weiß sie nichts anzufangen.

Ihr Leben hat sie nur darum durchgestanden, weil sie immer noch hoffte. Ich erinnere mich an ihre erstaunten „Kinderaugen“, als sie zu mir sagte: Ich habe immer gedacht, da muß noch etwas kommen, das kann doch nicht alles gewesen sein, aber da kommt wohl nichts mehr?

J. Monika Walther
Die Traurigkeit nach dem Singen
Ein Roman über das Ende des Dritten Reiches und die Nachkriegszeit

„Was haben sie uns gelassen?"

„Nichts", schrie Emmy von der anderen Seite des Hauses. „Fast nichts haben sie uns gelassen. Trümmer und Abfälle. Ausgebombt haben sie uns."

Marianne bückte sich nach ihrer Tasche und rannte los, sprang über Steine und Mauerblöcke, bis sie in der Mitte des Trümmerfeldes stand. Eine Außenmauer war stehengeblieben, die Rückwand des Hauses. Die Schlafzimmerwände der Wohnungen. Marianne sah die Blümchentapete und den Nachttisch, der halb in der Luft hing. Sie sah das Hellblau des winzigen Badezimmers, das Rohr des Badeofens hing noch in der Wand. Das Waschbecken und zwei Handtücher, eines für oben und eins für unten, hätte sie noch benutzen können.

„Nichts haben sie uns gelassen, diese Schweine. Bomben auf unsereins werfen, das können sie." Emmy war über die Trümmer Marianne geklettert, wühlte in den Kartoffeln.